TBC企业利润倍增计划丛书

李泽尧中国式管理书系

企业中高层实战能力解决方案

管理的真相

The Truth of Management

TBC商业掌控秘笈

李泽尧◎著

总裁班教程：商道

图书在版编目（CIP）数据

管理的真相：TBC 商业掌控秘笈 / 李泽尧著. —广州：广东经济出版社，2014. 1

（TBC 企业利润倍增计划丛书）

ISBN 978-7-5454-3040-0

Ⅰ. ①管… Ⅱ. ①李… Ⅲ. ①企业管理 Ⅳ. ①F270

中国版本图书馆CIP数据核字(2013)第287601号

出版发行	广东经济出版社（广州市环市东路水荫路 11 号 11～12 楼）
经销	全国新华书店
印刷	广东省农垦总局印刷厂 （广州市棠东村横岭三横路 7 号大院）
开本	787 毫米 ×1092 毫米 1/16
印张	15. 75 2 插页
字数	335 000 字
版次	2014 年 1 月第 1 版
印次	2014 年 1 月第 1 次
印数	1～4000 册
书号	ISBN 978-7-5454-3040-0
定价	39. 80 元

如发现印装质量问题，影响阅读，请与承印厂联系调换。

发行部地址：广州市环市东路水荫路 11 号 11 楼

电话：(020)38306055 38306107 邮政编码：510075

邮购地址：广州市环市路水荫路 11 号 11 楼

. 电话：(020)37601980 邮政编码：510075

营销网址：http://www. gebook. com

经济出版社常年法律顾问：何剑桥律师

李泽尧老师“企业治理与高效执行”总裁高峰论坛演讲现场

北京时代光华—江西科技学院李泽尧老师“执行力”课堂人满为患

清华大学深圳研究院—东莞福华集团—李泽尧老师授课现场—专心致志的学员

《羊城晚报》大讲坛：李泽尧“中国式管理新思路：以事为本以事管人”

全情投入：“知识的完整性等于能力”，“经验须经升华才能成为阅历”

华中科大—李泽尧老师“中高层管理者综合能力提升”走入企业

重庆总裁班—李泽尧老师“TBC企业驱动模式”授课现场

中核凯利集团—李泽尧老师“中国式制度管理”授课现场

西南财大总裁班—李泽尧老师“中国式管理”讲课现场

西南财大重庆董事长班—李泽尧老师“有效管理十八项技能”第二度开课

中山大学管理学院管理沙龙嘉宾李泽尧老师

上海浦东机场8个书店—李泽尧老师视频专辑《制度改变结果》在播放中

知识是最滋补的营养，书籍是最宝贵的礼物

致 ____________________

____________________题

年　　月　　日

传递诚挚感情，表达美好祝愿！

特约推广机构：

机构名称：____________________代表：__________

联络方式：____________________

总　序

1. 利润倍增不是梦——TBC 企业利润倍增计划

开过酒楼的人就知道：一个月营业额 25 万，可能刚好持平、一分钱都没得赚！如果提高到 30 万，则可以有 3 万的利润，要是销售额 35 万，利润就有 6 万——翻番了！那么请问：销售额从 30 万提高到 40 万，利润岂不是翻了 3 倍！

由此可见：组织效率提高 20% ~30% 的时候，企业利润就翻番了！而“结构效率”会告诉你，个人效率提高 10%，组织效率就能提高 30%。

再看照相的例子：一个家族，一家公司，要照一张大合影。你告诉我，需要多长时间？有经验的知道，半小时不一定够。但是，10 分钟却也“可能”。请问：5 分钟行不？2 分钟行不？就那么“咔擦”一下，为何要那么长时间？结论是：各行其是，没有标准，效率低下。而整合、标准、行动一致，则效率大大提升。

由此可见，个人效率提高 10%、组织效率提高 30%，并不难！

试想想：一些人的月收入是另一些人的好几倍，这个很普遍。泽尧每天思考的问题、写出的文字，也是很多人的好几倍，这个你也得信。同样，一些人心灵手巧，他的工作效率，也是另一些人的好几倍，你信吧？

请不要以为“心灵手巧”是天生的，有一门叫做“工业工程”（英文缩写 IE，也有说 IE 工程）的，它就能“复杂问题简单化”，让全世界成千上万的农村姑娘，或许初中还没有毕业，就能在东莞、广东，不，全世界的电子厂生产计算器、苹果手机，等等！

化学反应需要配方，中药西药能够治病，也在于“配方”。一套系统的企业问题解决方案，与东一榔头西一棒子，效果截然不同，“TBC 企业利润倍增计划”靠的就是系统化和“配方”。

所以：企业利润成倍增长不是梦！

接下来的问题就是：有没有一套系统的方法和工具？本丛书“TBC 企业利润倍增计划”及配套课程，正是要给你一套系统的方法和模板。

2. 事都是人做出来的——如何让员工欣喜若狂、像老板一样工作

事在人为，事儿都是人做出来的。管理从老板开始，老板从带人开始。

带人？老板们烦恼着呢！——问题就是：如何让员工欣喜若狂、像老板一样工作？

先看例子：

“我每次来到这里不会太久，总能发现有许多地方可以减少浪费，提高产量和

增加利润，而你却整天坐在这里无动于衷。”

米勒说出了他的顾虑和想法：“那是您的油田，油田上的一切都跟您有切身的关系，所以您有如此锐利的眼光，能看出一切问题来。”

米勒的回答大大震动了盖蒂，这话让他想了好几天。他想，人的行为动机、动力和利益是密切相关的，动机和利益一致了就会产生动力。据此，盖蒂决定在用人上进行一次大胆的尝试。他再次找米勒商谈。“我打算把这片油田交给您，从今天起我不付给您工薪，而付给您油田利润的百分比；这正如您所明白的，油田愈有效率，利润当然愈高，那么您的收入也愈多。您同意这个做法吗?”

米勒思索一番，觉得盖蒂这一做法对自己虽然是个压力和挑战，但亦是一个展示自己才干和谋求发展的机会，于是欣然接受了。从那一天起，洛杉矶效外油田的面貌一天天地改观了。

想让员工欣喜若狂、像老板一样工作吗？其实方法很简单：**如果你让员工做老板，员工就会像老板一样工作！**

让一部分人先富起来——邓小平这样治理国家、举重若轻；老板，你不可以让一部分员工“先富起来”吗?

民不富，国何以强！员工不能发财，企业何以做大?

让企业成为员工发财的平台，员工就会像老板一样工作！

让员工欣喜若狂、像老板一样工作的做法有（详见《管理的体系——TBC 利润倍增计划》）：

（1）确定一个产量或销售额基数，然后和员工约定超额部分拿出 x% 分配给他们。或确定一个成本基数，然后把降低部分的 x% 分给他，如在现有采购成本基础上，降低金额的 30% ~50% 作为奖金。

（2）遵循二八定律，让有能力者的收入比其他人高出 10 倍以上！记住：一定要让优秀的员工能够发财！因为：一家公司发展的速度取决于前几名员工的成长速度和收入！

（3）把优秀员工作为撬动团队的杠杆和支点，正所谓水涨船高！利益到位基础之后，员工心态甚至连“临门一脚”都不需要了。

3. 做法决定心态——TBC 利益到位的三种做法

“心态决定一切”已经流行很久了！全国很多机场还在播放“员工心态调整”的视频。其实，老板们都体会到了：感情管理、观念调整，其作用极其有限，而且很快就没了。

做人做君子，员工调整心态不是不可以，详见本丛书《管理的艺术——TBC 员工驱动策略》；

但是，老板们何妨自己也调整一下做法——管人管小人，做法决定心态——回头是岸，立地成佛；老板改变做法，效果会更好！详见本丛书之《管理的技术——TBC 企业驱动体系》及《管理的体系——TBC 利润倍增计划》。

为自己工作，还是为老板工作?

看在成长和成才的份上，有上进心的人为自己的未来而工作；看在工资的份上，员工、人们，为眼前的利益而工作。从根本上讲，没有人不是在为自己而工作。可是为什么员工会认为自己在为老板工作呢？TBC 利益到位，把公司变成大家赚钱的平台是问题的关键。

员工心态调整很困难吗？

处于山岗上、斜坡前的小车，你只须轻轻一推，它就会滑向很远的地方。在企业利益分配到位的情况之下，员工心态的调整也是如此，只须临门一脚（详见本丛书之《管理的艺术——TBC 员工驱动策略》），即可大功告成。“利益到位”的做法详解见本丛书之《管理的体系——TBC 利润倍增计划》，简而言之，有三种做法：

（1）从利益不到位到比较到位：“浮动工资——管理驱动”模式

从原来的“人治：大锅饭、计时工资、死工资，拖拖拉拉、打工心态”，到“法治：绩效考核、计件工资、30% ~50% 浮动工资，业绩有压力、有考核”，适合大多数企业。

本做法需要管理层有较高的管理智慧和能力，所以很多企业做不到位、流于形式，作者建议的对策是：导入以事实为依据的“中国式绩效管理模式”，详见本丛书《管理的技术——TBC 企业驱动体系》。

本做法，非常适合大中型民营企业、国企及事业单位。

（2）从利益比较到位到非常到位：“重奖机制——利益驱动”模式

有能力的人，往往是有企图心，甚至有野心的，要用利益机制，重奖有贡献的人；公司拿大头个人拿小头，提高效益或降低成本的 30% ~50% 做奖金，把有能力有激情的员工先调动起来，用先进带动后进。

本做法，适合所有企业，尤其中小民营企业、智慧型及创新型企业。详见本丛书之《管理的体系——TBC 利润倍增计划》介绍的系统做法。

（3）利益绝对到位：“合伙机制、承包机制——利润驱动”模式

合伙人关系，公司及品牌有如农贸市场，员工则是卖菜的个体户，依据贡献和价值获得对应的股份。

本做法，非常适合民营企业高管、事业部负责人、连锁企业分店负责人。详见本丛书之《管理的体系——TBC 利润倍增计划》介绍的系统做法。

4. 一时一事与一生一世——利益能否到位，契机在老板

某天，沿海某地“中国式绩效考核”课堂上，一位四川籍职业经理、某公司副总，就课堂上谈到的一个公司、一个老板，一定要有“让员工共同发展、发财，把公司打造成员工发财的平台、共赢”的企业文化和价值观的话题，当着全班同学的面，“血泪控诉”他之前就职的“老板”：说好产值提高多少、给员工多少奖金，事后三个月的时候说半年后再发，半年后说年底再发，到了年底的时候，则说“算了吧！”他说，“总共效益增加了两三百万，哪怕你拿出 10%、20% 出来，都好啊！”“结果现在，那家公司从当初的 2600 余人，变成现在的两三百人。员工都不信任老板了。招工招不到，现在是给介绍的人两千块去招人，很辛苦！”

分析：

(1) 如果你去问一个老板，在员工与公司之间，是要“双赢‘你好我好’”还是“双输‘你不好我不好’”，他一定会说“当然是选择‘双赢’了!”

(2) 可是事实上，上面这位老板选择了“双输”!

(3) 表面上、此时此刻、一时一事上，他选择的是“我赢你输”、“我好你不好”——承诺的奖金不兑现、让员工吃亏自己发财，“损人利己”，似乎很精明、很合算。

(4) 可是，就其一生一世而言，员工不再信任他、偏偏员工又不是一下子全部离职而去，于是新老员工“口碑相传”，五年、十年之后，全公司的人仍然记得他“说话不算数”、企业的“文化场”完全没有了！最后的结果就是“双输”!!

(5) 即便你告诉他：“公司是大头、员工拿的只是小头”，有的老板也未必听得进去。因为，他“见不得员工发财!!”

结论是：一家公司利益能否到位，员工能否发动起来，关键契机在于老板。

5. TBC 企业利润倍增——不是行不行，而是要不要

民不富，国何以强！员工不能发财，企业何以做大？问题的关键在于：老板观念的改变与调整，“大家爽才是真的爽!”——要把企业变成员工、尤其优秀员工发财的平台!

老板有三个层次，如下表：

企业家：战略层次、发现项目	不断发现新项目，创新的眼光，把握社会节奏，看准生活走向，视野开阔；体能旺盛者一不小心成为集团公司老板	让员工和老板一起干	市场无限大，项目多多，机会就在眼前，一起发财做合伙人，心花怒放
老板：管理层次、执行项目	专业专长，有能力带领团队，亲自挂帅，有亲和力，看准一个机会，走向成功，可以把一个公司做得很好	让员工为自己干	合理分工，有效管理，激励到位，加入到团队里面，各尽所能各得其所
个体户：技能层次、做事能手	在某个点上几十年如一日，一技之长，坚守坚持积累，精明能干、抢先一步、占领有利地形做老板	让员工为老板干	老板跟员工思路、能力在同一个层面，一不小心就互相抢饭碗；老板的工作含金量待提高

显然，第一个层次的老板即战略型老板会比较容易来电：因为他手上项目多，有足够的订单给到有能力的人，需要大量人才，需要发挥他们的创造力；对战略型老板而言，“把人搞定就什么都搞定”这句话很有针对性！《管理的体系——TBC 利润倍增计划》之利益机制、利益到位，就是要解决“让干部、员工激动人心”的问题!

6. 成大事的三个条件——TBC 企业利润倍增计划丛书

吴稼祥先生的说法值得参考："在中国要做成任何一件大事，包括做好一家公司也是一样的，必须具备三个条件：菩萨心肠、霹雳手段和如来智慧。"这正与《TBC 企业利润倍增计划丛书》的三部曲暗合，请见下表：

人道： 菩萨心肠	《管理的艺术——TBC 员工驱动策略》 带人的方法：人道，做人做君子	爱、理解、尊重、接纳、归宿感——凝聚力、阳光心态、互助、激励、羡慕嫉妒恨，上进心、荣誉、地位、面子——向心力、全员激励，价值导向、企业要打造最优秀的员工
天道： 霹雳手段	《管理的技术——TBC 企业驱动体系》 管事的手段：天道，管人管小人	理性、原则、手段、强势，复杂问题简单化，企业要用最笨的人，分工合作，筹码交换，赏罚分明、利益导向，二八定律，125 罚则——战斗力、达尔文进化论，丛林法则
商道： 如来智慧	《管理的真相——TBC 商业掌控秘笈》 总裁班教程：商道，悟从商心法	智慧、创新、管控、棋高一着；组织以利益为纽带，深刻洞察人性的真相、团队的真相以及企业的真相。筹码在手；所谓心法，实则是对客观规律了然于心
志在必得做法模板： 系统＋细节	《管理的体系——TBC 利润倍增计划》 总经理手册：商务，照模板执行	创新利益驱动机制，"让一部分人先富起来"，流程制度接口体系，堵住人性及效率的漏洞，运营督导驱动体系，及时反馈，优秀者有奔头，弱势群体有安全感，各尽所能、各得其所

其中，TBC 强调："成功＝系统＋细节"：系统包括"构思、策划、计划、精明"；细节包括"落实、执行、到位、操作"；系统的责任在于管理者；细节的责任表面看在于员工，但归根结底还是在于管理者。

7. 工具与导入——TBC 企业利润倍增计划之载体

"TBC 企业利润倍增计划"是一个集系列丛书、总裁特训营管理课程及企业咨询项目、管理机制及制度模板为一体的"企业问题整体解决方案"。从利益机制调动人的积极性开始，从员工效率提升 10%～15% 开始，通过 PK 机制、团队机制，组织效率提高 30%～50%，然后实现企业利润成倍增长。吸纳泰勒科学管理、德鲁克目标管理等现代企业管理方法和技术，倡导责任管理，使企业获得综合性、系统性的改进，进而执行力大幅提升、见效快，尤其适合具有行业高速成长性、竞争激烈、逆水行舟环境下的成长型中小民营企业。

一个课程（12～18 小时）、一套 200 页的机制模板、一套 3000 页的制度模板，还有一本 300 页的《老板秘笈》、一个咨询辅导案（高素质企业团队，在购得系列参考模板的情况下，可以自行自主导入）。

（1）启动：老板和他的3～5名核心干部了解、参与、参加学习与修炼。

（2）机制模板：提供给需要导入的企业参考。

（3）制度模板：提供给需要导入的企业参考。

（4）干员、全员心态调适拓展训练及课程体系。

（5）全面系统管理课程及管理咨询服务。

海纳百川、博采众长、纳细流以成江海之浩荡；博大精深、深入浅出、聚零星铸就日月之光华——TBC提出及研发者：李泽尧先生。助理QQ：1696326838，付老师。

8. 工欲善其事必先利其器——把"TBC企业利润倍增计划"拿回去

无论是老板，还是职业经理人，手中握有一套"TBC企业利润倍增计划"的整体解决方案，那都是一件令人神往的事情。本丛书《TBC企业利润倍增计划》及配套的课程，正是要给你一套这样的东西。其实，"令人神往"还真不是主要的，而，让你尝到"利润增长"、"利润倍增"的甜头，那才真正是令人激动的事情！

如果你的企业不缺产品和技术、初具规模，如果你所在的行业市场前景无限，那么，拥有一套"TBC企业利润倍增计划"利器，那真是恰逢其时！老板足以让你的企业腾飞！职业经理，则有了建功立业、大显身手的本钱！有"TBC企业利润倍增计划"手段在手，你应该要欣喜若狂、踌躇满志！

春风得意马蹄疾，立即行动、快意人生！

目 录

序篇 存在即真相 …… 001

不为人知叫真相——你知道“管理者核心能力”是什么吗? …… 001
人生处处有真相——“愿意”就等于“不得不”? …… 002
为你剥开层层真相——本书要回答的问题 …… 002
人道 + 世道 + 商道 = 天道：管理的真相 …… 003

第 1 篇 带人——管人管小人、发掘人性光辉：人性的真相 …… 005

第 1 单元 老来遗嘱怎么写——李氏遗嘱公式：人性的真相 …… 006
利益相关者理论——问题的关键：是正相关还是负相关? …… 008
延伸阅读：《俞可平：民主是个好东西》 …… 009
下限管理——把人看成是坏人的管理方法 …… 009
不是亿万富翁，就没有遗嘱问题? …… 010
做好人好事要不要发奖金? …… 010
延伸阅读：价值观人际维度的五个等级 …… 011
第 2 单元 利益错位——李氏贵人贱人理论：腐败的真相 …… 012
贵人与贱人：利益错位与腐败根源 …… 012
皇帝不是贵人，他身边的人才是——老板不是贵人，他身边的人才是 …… 014
代理人风险：利益错位与腐败——法治的必要性 …… 015
“他不是董事长”——代理与自理之别 …… 015
另类腐败：违背制度与感情管理 …… 016
腐败根源：贵人——代理人利益错位 …… 016
利益错位的三种形式 …… 016
延伸阅读：代理人的腐败风险 …… 017
对策分析：代理人的收益点与腐败的关系 …… 017
运用：主管给他手下都打满分怎么办? …… 018

第 3 单元　职业经理对谁负责——愿意 = 不得不：道德的真相 ……………… 019
生活中的道理："应该"管用吗？ …………………………………………… 019
泽尧看国美事件：道德只是一种应该、管理要有可控性 ………… 019
何谓"信誓旦旦""山盟海誓""海枯石烂"？ ………………………… 020
延伸阅读：写给女人——没有信任就没有背叛！ …………………… 020
"人心不古"：职业经理人真的会对股东负责吗？ …………………… 021
道德：把"不得不"内化为"愿意" ………………………………………… 022
把"应该"内化为"愿意"——年轻人应该优先照顾老人还是儿女？ ………………………………………………………………… 022
讲道德不一定是高尚：得不偿失是道德自律的坚实基础 ………… 022
管理有效性——从摩擦力到推动力 ………………………………… 023
延伸：怎么个情况才算是"流氓国家" ……………………………… 024
企业管控运用：管人讲手段 ……………………………………………… 025
讨论：用人不疑？ ……………………………………………………… 025
天条：授权≠承包 ……………………………………………………… 025
委托人（比如民企老板）可控性手段 ……………………………… 026
第 4 单元　不做傀儡做总裁——操之在我：管控的真相 ……………… 027
企业管控：如何授权而不失控？——李氏苹果理论 ………………… 027
控制与反控制：管理 = 可控性 + 创造性 …………………………… 027
政策不等于制度——制度要有约束力 ……………………………… 028
自理创造价值：把职能抽出来了 …………………………………… 029
代理靠法制：代理人的风险控制——以事管人、工作要有标准 … 030
共赢的委托代理——"腐败"治疗"两把板斧" ……………………… 031
治本：利益对称——腐败总收益 <0 ……………………………… 031
"买股票是投资"吗 …………………………………………………… 031
治标：制度建设——腐败边际收益 <0 …………………………… 031
延伸阅读：如何看待企业权力斗争 ………………………………… 032
第 5 单元　不对称管理——李氏三种人理论：感情管理的真相 ……… 033
人情≠感情——感情的真相 ……………………………………………… 033
什么叫感情——情绪软件、真感情：人是有感情的 ……………… 033
什么叫人情——人情世故、礼尚往来：投桃送李 ………………… 033
提示：人情≠感情 ……………………………………………………… 033
什么叫朋友——心灵契约：感情 + 人情 + 信赖 ………………… 034
人心不古——感情的风险 …………………………………………… 034
延伸阅读：价值交换——人际关系六大本质模式 ………………… 034
运用：老板亲戚怎么管？ ………………………………………………… 035

感情管理建议：民企老板面对亲戚，怎么管？ …………………… 037
延伸阅读：何谓爱——比尔盖茨捐尽财产，如何理解？ ………… 037
多情总被无情恼——感情管理 ………………………………………… 038
感情管理的本质 ………………………………………………………… 039
总结与升华：情为何物？ …………………………………………… 040
感情管理的本质：“感情”与“利益”的交换 ………………………… 040
延伸阅读：现实筹码＋精神崇拜——感情管理对谁管用？ ……… 041
运用：无成本激励 ……………………………………………………… 041
领导艺术的两个维度：感情换物质，未来换现在 ………………… 041
感情与利益的交换 ……………………………………………………… 042
延伸阅读：对弱势群体谈钱是莫大的浪费？ ……………………… 043
第6单元　态度决定一切？——李氏两步走理论：企业文化的真相 ………… 044
问题：方形西瓜是怎么长出来的？ ………………………………… 044
引申：社会风气＆企业文化建设“李氏两步走理论” …………… 044
制度决定文化，还是文化决定制度？——看人文社会管理问题的三个角度 ……………………………………………………… 046
是官员不作为，还是国人缺信仰——道德滑坡，源头在哪？ …… 046
启示：儒家用于个人修炼和道德自律，法家用于治理社会和管理企业 ………………………………………………………………… 048
管理是一种作用力 ……………………………………………………… 049
“把钱批臭”可以降低成本 ………………………………………… 049
让员工、职工不好意思谈钱 ………………………………………… 049
红地毯：人格尊严是一种需求吗？ ………………………………… 050
企业荣誉体系：荣誉＝远期支票 …………………………………… 050
经济讲“技术”：物品＝金钱；文化玩“艺术”：礼品＝金钱＋感情 ………………………………………………………………… 050
中国人的文化禀赋——何谓艺术 …………………………………… 051
企业文化工作开展的项目与方向 …………………………………… 051
企业文化的维度 ………………………………………………………… 052
第7单元　管理＝管理者＋被管理者——李氏匹配理论：和谐的真相 ……… 053
管理要以人为本吗？——管理＝管理者＋被管理者 ……………… 053
什么叫行情？——和谐 ………………………………………………… 053
“用工荒”是伪命题，行情变化是本质 …………………………… 054
什么叫和谐 ……………………………………………………………… 054
制度是妥协的结果 ……………………………………………………… 054
什么叫绩效主义 ………………………………………………………… 055

模糊地带——绩效主义漏洞何在 …… 056
“绩效主义”与集体主义背道而驰 …… 057
管理运用：人格落差决定领导方式的有效性 …… 058
延伸阅读：质疑“亚裔缺领袖魅力?” …… 059

第2篇 带队——利益捆绑、铸钢铁长城：组织的真相 …… 061

第1单元 群众基础与利益捆绑——中国式码头：组织的真相 …… 062
群众基础、团队驾驭——骨架：打桩、码头 …… 062
利益共同体：组织以利益为纽带 …… 062
何谓“群众基础” …… 062
非平衡激励 …… 063
如何对待非正式小群体 …… 063
打桩与组织骨架构建——利益集团与群众基础 …… 063
中国式“码头”——核心员工与利益倾斜 …… 064
何谓亲信 …… 064
何谓“积歪德”——“利益集团”的概念 …… 064
分配不公与利益集团 …… 065
“忠诚度”拿来做什么用？——利益集团与忠诚度 …… 066
第2单元 博弈与企业管控——李氏筹码理论：权力的真相 …… 068
掠夺、反掠夺、“挖坑埋人”？——老板及高管必读案例 …… 068
选择=权力——你知道“领导者人格魅力”的本质是什么吗？ …… 068
引子：员工翅膀一硬就跳槽？ …… 068
选择等于权力 …… 068
领导者“人格魅力”“影响力”的本质：现实筹码+精神崇拜 …… 069
以人为本，为什么？ …… 069
人格魅力是蹂躏出来的！ …… 069
“欠债的是爷”——何谓筹码？ …… 070
筹码理论与“婆娘打架” …… 071
合作约束与李氏筹码理论 …… 071
运用：李氏筹码理论与合同管理——筹码审查与全身而退 …… 072
筹码理论与风险管理 …… 073
筹码应用——如何成为“铁腕人物”？ …… 073
延伸阅读：筹码理论——你不得不知的商场密器 …… 074
管理学需要“筹码”概念 …… 075

延伸阅读：谁说形式主义没用？——用“超标准”制造“原罪” …… 075

第3单元 搞生产还是搞分配？——分配高于生产：分配的真相 …… 076

问题：“找钱不费力、费力不找钱”为什么？ …… 076

引子：蔬菜零售价超供应价10倍 …… 076

为什么做“二手业务”不赚钱？ …… 076

为什么“女怕嫁错郎、男怕入错行” …… 077

管理远不是技术问题：评“低价旅行团还是买点东西好”的争议 …… 078

生存模式三类型（谋生三模式） …… 079

企业两件事：生产与分配之别——你在搞生产还是搞分配？ …… 079

人类两种能力：创造与迁移之别 …… 079

创造与迁移之别 …… 080

分析运用：创业者的四种类型 …… 081

商贸与农工之别——征服自然还是征服人类 …… 082

企业两件事：生产与分配 …… 083

挣钱去发达国家，整钱去落后国家 …… 083

基层搞生产，高层管分配 …… 084

新概念：社会进步指数、项目灰暗指数＋项目黑暗指数＋社会糟糕指数 …… 084

李泽尧管理新概念：社会效率指数 …… 085

人类三件事情：生产、分配、玩耍 …… 086

人类忙碌三件事情：生产＋分配＋玩耍 …… 086

人类三件事情、三种智慧、三种能力 …… 086

什么叫发达国家 …… 087

搞经济比较辛苦 …… 089

延伸：孩子“读工科好，还是文科好?” …… 089

趣味阅读：素质差的人才能当官，美国也不例外 …… 090

第4单元 感情是玩出来的——分配的目的是玩耍：公关的真相 …… 091

引子：女人为什么喜欢猪八戒？ …… 091

启示：业务员感情攻关之道 …… 093

感情不是谈出来的，而是玩出来的！ …… 094

何谓文化？——玩耍是人类最大的共同语言 …… 095

好一个“玩”字了得！——感情是玩出来的 …… 095

会玩——皇帝喜欢“与民同乐” …… 096

延伸阅读：美是什么？什么是美？——美的本质 …… 096

第5单元　不搞生产搞分配——李氏政治学：政治的真相 …… 101
不搞生产，搞分配——政治就是搞分配 …… 101
何谓政治：联合一帮人去搞定另一帮人 …… 101
政治：不搞生产搞分配 …… 102
运用：如何区分市场行为与政治行为 …… 102
搞事是技术、搞人是艺术 …… 102
延伸阅读：搞定售楼MM的24个绝招 …… 103
"政治问题"与"讲政治" …… 103
什么叫"上升到了政治的高度" …… 103
什么叫"讲政治" …… 103
政治集团的力量 …… 103
政治不等于肮脏 …… 104
为政治正名——不能把乱来的政治，与正派的政治混为一谈 …… 104
妥协与战争——组织进步的动力问题 …… 106
人类社会进步的五个原动力 …… 106
"狗咬狗"是社会进步的动力 …… 106
李途纯的狱后抗争：最高院作证首披太子奶破产内幕 …… 107
利益集团与办公室政治 …… 107
隐形首长——不读书、不需要本事，如何捞大钱？ …… 107
三八二十三——中国文化中不分是非的混账元素 …… 108
跟人决定前途？ …… 109
人治环境："领导"大于一切 …… 109
怎样往上爬——得领导提拔的突破口 …… 109
如何管理公司内的"皇亲国戚"？ …… 110
做企业非得要官商勾结吗？ …… 110
延伸阅读：《体制内发展与创造之道：国有企业管理方略》 …… 111
第6单元　分配与掠夺——李氏生存逻辑：狼性的真相 …… 112
李氏三种挣钱模式 …… 112
生存的三种类型：中国人挣钱的三种方法，你会几种？ …… 112
中国房地产之怪状：购房诚意金与"关门打狗" …… 112
管理新概念：社会诚信指数 …… 113
胆量级别与生存方式 …… 114
胆量、勤奋与人生选择 …… 114
胆小者失去很多机会 …… 114
勤劳与狼性 …… 114
人类斗争的三种"境界" …… 115

斯诺登回应俄美女间谍求婚：愿不顾一切和你结婚 …………… 115
格斗场——不搞生产、搞分配 ………………………………… 115
何谓“太平盛世” ………………………………………………… 115
不要把格斗场开在伤得着大众的地方 ………………………… 116
肉食动物与草食动物：社会生态与生存法则 ………………… 117
引子：《雷人教师称：爱看书的老师一辈子当不了领导》 ……… 117
人类中的草食动物与肉食动物，你是哪一种？ ……………… 118
为了吃饭不要命——如果打仗，你怕死吗？ ………………… 118
管理者学习案例精选：善用“临时工”——以毒攻毒、以暴制暴 …………………………………………………………… 119
流氓者不屑学习、弱智者怀疑学习 …………………………… 120
生产型思维 & 分配型思维 ……………………………………… 120
信不信由你——人生命运与目光的六个维度 ………………… 121
参考阅读：秀才的管理瓶颈何在 ……………………………… 121
狼性——强盗逻辑 ……………………………………………… 122
暗示与暗示的跳出：A + B 原理 ……………………………… 122
在你能承受的范围内：宁可人负我，不可我负人 …………… 123
精明做老板 ……………………………………………………… 123
拾级而上——人性智慧台阶及事业进阶公式 ………………… 123
泽尧普度众生：一个人如何变得精明 ………………………… 124
什么叫人际敏感性 ……………………………………………… 126
人际敏感性的基础——把握人心的变化 ……………………… 127
第7单元 “道理”是不够的——武力做后盾：李氏超级管理学 ……………… 128
“李氏超级管理学”——你知道经理与主管有何本质区别吗？ … 128
科班 MBA：你“能文能武”吗？ ……………………………… 128
何谓打手？不分是非的武力 …………………………………… 129
超级管理学：管理 = F（道理、利益、市场或武力） ………… 130
管理的人、事要素 ……………………………………………… 131
管理一段——主管级：管理 = F（道理） …………………… 131
管理二段——经理级：管理 = F（道理、利益） …………… 131
管理三段——老板级：管理 = F（道理、利益、市场或武力） … 132
超级管理学下的“管理职能” ………………………………… 132
惨烈：抗战中八百战士为了不当俘虏跳下滚滚黄河 ………… 132
古代思想家的“半人半兽”论 ………………………………… 133
人类中的草食动物与肉食动物 ………………………………… 133
管理运用：超级管理学展开 …………………………………… 133

延伸阅读：为什么“红颜薄命”？ …… 133

第3篇 创业——创造价值、基业长青：企业的真相 …… 135

第1单元 不做工头做经理——李氏核心能力理论：创造的真相 …… 136

凭什么做老板、靠什么赚钱？——李氏“工头说” …… 136

做了十几年的管理，今天才发现：自己只是一个工头而已？ …… 136

问题：如果你是销售经理，你要怎么做？ …… 136

可能的答案： …… 136

作者的答案：不做“工头”做“经理” …… 137

那，以前我们怎么没有注意到“策划”这个概念？ …… 138

管理者的核心能力：策划+计划 …… 139

手下做作为过程的半成品 …… 139

能做事的留不下，留下来的都是不会做事的 …… 140

管理者核心能力：策划与计划——李氏核心能力理论 …… 141

策划—计划—规划 …… 141

运用：党、政、工、团的考核 …… 142

目标分解与解码能力 …… 142

解码能力与问题解决能力：目标—手段 …… 143

管理者的两种能力：策划与计划 …… 144

策划与计划对比 …… 144

企业的核心竞争力在哪里？ …… 145

延伸阅读：成功=系统+细节 …… 146

第2单元 组织沉淀与积累——学习型组织：成长的真相 …… 148

成长的起点：学习型组织 …… 148

启示：学习型组织做法——沉淀与积累 …… 149

何谓“资深经理”？——学习型个人：社会需要建设性人才 …… 150

何谓能力：酒店预订问题百出 …… 151

何谓系统思考：商铺购买决策要素 …… 151

养成“写下来”的习惯——不是技术问题，而是习惯问题！ …… 152

标准化——学习型组织与组织学习的成果 …… 152

“标准”二字并不恐怖——学习型组织与标准化 …… 152

企业标准化的价值——“业绩是硬道理”是良好企业文化的导轨 …… 153

培训的意义：企业要用“最笨的人” …… 153

循序渐进、良性循环 …… 155

酝酿突破——李氏完整性原理 …… 156
老板总经理，三五十岁了学习还有用吗？ …… 156
有知识不一定有能力？做培训的没有职业道德？ …… 157
坚持可知论——世界是可知的 …… 158
启示：群体智慧原理 …… 159
引申：群体智慧论 …… 160
与其说是“信仰”问题，不如说是“认识水平”问题 …… 161
延伸百度阅读：《群体智慧挖掘技术——产生团队奇迹》 …… 161
第 3 单元　利益对称与价值创造——各得其所：企业治理的真相 …… 162
管理的最高境界是“无为而治”吗？——李氏价值创造理论 …… 162
引例：晋商的身股——如何激发员工的自动自发 …… 162
泽尧企业动力学理论应用：“因人设事”还是“因事设人”？ …… 162
李氏利益对称理论 …… 164
利益不对称：企业做不大的本质原因 …… 164
企业（岗位）新分类：创造性指数与可控性指数 …… 164
对称式管理与非对称式管理 …… 165
要创造性何用？——创造性与企业薪酬体系 …… 165
谁需要被激励——谁激励谁？ …… 166
质疑职业经理人的激励概念 …… 166
高管合作模式与利益对称——“用人”“激励”用词不当 …… 166
职业经理人把股东给卖了 …… 168
延伸阅读：价值创造 …… 168
第 4 单元　不做老板做企业家——共创价值：基业长青的真相 …… 169
创造价值——利润分配权合法的基础 …… 169
为什么央视广告的标王企业一定会死？ …… 169
股份的本质——大家认可的贡献度、创造力 …… 170
自理：董事长要“懂事”！ …… 171
品牌惯性：老板继续分红的资格从哪里来？ …… 172
核心竞争力 …… 172
何谓工商文明 …… 173
资本不再稀缺，劳动者为王——何为人本主义？ …… 174
资本不再稀缺，人本时代提前来到 …… 174
资金资本只能买到“可控性” …… 175
价值创造与利润分配：从资本主义到人本主义 …… 175
与“资本主义”相提并论的“人本主义” …… 177

第 5 单元　管理可以“无为而治”吗？——企业原动力的真相 …………… 178
管理者与价值创造 …………………………………………………… 178
“无为而治”不是企业管理之道 ………………………………… 178
问题：老板与职业经理人之间是一个悖论吗 ……………………… 179
价值实现与剩余价值分配权 ……………………………………… 179
剩余价值与企业经营者 …………………………………………… 180
管理者可以无为而治吗 ……………………………………………… 181
何谓“机制”——管理者可以“无为”而治吗 ………………… 181
“无为而治”的批判 ………………………………………………… 182
延伸阅读：中国人的两大崇拜 …………………………………… 183
我做故我在——企业原动力：从我做起 …………………………… 183
从管理者自己身上找原因 ………………………………………… 184
不要“领导赏识”而要“自我推销” …………………………… 186
泽尧主谓宾理论——力量从我发出 ……………………………… 187
延伸阅读：国骂 TMD 的由来：是妈妈的还是你自己的 ………… 188
管理的本义：有目标有计划——把一个一个的项目做好 ………… 189
把恋爱当做一个项目来做 ………………………………………… 189
管理的本义：有目标、有计划 …………………………………… 190
掌控局面的策略 …………………………………………………… 191
身体是革命的本钱——欲望 + 梦想：生命的真相 ……………… 191
没有什么比兴趣更重要 …………………………………………… 191
生命 = 欲望 + 梦想——进可攻、退可守 ………………………… 192
保持积极心态的十二个要点 ……………………………………… 192
情绪稳定的若干项“修炼” ……………………………………… 193
第 6 单元　商业头脑与利益人格——商业的真相 …………………… 195
“商机”在其外部而不在内部：创业的真相 ……………………… 195
商机的本质：社会大众的需要 …………………………………… 195
企业的本质：满足社会大众的需要 ……………………………… 196
热点关注：何谓投资——投资房产会不会被拐卖？ …………… 197
延伸阅读：大陆一线大城市　电视渐成摆饰 …………………… 198
“对手”在其内部而不在外部：守业的真相 ……………………… 198
管理的层次与重点——干练与授权的基础 ……………………… 198
李氏管理第 1 循环：投资回报循环——董事长价值创造 ……… 198
李氏管理第 2 循环：管理实务循环——总经理价值创造 ……… 199
李氏管理第 3 循环：传统管理职能循环——管理实务的概括 …… 199
李氏管理循环：主导创造价值 …………………………………… 199

商业头脑与利益人格——合作的前提：尊重别人的利益 …… 200

生意心理学——创业者第一项修炼：利益人格与利益鸿沟 …… 200

第 7 单元　企业家并非天生——老板的真相 …… 205

引子：什么是王道？ …… 205

老板的五个手指头——创业者五项修炼 …… 205

老板成功离不开“五个指头” …… 205

成功需要大拇指——现实 …… 208

成功需要食指——精明 …… 209

成功需要中指——主见 …… 209

成功需要无名指——敬业 …… 210

成功需要小指头——创新 …… 210

每个人都可以通过这只手打造成功 …… 210

引申阅读：敬业之——工作时间与事业成就 …… 211

老板成长之道 …… 211

在路上：从青少年成长为老板的 8 条路径 …… 211

读书学习的十一个要点 …… 212

青年人快速提升能力的 18 个要点 …… 213

能力快速成长配方：一个人能力提升的十二个要点 …… 214

你为什么没有成为老板？ …… 215

老板千千万，为什么没有你？ …… 217

初做老板：如何防范公司资产被偷（李氏 21 条） …… 218

结束篇　做得说不得——关于真相的真相 …… 221

过年不好玩——管理者是美好世界的缔造者，而非享用者 …… 221

真相让人郁闷——管理哲学之：然与应然 …… 221

台前与幕后之别——不知真相，何以成就“霸业”？ …… 222

做得与说得之别——为什么要“说一套做一套”？ …… 224

小偷比强盗可爱 …… 225

后记 …… 226

鸣谢 …… 227

附录：基于李泽尧老师管理著作之企业培训课程及咨询项目 …… 229

李泽尧老师管理著作及知识结构图 …… 230

李泽尧老师出版著作一览 …… 231

序篇
存在即真相

弱者苟且偷安，回避真相；强盗阴谋诡计，隐藏真相；强者勇于探索，直面真相。存在即真相，只在知与不知。本书内容不代表作者提倡某种“价值观”，不是一种“应然”；而是一种“客观存在”，一种“然”。

不为人知叫真相——你知道“管理者核心能力”是什么吗？

“做了几十年的管理，听了老师的课才发现，自己只是一个工头而已!!”宁波一位高级经理在香港财经学院 MBA 班课堂上，当着全班同学对泽尧如此说道。

其实，这不是第一回，也一定不是最后一回!

为什么?

因为，尽管不少的人听了很多管理课程、看了很多管理书籍，但是，他并没有被告知：到底管理者最重要的工作、最刀尖的部分价值在哪里、是什么!

他对自己“凭什么叫经理，与工头有什么不同?”并不了解。

不妨看一个简单的例子：

一位教授级的公司总经理曾经在几个好朋友聊天的时候说：“我跟我们的集团董事长讲，要有几个能拉来订单的人做股东，才好办。”我跟他说：“兄弟呀！好在你跟董事长是哥们、是同学。不然啊，你这样讲，恐怕会有问题。总经理拿来做什么？换个董事长，只怕会问你：我请你做总经理，是做什么的哟!!”

“做一个公司，要是有几个能拉来订单的人做股东，就好办了。”泽尧认为，身为总经理的人说这句话，问题是很大的——换句话说，一个人凭什么做总经理呢?!

接下来，我给他讲“管理者的核心能力”，这也就是本书第三篇第一单元“不做工头做经理——李氏核心能力理论：创造的真相”。

以点带面、各个击破。本书就是从聚焦类似的“真相”而一个单元一个单元地展开的。愿你我有缘、愿你有耐心，有机会把本书浏览一遍。

人生处处有真相——“愿意”就等于“不得不”?

“佛法无边?”乐山大佛、大佛乐山，移动公司“有效管理十八项技能”课堂上，泽尧承诺要跟学员分享一些佛学思想。

在讲到“愿意＝不得不”时，泽尧走近一位学员对他说：“你，当初结婚时，当着众人的面对太太说愿意娶她，可是我看到的是你‘不得不’！只怕你恨不得把范冰冰娶回家呢？嗯，要是当初那个校花愿意嫁给你，大概，你也不会娶你老婆了!”

在场学员一片惊呼：“李老师，今天只有他一个人是夫妻档在听你的课啊!”“啊!！怎么会这样?”

泽尧不得不走到学员们目光所向的那位女学员，然后告诉她：“美女，你不必伤心！首先我不知道你在场，不是故意的，而且呢——问题的关键是，如果他以为是因为愿意才娶你，他岂不是会很拽、很骄傲、好像有很多选择一样。而当他从今以后知道，他娶你是不得不的时候，他才会更加珍惜你啊！——你看，我是在帮你呢!”

是巧合吧！——作者并不相信这里面的神奇，倒是想再强调一遍：“愿意”就等于“不得不”。当他不得不的时候，他也就愿意了。而当他“愿意”的时候，或许也只是不得不而已！详见本书《职业经理对谁负责？——愿意＝不得不：道德的真相》篇章。

为你剥开层层真相——本书要回答的问题

解决问题是硬道理，以问题为焦点展开本书一定不会错，不妨先看问题：

1. 一个做物流超市的企业，深圳、惠州、东莞市场都做得不错，正准备进攻广州的时候，东莞市场的团队负责人却带着一帮人跑掉了，这个问题怎么办？请理解集团公司以及连锁经营管控的本质：总公司对分公司有何存在意义，你凭什么让他离不开你、不离开你?!

2. 一家民营企业的财务人员离职的时候，他跟老板提出了一笔不菲的“补偿款”要求，原因很简单，因为他说他手上有公司偷税漏税的证据。老板感觉受到了敲诈。请参阅本书第二篇第7单元，理解“李氏超级管理学”思想对于老板的重要作用。

3. 董事长很信任总经理，把公司全权给他打理，可是两年后，他拉上核心成员另立门户去了。人们谴责他“不道德”，可是，到底谁不道德？请参阅本书第一篇第4单元“不做傀儡做总裁——操之在我：管控的真相”及第三篇“第3单元，利益对称与价值创造——各得其所：企业治理的真相”。

4. 在国美事件中，舆论总是说“职业经理人应该对股东负责”，可是，这“应该”二字在陈晓与黄光裕之间似乎并未发生作用。所以泽尧对老板们的企业管控建议是："把一个苹果切成五块，让他拿不走一个完整的苹果"。详见第一篇第4单元。

5. 有人说"老板不是培训出来的!"这话是不是太悲观？一些有潜质的人，或许就只差那么一个领悟、那么一点突破，就可以上台阶。泽尧常对学员讲："有些人过去是打工仔现在成了老板，有的人过去曾经是老板现在变成是打工，所以，现在不是老板的人不要气馁，过两年变成老板有什么奇怪？'王侯将相、宁有种乎!'"仿佛登山，不同的高度看到不同的风景，不妨读读本书"肉食动物与草食动物"等篇章。

6. 诸如此类的问题，不一而足。

7. 本书将为你剥开企业管理的层层真相!

人道+世道+商道=天道：管理的真相

人道	第1篇　带人——管人管小人、发掘人性光辉：人性的真相（人道）
世道	第2篇　带队——利益捆绑、铸钢铁长城：组织的真相（世道）
商道	第3篇　创业——创造价值、基业长青：企业的真相（商道）

第1篇

带人——管人管小人、发掘人性光辉：人性的真相

亿万富翁遗嘱写得不好，惹来杀身之祸，人性险恶可见一斑。“好人”不需要你管，对于好人你只需把事管好就行；所以“管人管小人”。

第1单元　老来遗嘱怎么写
——李氏遗嘱公式：人性的真相

案例：1000万元保险要不要买？

中国的航空保险是20元保40万元，但通常只保一日航程、偶尔保一周。

在北京机场买保险时小姐问："常坐飞机吗？"我比较敏锐，心里想："我常不常坐飞机关你什么事？"她说"先生，这边有一种保一年的。"我说"怎样买？""150元，保一年而且是100万元"。

嗯——假设每次都买的话，只要一年坐7.5次以上，不就150元就进去了，而且现在保的是100万元，合算，买！

接下来她又问："先生，这边还有一种，600元保1000万元，买不买呀？"

读者，请你告诉我买不买？前面保40万元要买，保100万元要买，现在保1000万元要不要买？

买的理由是什么？不买，又为什么不买？对此，很多课堂上的学员说不出恰当的"理由"。

我当时脑袋转得比较快，马上说"不买"！40万元和100万元都有买，但1000万元不买，你知道为什么吗？

你想想：保单拿回去要给老婆看吧？要是老婆不知道你死了不是白死？

可是，拿给老婆看，你知道有什么后果？不经意之间老婆会想到："老公一年能挣多少？如果飞机掉到海里，马上就有1000万元！让你去挣，那要多少年？飞机掉海里不是一下就搞定——来得快些？

对呀，没错，这就有风险，保险单拿回去给老婆看见就有风险。

可是有学员说"老师，没问题呀，你老婆没这么大的能耐叫飞机掉到海里呀！"

"谁说她没有这个本事——"，我说："你错了，她自己的确是没有这个本事，但你不知道她可以请人帮忙?!""请谁帮忙？本·拉登？不，连美国中央情报局都找不到本·拉登，她怎么找得到?!"

我告诉你：她不找拉登，她会找上帝帮忙——祈祷！只要你一登上飞机，她就开始祈祷！"上帝，求求你吧，只有你能帮我了"，你说那个飞机飞到深圳时怎样？边上不是有海吗？就偏离轨道，栽下去，然后让鲨鱼把里边的人全都吃光！

可是有人又说“老师不对吧，你老婆怎么是这样的，精神境界不高哟！”，有没有，疑问又出来了，我现在告诉你：按照李老师的“人性上下限理论”，这不是她境界不高的问题，而是你的做法有问题！

你这1000万元的诱惑会就令到她防不胜防，就算境界比较高的，最后都变得比较低了——你想想：从你这张保险单让她看见以后，她隐隐约约、朝思暮想的就会有个烦恼，什么烦恼？——是1000万元来得快呢？还是让你活着等十几年、几十年呢？这个烦恼老是摧残她、折磨她，就算她是一个善良的人，都会因此而变得邪恶，我告诉你：“魔鬼就是这样产生的”！

我们公司的管理，其实类似这种情况也是有的，魔鬼就是这样产生的，我们个别公务员，为什么他最后贪污腐败，是因为我们的制度没有游戏规则来管着他，当钱想拿就能拿，结果你知道吗？他不拿好像是白不拿，最后挡不住诱惑，开始是少拿，后来看没事就猛拿，大拿，最后就是判出无期、死刑。

所以千万不要让你的制度去诱惑别人犯错误：人性来自于制度——无论是好的还是坏的人性，均来自于制度！制度管理可以从源头堵住邪念！

对制度制定的启示是：

1. 不要“制造内耗的根源”。
2. 别把亲人变仇人，别让朋友成敌人。

案例：亿万富翁的遗嘱问题

“利益相关者”概念对管理者非常基本、也很重要。下面这个故事可以帮助我们理解利益相关者理论：

去年，顺德某60岁出头亿万富翁，一天晚上急急忙忙跑到我家找我帮忙，说“李老师救我呀！——我最近得到一个小道消息，我的儿女们有人要谋杀我！”

我问他：“怎么回事，他们不愁吃不愁穿，谋杀你干什么？”他说：“不知道为什么。”

我问他“最近做了什么”，他说“做没做什么”。

后来他说，“嗯，想起来了，最近我写了一份遗嘱。”

你遗嘱怎么写的？他说不就是那样咯，等我死了以后，我的财产百分之多少是老大的，百分之多少是老二的，百分之多少是老三的。

我说：“难怪，你这遗嘱有问题！”“怎么会？”他大惑不解。

“第一句话就有问题！‘等我死了以后’这句话不能用。”他问：“天底下的遗嘱不都是‘等我死了以后怎样怎样’、不都是这样写的吗？”

“唉，那是因为天下人都糊涂啊！你难道不知道王永庆、龚如心的遗嘱都写错了、造成了很多烦恼吗？”

“那倒是知道的！”

“那就是了——你想想：等你死了他们才能拿到，你要不死是不是他们就拿不到呀，所以有人就希望你早点死咯！”

“哦，太可怕了！不过，还真是这么回事。嗯，不过——李老师，天下人都糊涂的事你竟然搞明白了，你就有这么厉害？”

参考阅读：《李嘉诚分家产的智慧》：

你的遗嘱要怎样写？——给你一个遗嘱公式

“可不是？来，我给你个公式看看，你才知道什么叫厉害呢！”于是我写道：

遗嘱公式

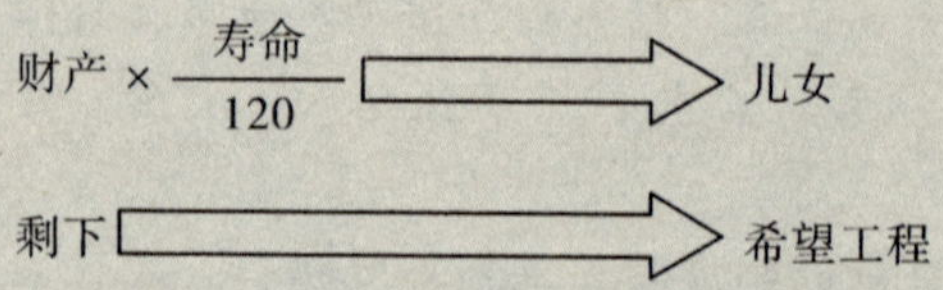

我告诉他：“你回去按我这个公式把你的儿女、律师叫过来，公开、大张旗鼓的修改你的遗嘱，情况就会改变。”他带上我给他的公式，将信将疑地回去了。

不知道读者你有没有看清楚这个遗嘱公式的用意：财产乘以寿命除以120给到儿女，其结果是，如果他活到120岁他们可以全拿，如果他马上死掉他们只能拿到一半。剩余的部分宁可给到希望工程，反而可保儿女期盼他活到120岁！

后来过了两个月，那个老头买了大包小包的礼品跑到我家来，“李老师，感谢你！你那个公式啊，比爱因斯坦的相对论还要伟大——现在我的儿女不但不杀我，还给我配保姆，派保镖，真是感谢你啊！”“那就好，那就好。”我说。

“但是啊，有一个问题我没有想明白，我之前把所有的财产给到儿女，他们要杀我，按照你的公式，如果我活到90岁，有1/4给到希望工程去了，他们反而对我这么好？”

我告诉他：“你之前的遗嘱让你的寿命同他们的利益成对立关系，你活得越久他们等得越‘伤心’，而我给你的公式让你的寿命越长他们可以拿得越多，这就是问题的关键。”

读者有没有看清楚这里边的道理呢？

利益相关者理论——问题的关键：是正相关还是负相关？

你把你的财产无条件的全部给儿女，结果儿女要杀你，你把你的财产部分给他们，结果他的儿女给他请保姆、请保镖。

这里面的道理是“利益相关者理论”，我们必须把“利益负相关”变成“利益正相关”。

什么叫利益正相关？当你活久了，他们比较好，当你死得早了他们比较不好。

那他们就希望你活得长久、希望你长命百岁。

什么叫利益负相关呢？当你活得越久他们等得越痛苦、当你早点死了他们反而比较好，那他就当然有意无意会盼你死了。

这事还没有结束——去年下半年，又跑出一个东莞的亿万富翁来找我，他说“李老师，这个公式是不是你设计的”，我看了看说“是呀，你怎么也知道这个公式？”他说顺德那个老头就是他的表哥。

我问：“有什么问题吗？为什么要找我？”

他不好意思，我说你说呀，你知道最后他说什么，他说：“儿女对我都不错，也给我请保姆，请保镖，可是现在有个问题”，“什么问题呀？”他扭扭捏捏、吞吞吐吐的，最后终于说：“你们所请的保姆一个比一个丑，能不能改进一下这个公式，让儿女请来的保姆漂亮一点？”

后来仔细分析才发现，还是那个利益负相关惹的祸！一位朋友脱口而出：“是啊，保姆太漂亮，他老爸死得更快哟！”“万一再生出两个来，岂不是更惨？”

作为这一公式的发明者，不但让“希望工程”可以因此而财源滚滚要感谢作者，亿万富翁们因能安度晚年、长命百岁而感谢作者，政府可能因为构建和谐社会而嘉奖作者，就连亿万富翁的儿女们也会感谢作者——是作者解决了他们内心中利益和良心之间的斗争和矛盾，让他们能够快乐满足、心安理得地做孝顺儿女。

启示：不要自己去树立敌人，不要用你错误的做法去把你的朋友乃至亲人变成敌人。

延伸阅读：《俞可平：民主是个好东西》

民主是个好东西，不是对个别的人而言的，也不是对一些官员而言的；它是对整个国家和民族而言的，是对广大人民群众而言的。坦率地说，对于那些以自我利益为重的官员而言，民主不但不是一个好东西，还是一个麻烦东西，甚至是一个坏东西。试想，在民主政治条件下，官员要通过公民的选举产生，要得到多数人的拥护与支持；其权力要受到公民的制约，他不能为所欲为，还要与老百姓平起平坐、讨价还价。单这两点，很多人就不会喜欢。因此，民主政治不会自发运转，它需要人民自己和代表人民利益的政府官员去推动和实践。（其余请百度阅读）

下限管理——把人看成是坏人的管理方法

中国现在的教育就是缺少把人性看成是坏的时候的管理手段，下限管理就是假设人性是坏的我们如何管理。我们现在正规科班的MBA生为什么不适应社会？就是因为我们整个管理系统都把人性假设为好的，我们到处听了很多的课，什么领导艺术呀、领导定义等，全是讲人性上限，结果大家听完课总是感觉怎么有点隔靴搔痒呢？没错，把人性想得太好就像这样，你的管理方法不切合人性的核心，你在这讲了很多东西，但是最后不解恨，就像隔鞋搔痒一样，不痛快，不解恨，不起作用，因为不切合人性。

这里有两个故事：第一个故事是讲皇帝的金库，为什么要放五把钥匙，而且要五个人拿着？那是因为如果只让一个人拿着，他就可能晚上打开门拿黄金回家自己用，要是五个人拿着，他要想打开金库偷黄金也必须五个人联手才可搞定，不然就打不开，那五个人当中只要有一个是对皇帝忠心的不就搞不定了吗？这样的结果就是他的金库可以保证金子被偷的概率非常低。

第二个故事是讲在上海吃饭。你到上海街头去吃饭有没有发现，上海的很多小店，去吃饭要先买票。为什么要买票？有人会说管理要有流程。那流程又能解决什么问题？我告诉你流程能解决的问题是这里核心的问题，是人性的问题。如果小店的老板娘本人在，本人收钱就好了，每个环节看清楚就可以了，今天收了多少钱，今天大概收了多少线，今天赚了多少钱都看得清楚。可是，既然老板娘不在，不是自己家的人亲自收钱，而是叫别人代收钱，那么这里边最大的问题就是，他帮你收钱，收了 200 元、300 元，最后可能只拿 100 元出来。所以我们搞个流程出来。什么叫流程？流程的根本问题是什么？就要解决人性的下限问题，解决人性贪污的问题。如果我们做流程时忘记了做流程的下限，你的流程从根本上就是秀才，就是花瓶，就是不解决问题的。所谓的流程，就是所要面对人性的下限，要把人性的下限堵住。

不是亿万富翁，就没有遗嘱问题？

几年前我在《广州日报》上看到一则报道，说的是一位老人因为财产都分给了儿女，自己不得不常年住在猪圈里面（有照片），而他的三个儿子都住在附近至少三层以上的独门独户的小楼里。问题出在：三个媳妇儿互相都以“他家都不让她住，凭什么我家就得让她住？”类似的理由和心态据不搭理。大概她的三个儿子不是“窝囊废”也是“混蛋”一个。

后来，因为备课时想要形象地说明某个问题，我想起了当年所看到的那张老人住猪圈的照片，于是到网上去以“老人 + 猪圈”搜索了一下，哎哟，哪里能找到?!太多了，当年那张照片应该已经被淹没在“汪洋大海”之中去了！这是我刚才在 GOOGLE 上搜索的结果：“搜索老人 + 猪圈获得大约 767,000 条查询结果，以下是第 1 ~ 10 条。(搜索用时 0. 15 秒)”

由此可见，不管你有没有成为亿万富翁，按照我设计的遗嘱公式去做绝对没有错!

做好人好事要不要发奖金？

很多中国人会说：做好人好事，是中华民族的传统美德，不应该发奖金。

报纸杂志、电视电台报道的新闻也都是做好事不留名、给了奖金也不要的人。

这一切，看起来很美，听起来很好。可是，却为温家宝总理所说的“道德滑坡”留下了伏笔、打下了基础！

在泽尧看来，“做好事不应该发奖金”的想法，作为每一个公民自己或许是值得鼓励和提倡的，但是，对管理者和执政当局来讲，却不能这么想、不能这么做！

做人，我们提倡每一个人争取去做君子；

管人，我们则不可以指望每一个人是君子。

做人，不因善少而不为，不因恶小而为之。

管人，则不因善小而不奖，不因恶小而不罚。

其实，“做好人好事是中华民族的传统美德”的说法，每一个公民自己若真这么想而不是拿去要求别人，那么这是高尚的代名词。可是，管理者用这句话去管理别人的时候，如果也这么想的话，那可绝对是乌托邦的想法。

对于管理者，你必须要知道：做好人好事的人，你一定要“论功行赏”，否则，道德必将“滑坡”！就像高速旋转的飞轮，其惯性自转是人民群众的道德水准，而如果你不施力，它则一定会慢下来！

延伸阅读：价值观人际维度的五个等级

A	强盗型	唯我独尊、损人利己、强取豪夺、丛林法则、个人快乐建立在他人痛苦之下、凶残野蛮、毫无同情心可言、善于利用人、目的性强、道貌岸然	官员、政客、竞争战略谋略者、奸商、投机钻营者、经纪人、杀人犯
B	强者型	众生平等、独立自主、人不犯我我不犯人、理性冷静、不重视合作、较少同情心、不轻信于人、特立独行	企业家、学者、科技工作者、经理人、专业人士、自由职业者
C	忠良型	认同领导、重视合作、有合作依赖心理、同情心较重、较感性、道德感强、感恩心重、有献身精神、易被主义绑架	职业经理、主管、优秀员工、专业师傅
D	良民型	无条件认同领导、盲目崇拜伟人、依赖心理强、有是非观念、道德感强、寄希望于他人、容易被骗、容易成为不明真相的人	传统中国农民、工人、军人、劳动者、生存型、大众
E	刁民型	能力不济、野心不小、无是非、唯利是图、挑拨是非、飞短流长、小人作风、独立性强	线人、监督者、情报人员、无间道、间谍

本单元关联与升华阅读内容

本丛书之《管理的技术——TBC 企业驱动体系》第五篇：“第 4 单元　如何给钱才能令他闻风而动——李氏关心系数”。

第2单元　利益错位——李氏贵人贱人理论：腐败的真相

贵人与贱人：利益错位与腐败根源

案例：樱桃原理——农民的水果不能烂在家里

请阅读笔者在生活中遇到的一段对话：

甲说：那位酒后驾车撞死人的富豪这下惨了，网络这么一闹，最少要判十年。不过还好，他有钱，坐牢也不怕。

乙说：不怕？进去就会有人给下马威！一些监狱是犯人管犯人，管你有钱没钱，一顿暴打是免不了的。

旁边的丙插话说：乙兄你落伍了吧？你都不知道还在古代，监狱的市场化程度就已经可以走到多远了！我来告诉你，就像××医院急救中心门口那些"殡葬一条龙服务"的业务代理人员一样，人还没死，他就来找你谈业务、谈价钱，提供给你"省时省心"的一条龙服务了，什么灵堂搭建、遗体更衣、火化安排、骨灰盒选择、墓地落实等每一个环节，只要你让他能从中吃得到一点差价，他都给你全部搞定。古代监狱也是这样的，法庭门外就有人在做"一条龙服务"的代理业务，哪里还要等到在监狱那边去发生"冤假错案"！

乙说：今天的社会有你说得这么夸张吗?!

丙说：今天的社会有没有这么"夸张"我不晓得，但是可能性也是有的。你想想，对监狱来说，如果某个环节出现你说的那种不问青红皂白"冤假错案"一样的暴打，回头他的上司追究起责任来，岂不是吃不了兜着走？再说了，就好像农民家的水果，过期不吃就会坏掉，他怎么可能不及时送去市场（哪怕通过代理，比如小商贩收购），而要留在家里烂掉呢？

好了，对话就摘录到这里——因为樱桃特别不能久放，我们姑且把上述对话中的水果举例为"樱桃"，于是我们从丙的说法中归结出一个理论，那就是"樱桃原理"——其基本含义就是：农民的水果不能烂在家里，因此农民会尽力寻找市场、尽快把他卖出去；换句话说，农民有倾向于把他的樱桃市场化的动力。

扩展开去看，你会发现，所有的可以降低成本的方法——比如以次充好、假冒伪劣，诸如死猪肉、注水鸡鸭肉、用死猪肉做香肠、孵化失败的鸡鸭蛋被专人收购去做蛋糕以及潲水油的二次使用，虽然是违法违规的事情，但是却有着很大的驱动力驱使着某一些人去做。

前些年，我一直认为绝大多数的人都是好人，搞这些鬼名堂的人不会多，放心吃吧、怕什么呢！可是后来有一天我突然明白，别人的东西打八折还有钱赚（废话，死猪肉的收购价当然会低很多了），你的东西货真价实哪里竞争得过别人——或许有朋友会说，“便宜没有好货、太便宜的东西你别买”，那么好了，精明的商家对营销学或心理学几乎是无师自通——你以为他那么厚道、不可以叫个高价钱吗?!

由此可见，“樱桃原理”还有如下含义：

1. 好事学得慢，坏事学得快；

2. 厚道成本高，乱来降成本（法律和监督有漏洞的时候）；

3. 任何可以降低成本的方法，好似“水往低处流”，有着天然的扩散力和渗透力。

4. “是黄金总会闪光”看来真的没有错！

更进一步的引申意义在于：社会的监管不能或缺，不能只靠道德，对代理人也是一样（监管到位以后，道德才是可以被期待的）。

OK，你请记住了，农民的水果不能烂在家里！何况是那些比农民精明的人。

案例分析：谁要给谁送礼——利益错位与贵人

要理解什么是“贵人”，请见下例：

一位老板问我“我的业务人员出差，本来几步路可以走过去的他偏要打的士，明明有便宜的旅馆他偏偏要住宾馆，怎么管?”我告诉他的方法就是“把贵人变贱人——费用包干，他花掉的每一分钱就都变成他自己的了，看看还那么潇洒不?”

我曾经让学员看图回答问题：

民企老板——政府官员

职业经理——个体老板

读者，请你告诉我：以上两组人之间，谁要给谁送礼?

几乎所有的学员能够给出标准答案：“当然是民企老板给政府官员送礼啦，职业经理跟个体老板之间嘛，嗯，是个体老板要给职业经理送礼啦!”

答案是正确，但是当我问他们为什么的时候，他们却莫衷一是，含糊其辞。于是我告诉他们：“贵人”与“贱人”之别——

权贵、权贵，有权才贵

贵人	手上拥有别人的钱——天女散花多潇洒，花别人的钱当然快乐无比、潇洒大方
贱人	每一分钱都是自己的——小家子气没出息，花钱不快乐倒是很心疼、吝啬万分

真正的“贵人”（就是算命先生跟你说的，“看你印堂发亮，今年要遇到贵

人”里的那一种，缺少法制、拥有滥权机会的人是贵人——看看封建时代的故事就明白了）他自己是不必要谈钱的，因为已经有人帮他搞定那一切，只有“贱人”（每一分钱都是他自己的辛苦钱，比如个体户、小老板乃至大老板）才会处处在乎钱、心疼钱。

再说具体一点，你如果给贵人送礼，往往具有“举一反三”“投一得十”之效，而给贱人送礼充其量“一份付出一分收获”而已，甚至还可能“肉包子打狗有去无回”呢。

特别补充：似乎“贵人”是不谈钱的，而谈钱的人似乎总是给人以“贱人”的感觉。其实呢这是误会！

皇帝不是贵人，他身边的人才是——老板不是贵人，他身边的人才是

根据泽尧的理论，皇帝不是贵人！为什么呢？因为如果一个皇帝不好好“经营”，他的命运只有死路一条！甚至还会“诛灭九族”呢。

看看全球所有的国家，有选择的、由人民“选举”产生的总统们，如果经营不善，其必然的下场是接受法庭的审判，如埃及总统穆巴拉克等。

另一些国家如伊拉克、利比亚，其国君占着位子死活不下来，人民便只能借助外部力量，最后置之于死地。

换言之，既然你自己“死不下台”，人们也就只能把你搞死才能让你的统治终结。

或许这就是：尊重别人就是尊重自己的道理吧？

一位学员跑来跟泽尧讲：他现在负责的项目对他自己人生未来成长、发展前途十分关键、重要。可是，随他而去到项目组的有两个人却有点“事不关己”，一天到晚只知道吃喝、报账、拿回扣。他说，根据泽尧的贵人贱人理论，他自己是贱人，而那两个人则是贵人。

同样道理，皇帝身边的人不是贱人，而是贵人。因为，江山在谁的手上，他都有可能做“大臣”——换皇帝，换个主子，甚至换个朝代，他的位子大概仍然是可以继续坐下去的，似乎江山的得失，与他的利益不太有关，所以他是贵人。

责任到位的人，是贱人。责任不到位的人，则可能成为贵人。

案例：

《明代公主只能嫁与平民，屡次被无赖骗婚》（百度搜索可以看到此报道）

同样的，老板是贱人，老板身边的人才是贵人。

1. 人治难免腐败，连“贵”为皇帝者也无奈、被骗。

2. 身边的人就害死他，所谓“奴才”“太监”，原来有了一个钱字，“忠心”二字又能值几文？

3. 管理者诫！！

案例："政府扶持"会适得其反吗？

某中学教师辞职下海，到深圳经商，赚了一点小钱；不忘"报效家乡"之传统本色及"寄情山水"之秀才情结，便想回老家租一些地来搞农业种植与养殖，过一过山居生活。满以为不期望赚钱，只想让心灵休息一下。

可是，他老家的亲友却告诉他："你以为哟？很多租地搞农业的，都是有关系的，你以为他们是真的搞农业吗？是打着农业的幌子去拿政府的扶持资金！你要是没有关系，还是别做了吧！"

结果，此先生只好"放下"念头，期待过几年再说。

代理人风险：利益错位与腐败——法治的必要性

"他不是董事长"——代理与自理之别

甲和乙都是我的朋友，此两人均先后在某著名机构任职过相当长一段时间，均做过部门经理。此两人口中都曾抱怨说，在这个机构，自己的任何建议，到了总经理那里总是被毫不留情地给否定掉，可是一段时间过后自己的建议又被该总经理所采用和实施（注意：是采用，而不是采纳）。刚去的时候，满腔热情，到后来，心也就淡了。

此两人均私下和我咨询和探讨过：为什么这机构的总经理会这样？是死要面子怕我们骄傲？还是有别的什么原因？

后来终于有一天，其中一位跑来跟我说，他知道原因在哪里了："那位总经理不是董事长，最大的股东其实是那位姓×的副总经理。"

是的，这就是原因了：大股东是副总经理、总经理是小股东，这位总经理只是代理人而已！由于董事长偏偏又在该公司任副总经理，所以总经理的位置自然是有点尴尬的：他必须表现出自己很能干，必须证明自己是最称职的总经理，因此，他必须封杀他的部门经理，不能让那两位提建议的人太有成就感，不能让他们太骄傲，以至于分散和减弱他的光芒。

这就是代理和自理的本质性区别了。

很多人都知道一个原理：有什么样的"老大"，就会有什么样的"部下"。中国人所谓"有其父必有其子"，常常还只是表明人类的能力有限，很多事情力不从心。而当人们说"有什么样的部门经理，便有什么样的部门人员"的时候，则隐含了作为代理人而不是自理者的部门经理有可能有意封杀手下人能力的动机和倾向！——这是一种对其职位和代理职责的反动和背叛，这是由有意志能力的人性所决定的。（我们在本章后面会知道，人的意志能力支持和决定了他有"不动、正动、反动"的能力）。

另类腐败：违背制度与感情管理

其实，违背制度——违背群体利益，去讲什么“感情”，那其实只是一种“私情”而已！

1. 弱势群体就是想用领导的“宽容”来检验自己在领导心目中的地位，以找到“安全感”和“归宿感”，而有的领导也恰恰要通过这种“网开一面”来显示自己的“权威”；

2. 另外，领导者可能也要通过这种“网开一面”来建立自己的心腹和铁杆，构建自己的“利益集团”（请见泽尧《有效管理十八项技能（白金版）》里面谈到的“利益集团与积歪德”的概念）、最后为谋私利服务，这就是所谓的“徇私枉法”了——因为，“有些时候，恰恰是因为制度有漏洞、领导者从中才有了人治——可以操控的空间、才有谋私的机会”（详见泽尧《中国式制度管理》）。

这就是学员的问题：“老师，为什么破坏制度的往往不是别人，而是管理者、领导者自己？”的答案了：除了领导者无意的“一时不便才打破、特事特办嘛！”以外，还有上述的“故意、有意”甚至“预留空间”“预设伏笔”的原因！尤其，当“代理不到位”的时候。

腐败根源：贵人——代理人利益错位

1. 似乎无可避免的利益错位：私下收礼100%是自己的，为组织盈利所得利润却不是这样。

2. 管控缺失、信息不对称：利益诱惑导致不吃白不吃、你让他心痒痒！

3. 价值创造与利润分配错位：事实错位+判断错位导致心理不平衡

4. 管控的比例、创新的比例——与分配的比例错位

一旦请进职业经理人，制度建设就成为必需！！

——经理人靠法制获得授权；

——老板靠法制获得可控性。

利益错位的三种形式

任何一个社会的政府机构，其公务员都是一种代理行为，这也就从源头上决定了他们的“尴尬”地位：一旦代理合同有漏洞和瑕疵，社会环境的法制以及检查监督机制不够健全，代理人的利益与被代理人的利益就会有错位，如下图所示：

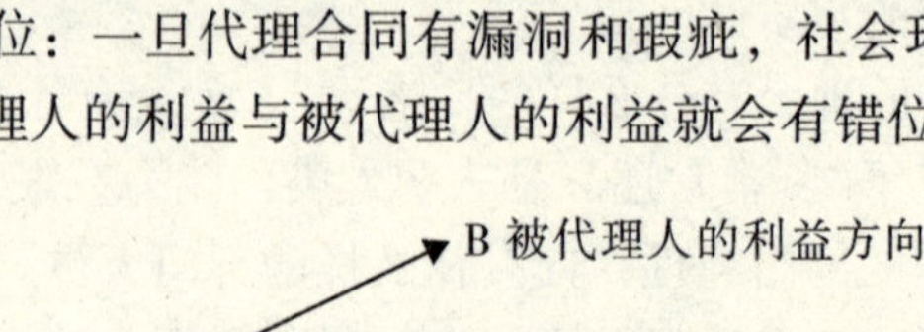

代理人的利益方向同被代理人的利益方向不一致，呈夹角 α 的关系：

$\alpha=90°$时，两者利益方向无关，代理人意志趋于不动或乱动，如不做正事、开小差、打麻将、玩游戏等；

$\alpha<90°$时，两者利益互为正相关，代理人意志趋于正动，如尽力而为、“尽心”了；

α >90°时，两者利益互为负相关，代理人意志趋于反动，如故意打砸，设置障碍，扰乱军心，扇风点火。

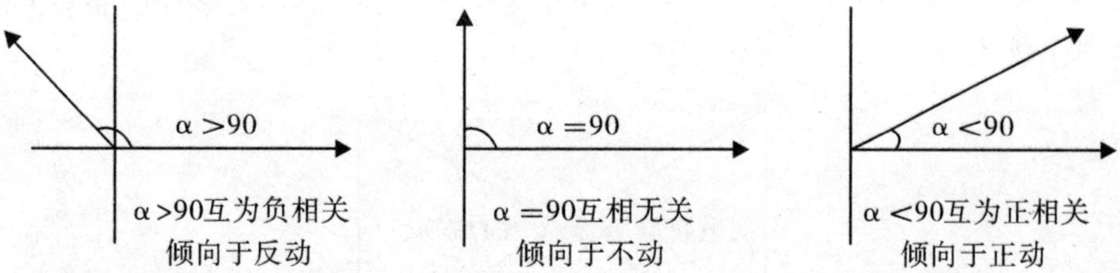

这种代理者与被代理者之间的利益错位便是产生腐败的原因，也是代理成本的一个构成部分。

在信息论里面有人提出代理者与被代理者之间的信息不对称。

延伸阅读：代理人的腐败风险

1. 代理人风险 A =（腐败收益 – 项目收益 × 风险度）

2. 当代理人因腐败所获得的收益大于项目正常运营所可能获得的收益时，代理人必然腐败。

3. 当委托人与代理人法制不到位的时候，代理人便必然会“钻”制度的漏洞。

4. 当委托人与代理人缺少实时监控和筹码操控能力的时候，代理人就会心存侥幸，铤而走险。

5. 当代理人在每一个时间点上的腐败收益都小于委托人手上的可操控筹码值的时候，代理人便可能不得不放弃腐败。

6. 当代理人在每一个被检查（被检讨）区间上的最大腐败收益均小于委托人手上的可操控筹码的时候，代理人便不必产生腐败之心，因为他的腐败行动将只是让他遭受损失而已。

7. 当委托人将代理人置于瓜田李下之时，也就是让代理人经受良心道德和利益拉锯战之煎熬之时。

8. 如果委托人的法制健全到让代理人永远没有得到瓜田李下的机会之时，也便是代理人清正廉洁之日。

9. 思想工作会努力去让人们的思想向好、向上，可是，法制的概念则是在行为上避免人们向下、向坏。

10. 思想去让人应该怎样怎样，制度是让人去不得不怎样怎样，这才是“革命的两手”。

对策分析：代理人的收益点与腐败的关系

1. 项目收益应当分为委托方的项目收益和代理人的收益，现在我们聚焦的是代理人的项目收益。

2. 项目收益来自于项目良好完成后的依法（委托书约定）取得。

3. 另一个关键是腐败收益，也就是违背项目目标而又借此委托项目的授权而所

可能获得的收益。

4. 显然：当 A > B 的时候，明智的代理人就不会轻易放弃 A，除非他有意把项目搞砸。换言之，当 B > A 的时候，则你的代理人可能会直接变成你的项目成功的敌人和绊脚石。

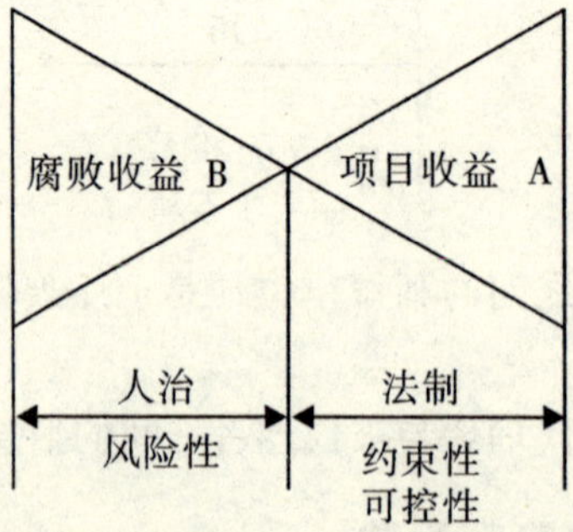

要点总结：

1. 委托人与代理人之间的合作靠人治是有风险的。

2. 只有合同、法制的观念以及方法，才可以堵住代理人风险。

3. 自从有了委托代理关系，法制、制度化管理就被提到了议事日程上。

4. 民企老板要发展壮大，逐渐在其下面产生部门经理、分公司经理、集团公司下属公司总经理以及跨国公司下的分支机构代理人，可靠的、唯一的工具就是法制和规范化管理，而这所谓法制和规范化管理，其关键就在于能有效控制和避免代理人的腐败收益大于代理人的正常的项目收益——这是代理人认真经营的前提和基础。而所谓腐败收益也就是类似于对项目的预算与控制之后所剩下的偏差和无可避免的部分。

5. 人治靠良心，法制靠行为规范，靠结果导向。

6. 制度建设是委托者能力延伸、价值实现的方法，委托者通过制度获得更多的剩余价值分配权。

运用：主管给他手下都打满分怎么办？

依据本人“管理 = 自理 + 代理”理论，解决方法有两招：

1. 代理到位，让他为自己工作——把其所管辖区域的结果面与其收入挂钩，其收入挂钩的程度和比重由其所具有的自由度（自治度）决定。

2. 法制加强，减少他的自由度（自治度）——从而降低其所管辖区域的结果面与其收入挂钩的程度和比重。

要特别说明的是：

1. 某级主管所减少的那部分自由度就正是公司上级创造价值的表现——公司上级必需要用所创造的价值去兑换该部分自由度，否则就会出现不平衡。

2. 某级主管的自治度决定了他的浮动工资——与结果面挂钩的收入部分的大小。

延伸案例阅读：《调查显示在售学生辞典合格率不足 10%》

第3单元　职业经理对谁负责
——愿意=不得不：道德的真相

生活中的道理："应该"管用吗？

泽尧看国美事件：道德只是一种应该、管理要有可控性

所谓"国美事件"，就是作为职业经理人的陈晓，跟身陷囹圄的董事长黄光裕摊牌、叫板、博弈的那些事儿。

网络上，我看到人们对陈晓是指责比较多、认同比较少。

因为，"职业经理要对老板、股东负责"。

或许，这就是"道德"了：大家的价值观、大家普遍认同的游戏规则！

从这里我要提醒你看到，"道德只是一种应该"!!

是啊，我们说："你陈晓——你应该对老板、股东负责！"

但是，他是不是"就一定要对股东负责呢？"

他会说："我是对所有的股东负责，不是只对你大股东黄某负责！"（大意，不一定是原话）

我必须指出的是，无论你是"大股东"还是"所有的股东"——如果你没有严密细致的制度、规则、法律约定——你没有"紧箍咒"、你没有致命的"杀手锏"、你没有"筹码"（见泽尧的"筹码理论"）——用泽尧的话说是"你没有'可控性'"，那么，他为什么"就一定要对你负责呢？"

记住了，泽尧无数次告诉过企业老板们："道德只是一种应该"!!

管理=可控性+创造性——"管理者的可控性，加上被管理者的创造性"!!

股东对职业经理若没有"可控性"，难免会死得很惨——看看华尔街的"职业经理们"是怎样把"股东"的钱，拿去制造泡沫、去拿高额佣金的吧!!

人民是国家的股东，官员是人民的"职业经理人"，对吧？那么，你看看世界上那些民主体制比较落后的国家，问问你自己：他们是不是"就一定对你股东——人民负责了呢？"事实上，某些贪官就不是对股东负责的人，你看看他长相就不像嘛!!

股东对职业经理没有"可控性"，难免会死得很惨——除非你遇到一个"忠孝两全""忠良之辈""忠厚之人""厚道的人"!!

这就难怪，封建王朝总是要把"百姓、人民"塑造成"忠孝两全的人"——然后，他叫你"应该"，你就"应该"了!!

现在的人，“人心不古”，就像网络上网民指责陈晓的一样！

好了，现在我们看到的事实的真相是：股东期待“职业经理”“应该对你负责”，而不讲“可控性”、不讲如何让他“不得不”，难免会死得很惨。

泽尧《创造力》一书里面早就有预言、早就说过了哈！

泽尧老师最近的书里面写得很清楚：只有“愿意”和“不得不”才是“有效的——有效的管理”。

而，“应该二字，只对厚道的人才会有效”。

身边的朋友也比较同情黄光裕：一手把国美拉扯大，落到这步田地，令人心疼。

我想，毕竟，黄当初自己就是总经理、就是职业经理人啊!!

何谓“信誓旦旦”“山盟海誓”“海枯石烂”？

某公司一业务员　10：11：44

只要您讲的符合电视台播放标准，电视台就一定会给您播；任何一家培训机构都是这样的。

某老师　10：18：21

“一定”二字，有点像加入某些组织的入会宣誓！

某公司一业务员　10：18：35

呵呵呵——这不是您不放心吗！

某老师　10：19：16

放心的话呢，合同就可以不要了！协议也可以免去——喝酒、开心，事儿就办好了。

某公司一业务员　10：19：46

呵呵——理解老师的意思——您也理解理解我、理解万岁啊！

能给您的，我们×××公司品牌，一定会给您，这是我们一直以来做事的标准，你可以问问我们的客户，毕竟××公司品牌的牌子，我们不想砸，也砸不起！

某老师　10：23：36

“一定”“定”，又来了!!

某公司一业务员　10：23：58

呵呵呵——那下次我说保证。

某老师　10：28：43

“保证”跟“一定”又有什么区别呢？——何谓“信誓旦旦”“山盟海誓”“海枯石烂”？

这个聊天足可以成为案例放进书里面去!!

延伸阅读：写给女人——没有信任就没有背叛！

男人值得信任吗？你为什么被男人背叛？

请百度“写给女人：没有信任就没有背叛”。

“人心不古”：职业经理人真的会对股东负责吗？

读读报道：《一些公司业绩大跌高管薪酬大涨八倍》，你就知道，股民为什么赚不到钱！这个股票你还敢买吗？

案例：一些公司业绩大跌高管薪酬大涨八倍

（北京综合讯）多家中国上市公司近日公布了 2011 年年报，据统计，与 2010 年相比，不少上市公司高管的薪酬再度上涨，平均涨幅超过了 20%，且当中不乏业绩不振的上市公司。

每逢上市公司集中公布年报时，企业高管的薪酬便成为中国股民关注的焦点。中国股市去年萎靡不振，大批股民以亏损告别了 2011 年，不过，一些上市企业却大幅为高管涨薪。

据《北京商报》报道，截至本月 5 日，沪深两市已有 1361 家上市公司公布了 2011 年年报，占全部 A 股上市公司的六成。

高管薪酬涨幅远超利润

报道指出，据同花顺 iFinD 统计数据显示，除去今年上市的新股，其余 1339 家上市公司在 2011 年共实现净利润 1.65 万亿元（人民币，下同，约 3300 亿新元），较 2010 年增长了 12.7%，然而，这些公司的高管年薪的增长率明显更高，据统计，与 2010 年相比，高管薪酬的涨幅超过了 20%。

高管大幅涨薪的上市公司里，不乏表现平平甚至是业绩大幅下滑的企业。在已披露年报的上市公司里，共有 429 家公司净利润同比下降，但当中有 286 家公司的高管薪酬出现了同比增长，占比 67%。

以深圳长城开发科技股份有限公司为例，该公司去年的净利润下降了 35%，但公司高管的薪酬同比却增长了将近 4 倍，该公司董事长谭文鋕去年的年薪为 811 万元，同比增长 7.5 倍，而总经理郑国荣年薪为 759 万元，同比增长了 8.5 倍。

类似的沪深上市公司的“怪现象”，近年屡为中国股民诟病，一些企业即使实现盈利，也多年不给投资者分红，被股民戏称为“铁公鸡”，而沪深两市则被称为“铁公鸡饲养场”。据人民网报道，如果以不分红时间跨度来衡量，截至 2010 年，沪深股市里共有 54 家上市企业是超过 10 年没有向投资者分红的“铁公鸡”，不过，这些保持着“无分红”特色的企业里，高管的薪酬却屡屡见涨。

面对外界的质疑，不少上市公司的回应是：高管薪酬标准由董事会决定，至于是否给投资者分红，则由董事会根据有关规定和公司的战略部署来确定。

中国一些学者则认为，沪深股市里的这些现象，归因于上市公司的治理结构不健全。天津南开大学经济管理学院院长李维安早前受访时指出，高管拿不合理的高薪是一个顽症，而在目前上市公司治理结构不完善的情况下，要解决这一问

题，必须加强对上市公司监管和约束，包括要求行业高管限薪，强制公司盈利后分红等措施。

此外，对于备受各界质疑的中国垄断行业高薪，李维安也建议参考西方国家经验，对特殊性、垄断性和资源性行业里的不合理薪酬，强制征收高额特别税。

案例分析：××员工曝公司内部腐败致巨亏　高管捞得盆满钵满

见报道《××员工曝公司内部腐败致巨亏　高管捞得盆满钵满》

启示要点如下：

1. 既然官员可以腐败，高管当然就可以……这不过好似生产线的一道道工序而已，自然得很！——泽尧常讲："做人讲应该，管人讲手段"。"做人做君子，管人管小人"。"儒家只是'小乘教'、充其量可以独善其身，法家才是'大乘教'，方可以普度众生！"

2. 抱着"应该"、去期待别人的"应该"，"职业经理'应该'对股东负责"，请问"应该"真的管用吗?!

3. 泽尧正在把自己手上的股票转移：转移到小企业，转移到老总、董事长就持有大量非流通股的股票上，或许，这是中国股民唯一的"救命稻草"?

4. 看看国美事件，是不是陈晓有对股东负责吗？再看看华尔街，泡沫吹大了，佣金拿到手后走人，管他后果在哪里！他们对股东负责了吗？

5. "应该"？没有监督机制、没有是非、腐败渗透股市成了赌博场、格斗场、成了零和游戏。哪里还有"应该"哟？

6. 参考阅读：李泽尧：职业经理"应该"对股东负责……或：李泽尧看国美事件道德只是一种应该、管理要有可控性。

道德：把"不得不"内化为"愿意"

把"应该"内化为"愿意"——年轻人应该优先照顾老人还是儿女?

应该不等于愿意！应该是外加，愿意是发自内心。

把外在的"应该"变成内在的"愿意"，才是问题的关键——这就是"孝道"。

从应该到愿意，还有很远的距离。就管理而言，难就难在这个距离的化解。

讲道德不一定是高尚：得不偿失是道德自律的坚实基础

有一些道德你是必须要讲的，不然将会对你不利！

但是，你仍然不会同意"讲道德不一定是高尚"的说法，但是你想想，如果一个社会让人们讲道德不是一种"自利"行为，不讲道德也不是一种"自我伤害"的时候，你告诉我，道德还能不"滑坡"吗？

反过来说，把讲道德搞成是一种高尚、一种付出、一种高成本、一种自我伤害，请问，这是不是对守道德者的打击？还有多少人愿意、乐于讲道德？

管理有效性——从摩擦力到推动力

很多谈“领导艺术”的书籍都在强调“以身作则”，那么我请问你：“你做了”，他就“应该做”吗？

或许，对小孩子——只是因为他的脑袋还处于一片空白的时候，你做什么，他就以为这个世界就是什么样子，他“一不小心”也就“应该”“照办”了。只怕是，一旦要他“流血流汗”干活的时候却未必如此！

何况是，十八岁以上的“公民”！

我想指出的是：目前所见很多的“领导艺术”强调的“影响力”，就常常属于这种“应该”的范畴！

请见下图：

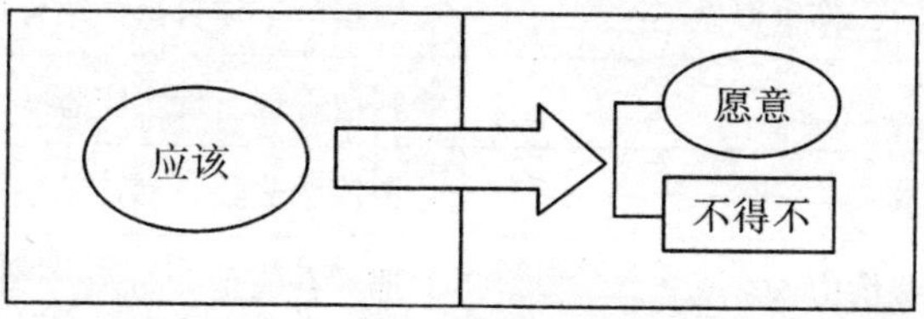

请问：在“应该”与“愿意”及“不得不”两组做法之间，哪一种管理模式更有效呢？

现将作者认为的“应该”二字的有效性列表如下：

摩擦系数：“应该”二字的有效性

	厚道者	聪明人	精明人	狡猾者	奸诈者
有效性	你说应该，他就全力以赴	你说应该，他将信将疑	你说应该，他想那是你的应该	你说应该，他叫你应该	你说应该，他想正是不应该
摩擦系数	1.0	0.5	0	-0.5	-1

如上表所示，对于精明人、狡猾者、奸诈者——即所谓“滑头”来讲，摩擦系数等于0甚至等于负数。

事实上，“应该”是道德的范畴，只对“厚道者”管用，而“愿意”和“不得不”却是一种手段。

儒家喜欢讲“应该”——属于自我修炼、从我做起、感化他人的做法。

法家讲究手段——适合于管理他人、形成作用力和推动力。

进一步的比较见下列图表：

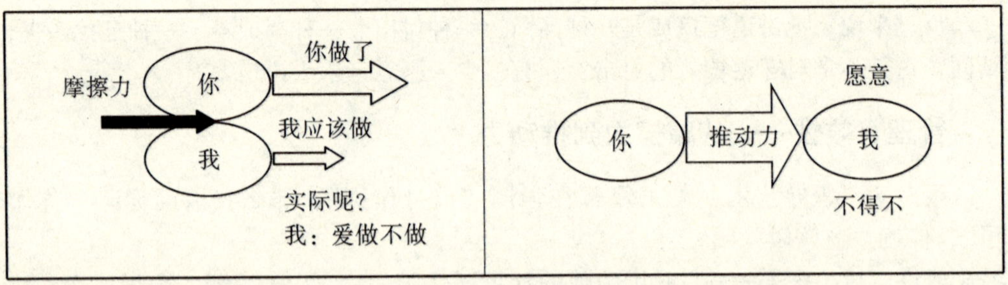

摩擦力	推动力
应该：道德约束——是摩擦力	愿意：生命冲动——是推动力
爱做不做	不得不做
我们：模糊个人、淡化你我	你我：尊重个人、分清你我
以身作则：是摩擦力	以人为本：是推动力
我都这样做了——然后，你也得做吧？	做是为了你自己——你还能不做！
感情管理、高帽子	利益管理、现实实惠
名誉、奖状、愿景远景	金钱、奖金、利益共同体
把他看成感性的人、性情中人	把他看成理性的人、经济人
激将法、操纵：把他看成小孩子、不成熟的人	责任和利益：把他看成成熟的大人
领导艺术？讲观念	有效管理！讲手段
着眼点：降低成本	着眼点：分享价值
事倍功半：他的行动力＝推动力×摩擦系数	事半功倍：他的行动力＝推动力
摩擦系数：憨厚者一推就动故为1；精明人不吃你那一套或许只有0.2——面子上过不去	工商文明、志同道合：爱利益者爱工作，爱金钱者要业绩——为自己工作

结论：

对于“滑头”来讲，摩擦系数等于0，摩擦力是没有的——你的以身作则是没有意义的。

延伸：怎么个情况才算是“流氓国家”

无意之间，在网上看到了李泽尧著作《××××》全书的电子版，达400页，于是立即致电咨询出版社编辑，想知道是怎么回事？结果，他说“这很正常”！“没有办法”，在中国，只要是好一点的书，都会有电子版在网上下载。据说百度文库就有很多作家的作品。打官司，好像他们是推说，不是自己弄上去的，而是网友自己上传，管不了。要是在国外的话，盗版是违法的，作者的稿费收入会很可观。

但是他也说：“肯定不是正常渠道流出去的，这对我们出版社肯定是没有好处的。”

他还补充说了一句“举报也不一定有用，这事儿管不了。”

无奈之下、忽然之间，我的脑袋里面冒出一个疑问：什么样的国家才算是“流氓国家”呢？中国应该不是一个流氓国家呀？怎么会这样！

企业管控运用：管人讲手段

做人讲应该，然后引申出“员工的职业化精神”“职业规范”，具体内容、标准、要点，详见李泽尧著作、北京大学出版社发行之光碟《跨国公司员工的八个行为习惯》

“态度决定一切”是有漏洞、有问题的！——他这是企图从思想上解决问题！——泽尧最近经常跟学员强调：做人或许态度可以决定一切——疯子看到的就是一个疯子的世界；但是，管人必须手段决定一切！！不以人的主观意志为转移，不能以你自己的主观为准。

讨论：用人不疑？

有一位老板很厚道，他把一间家具厂全权交给别人打理，而最后，那人带着能带走的一切（人员、技术、客户）离他而去——给他留下一间空厂，于是，我们看到如下“怪圈”：

完全信任——自由自主——产生二心——反目成仇

可见，“信任是不够的”，而所谓“用人不疑、疑人不用”竟然也成了乌托邦思想的代名词，它是一种道德理想，但不是现实的管理原则。

现实的办法和手段是：

用人——不能全信——靠报表、财务监督、会计和审计、其他部门（抽出职能部门从而制约他）……进行约束。

记住：这应该是“标准做法，与信任无关”！

你想“交给别人帮你赚钱”，当然可以——但是，你必须“要抓住马的缰绳！”

很多老板在走极端，在：“信任——吃亏——不信任”的“怪圈”里面走极端！

问题的关键就变成：代理 + 自理！——学会授权、筹码在手——抓住马的缰绳！！

授权 = 信心 + 监督；授权≠信任。

信心是对能力而言的，信任是对人品而言的。

谈人品、谈信任不谈监督和制度，那是人治。

没有监督，好人品也会变成坏人品！因为“良心”二字本来就是经过外在约束（比如“犯罪不合算”“违规要付出成本”）的内化而来的。

天条：授权≠承包

承包的问题：

1. 承包会让你失去主导权，对其过程和内部失去监控的合理性和合法性。

2. 用你的钱赚他的钱，而他亏了赔你不起。

3. 承包意味着他的无限成长，缺少可控性——甚至是“养虎为患”！

所以：

授权≠承包，具体来讲，可以扩展为：

授权＝省力，但是，授权≠省心。

古人所谓“劳心者治人，劳力者治于人”，你只想轻松，连心都不劳了怎么能行？

委托人（比如民企老板）可控性手段

1. 围墙＋保安＋家族成员。
2. 公司流程＋人际牵制＋安插亲信。
3. 授权＋监督＋核准——强势管理。
4. 阶段性授权＋审计＋撤权——风筝的那根线。
5. 舆论道德＋信用档案——职业生命。

第4单元　不做傀儡做总裁——操之在我：管控的真相

把一个苹果切成五块，让他拿不走一个完整的苹果！

企业管控：如何授权而不失控？——李氏苹果理论

案例分析：从老婆管控看企业管控

报道：《传周成海被拍不雅视频　白静为情夫作证让其崩溃》

1. 强烈建议读者详读该报道，从中看到并记住：一个漏洞百出的男人！

2. 学过管理学、学过本书的“筹码理论”、学过本丛书有关“管人管小人”的思想还有“人际敏感性”等等，我想他应可避免悲剧发生。

3. 什么叫“引狼入室”，好好学学泽尧的“做人做君子、管人管小人”。

4. 身家几千万元？竟然犯如此低级的错误?！是不是要怪不读《管理的真相——TBC商业掌控秘笈》?

控制与反控制：管理＝可控性＋创造性

概念界定如下：

1. 可控性：管理者对被管理事项的掌控度；或集团公司、总部（管理者）的控制；遵行管理者的要求——基本工资、过程管制、过程规范约定。

2. 创造性：被管理者的发挥空间；分公司、部门（被管理者）发挥空间；实现被管理者的业绩——业绩工资，结果导向、结果标准约定。

3. 有效管理：管理＝可控性＋创造性＝100%——理想的管理就是：对所解决的问题、项目、工作而言，管理者的可控性＋被管理者的创造性＝100%。

4. 基层更多可控性，高层更多创造性。

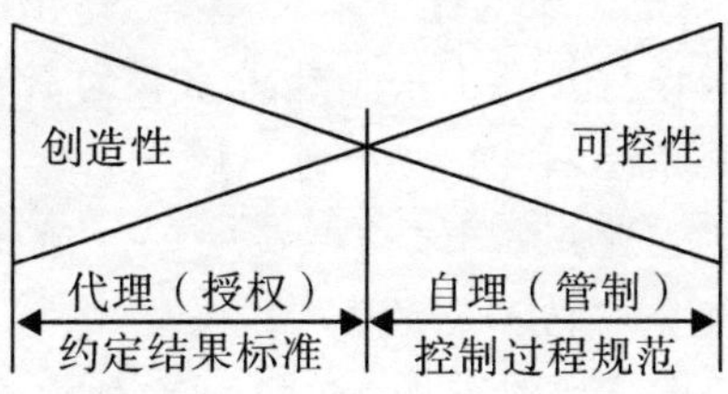

领导：目标不明确、手段不清楚、未来不可知——摸着石头过河，管理者就只

能被叫做“领导”，即带领大家一起摸索和探索，他就必须给被管理者更多的自由度以获得其创造性，这个时侯就（不得不）需要更多的“人性化管理”“尊重”等等。

管理：目标明确、手段清楚——事前明确规划、结果可以预期，这才是管理的可控性、管理者的使命，这个时侯，适当的强势管理反而可以降低成本。

政策不等于制度——制度要有约束力

你可以认识乃至仰慕林志玲、章子怡，你也可以把萧蔷或者林青霞、张曼玉作为自己的梦中情人，但遗憾的是，她（们）可能根本不认识你！

政策就好似偶像崇拜，我们喜欢她、认识她乃至朝思暮想，可是她不但不理我们，甚至还可能根本不认识我们——政策好似“单相思”：那只是我们“一相情愿”的事情，没有约束力！

政策——管理者（主体）的主观诉求、愿望、出发点；

制度——对被管理者（客体、被约束对象）的约束力。

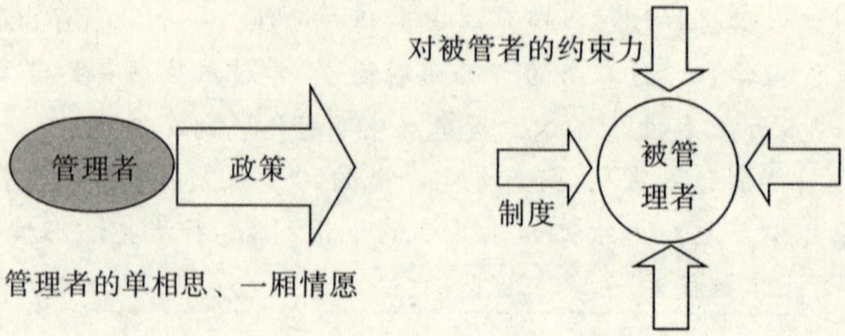

如图所示，政策和制度的焦点不同！政策的焦点是管理者，体现的是管理者的主观愿望、想法，而制度的焦点则是“被管理者”，表现为对被管理者的“约束力”。比如，作者常对企业管理者说“天下所有的制度，如果不跟钱（利益）挂钩就不叫制度”，就是在强调在制度中的一种最符合“工商文明精神”的约束力——用“钱”和“利益”来作为对被管理者行为方式、规范的约束。

当然，约束力有多种（参考本书及本人著作《商战力》里面有关“筹码理论”的论述）

案例：苍白无力的通知

现通知各路小偷：

年关将近，为保证人民群众过上一个和谐幸福的新年和春节，特通知你们，要求你等放弃偷盗，否则严惩不贷！特此通知！

相对法律、制度来说，通知是十分苍白无力的。通知只能劝善良的人，而遗憾的是那些乱来的人是不会“信善”的。

遗憾的是，我们还是经常在报纸杂志、企业文件中见到类似的“通知”！

案例：下属自立门户——代理失控怎么办

某企业已经拿下了好几个地区的市场，正准备再度向外进攻拿下新市场的时候，忽然后方告急——原来已拿下的区域的经理拉着他属下的公司人马去另立门户了。该怎么办？于是我们给该企业老总出的题目就是：用两个星期的时间思考你自己个人的核心竞争力，思考你的企业的核心竞争力，思考你企业的总部对于各区域经理的核心竞争力，写出5~8项公司总部对于分公司的存在价值和核心竞争力。

这样的问题思考清楚了，你就自然知道哪些工作可以授权、哪些工作不可以授权，哪些资料数据必须放在公司总部，等等。

自理创造价值：把职能抽出来了

如下图所示的企业组织结构里，职能部门可能包括：财务、研发、计划、营销、品管等，而业务单位则可能包括：五金、玩具、筒灯、塑料、传统灯具等。其业务单位：做事可以，人权无，财权无……为什么？乃是因为：

把一个苹果切开——分成五块

他手上就不会有一个完整的苹果——

他就不可能拥兵自重、占山为王、搞出山头来，这就是授权的艺术了：把关键职能抽出来！如下图所示：

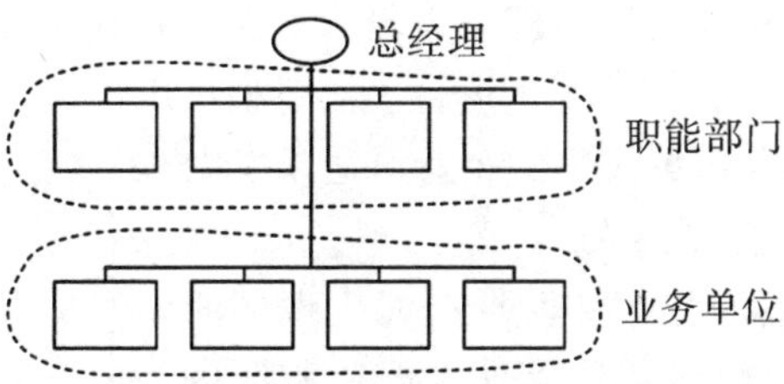

所以这也就是为什么企业做大（有了代理的需要）要有组织结构、要有职能分工的原因。而反过来讲，搭建组织结构意味着“排兵布阵”——而排兵布阵又必须要遵循“把一个苹果切开”的原则，即：

通过职能分工（分解、切开苹果、分权），形成互相监督，有如美国政府的“三权分离”——然后，马的缰绳就在你的手上了！

放权不是放任——自理是源头。

放权不是放任，这就是说：那无形的绳子不可没有。如风筝之不可断线，这叫有所控制。放权让下属发挥，自己给予FOLLOW（跟踪），放权而不放任，其实质近于：事要让下属去做，但同时又需把权留在自己这里，保留对事情的过问——只有这样，你才可以放心，才可以算真正负起责来。

代理靠法制：代理人的风险控制——以事管人、工作要有标准

前几天我在一家世界500强的企业讲授管理课程，今天，则是这家500强企业的培训经理在广州给别人授课。今天是周三，那表示说这位老师在一周的周二、周三到外“挣外快”。显然，他是请假出来的。

我说：500强企业打工也不错啊，你这样每个月都有那么几天在外“挣外快”，要是在民营企业，老板一定会不爽的。他说：“是啊”。

从这里我们知道，外企、500强企业同民企有一个明显的区别，那就是：

外企：管事——只要事情不耽误，你怎么想，自由度给你。

民企：管人——事情做到什么程度不敢保证，但首先要敬业、用心。

老板和代理人的差别就在这里：企业是自己的，就会无止境地有危机感，老板的这种危机感就会演化为要求员工也同他一样“如履薄冰”。代理人则只对预期目标负责，对预算负责。

当民营企业老板要请人来打理企业的时候，就产生这么一个反差和问题：企业不是他（代理人）的，于是你必须靠制度。

如果要打工，你会选择哪种类型的企业呢？

A类是实行代理制同时制度严明的企业诸如世界500强企业、跨国公司，此种企业适合发家型、生存型人才，能力有一定成长机会，收入不低但素质要求较高。

B类企业管理严明的同时，心理压力也比较大，适合承受能力比较强的打工仔和白领人士。

C类民营企业，老板人治、心理压力较大，但工作压力不大，因为制度各方面不够严明，忠诚第一，生存型员工更适合。发财型员工也偶尔有吃回扣的机会。

D类是实行代理制制度漏洞多的企业，适于发财型（搞一把就走）和生存型的人。

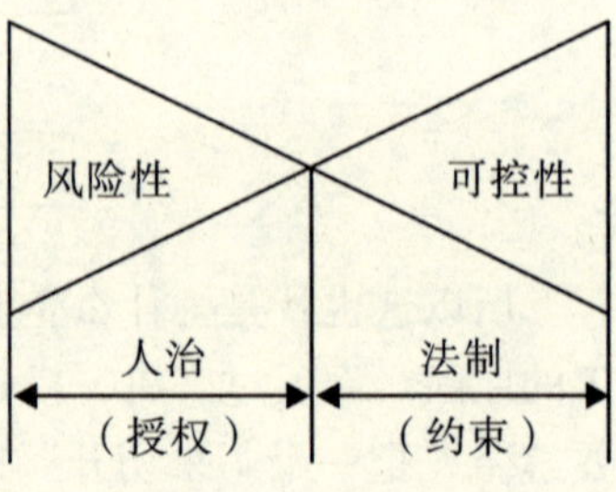

如图所示，在民营企业授权职业经理代理的时候，其留下的人治区间代表着风险性，而法制区间则代表了可控制。换言之，民企老板将企业委托给职业经理的前提就应该是法制——制度化到一定的程度，从而才有可控性。

A法制（约束）	B（授权）人治
有预算	无预算
有额度限制的审批权	授权、无额度控制
财务监督	自主性
约束、监督	信任、放权
可靠性	风险性

一是授权的约束性过小，到了最大风险额大于老板的承受力的时候，对企业来讲就会是灾难性的隐患。

更大的问题和问题的关键在于：当监督不足以致代理人乱来的收益大于他认真工作所可能获得的最大收益的时候，他就必然性地产生乱来的利益驱动。

共赢的委托代理——“腐败”治疗“两把板斧”

治本：利益对称——腐败总收益<0

“利益对称”从结果面对职业经理产生约束和导向作用。

1. 企业成为共同发财的平台以后，腐败变成“害人害已”——真正利益对称以后，企业受损当事双方均将受损，职业经理的腐败在整体收益上将是不合算的。

2. 你（如果你是职业经理人）可以不同这里的资金资本合作，但是你可以不与任何的资金资本合作吗？所以，企业从根本上是职业经理人创造价值、实现价值的平台。

3. 具体手段：

（1）经营结果与职业经理个人利益对称地挂钩。

（2）阶段性授权（定期经营成果检讨），腐败“得不偿失”——这也就印证了作者的观点：

“资金资本必须与所有者的‘可控性’结合才构成所有者的利润分配权”，换句话说：“资金如果不和人的创造性劳动结合，它就无法产生利润——而只能拿资金成本即利息而已，也就不能成为资本。”所以有：“任何人都将通过创造价值去获得利润分配权”。

“买股票是投资”吗

1. 理论上讲：短线股票是投机，长线股票是投资。

2. 买了股票不“炒”就违背了“炒股”的含义了，所以“炒超级短线”才叫真正的炒股。

3. 实际上说，如果董事长不为股东说话（没有那个能力、或不愿意、或没有必要），关键地如果没有手段制约上市公司经理人乱来，如果一个社会又不能规范上市公司的运作的话，那么这样的股票就不能“投资”、不能“做长线”——就不是真正的投资。这样的环境、这样的股票，就只能吸引来一群“赌棍”（或许他是不愿意做赌棍的赌棍）！

治标：制度建设——腐败边际收益<0

“制度建设”从过程面对职业经理产生约束和导向作用。

我想提醒读者的是：“制度建设”本身就体现了委托人与被委托人之间的博弈，制度建设不到位的部分（让职业经理产生腐败冲动的地方）怎么就被说成是“悖论”了呢？（记住：我以前有提醒过：竞争处处存在，怎么唯独到了“所有者与经营者之间的委托代理”这里就把博弈看成是悖论了呢？）

制度建设体现的是委托人对企业及被委托人的可控性手段，制度约束、阶段性授权等手段都可以起到“让被委托人的腐败边际收益 <0”的作用。

1. 代理人腐败的风险度 = 委托者可控度，腐败风险 = （腐败收益 - 项目收益 × 风险度）。

2. ↑委托者的可控度，即加强管理、检查、稽核、审计、缩短检查周期，从而可以↑代理人腐败的风险度，降低腐败。

3. “操作要点”：请参考阅读本丛书《管理的技术——TBC 企业驱动体系》中：“第 6 篇　TBC 之检查 C——与信任无关：检查到位”中“检查设计要点”主题内容。

延伸阅读：如何看待企业权力斗争

企业权力斗争可以从两方面看：

1. 生产控制权（对事的）：给自己找到创造价值的机会。

2. 分配控制权（与人之间）：分配的一种方式，获得分配的优势。

正是上面的两面性，使得：

1. 进取的管理者，一心做事的领导者也须懂得“权术”和权力斗争，以保自己做事的机会，同时也是借以驱动群体、驱动他人的机会。

2. 不善权术的“老实人”会失去做事的机会，进而也就失去了参与分配的理由和依据。“合理成就了不合理”，事情的两面，也为“坏人”提供了机会：有人只搞分配不搞生产，反而回报可能更高。

弄权：分配 > 做事

做事（事业心）：做事 > 分配（个人利益）

哪个是目的，哪个是手段，这是道德评判的分水岭，哪个大于哪个，是量变引起质变。

第5单元　不对称管理——

李氏三种人理论：感情管理的真相

泽尧有一句学员比较喜欢的“名言”：真正有信仰的人，往往都只是成了炮灰！

当今领导艺术里面的两大法宝：虚情假意的感情换利益；虚无缥缈的未来换现在。

写给女人——没有信任，就没有背叛；写给男人——没有承诺，就没有欺骗。

人情≠感情——感情的真相

什么叫感情——情绪软件、真感情：人是有感情的

1. 曾经、记忆、依恋、日久生情——熟悉、惯性、惰性、感性、过去、情绪、潜意识。
2. 自我肯定、生命的一部分——那是你的根，比如故乡情、嗜好、最爱。
3. 恰恰是无意识、非理性，才是人们所谓的“真感情”。
4. 条件反射——文学、电视电影教会了的一种情绪甚至义气为朋友两肋插刀。

什么叫人情——人情世故、礼尚往来：投桃送李

1. 相互默认、遵守规则——承诺：心中有数；而且，不能计算太清楚，因为：讲究的是“投之以桃报之以李、投之以李报之以桃”；
2. 礼尚往来、利益交换：信赖、存款、理性、情感账户、信用额度、承受力。
3. 互助、可靠、缓冲区——看在过去有人品、看在未来有可期的份上。
4. 恰恰是“模糊空间”“缓冲地带”——不计回报、主动地付出，代表的才是“感情的深浅”“承诺的力度”，才是“真感情”。

本来，“不能计算太清楚”与“信用额度”结合，是可以控制风险的，但是，厚道者、憨厚者，恰恰就是在这里出现漏手：不能计算太清楚——然后，不好意思“先小人后君子”，不能做到“大丈夫财长分明”。其结果是：被人催眠、被人算计。

提示：人情≠感情

感情是自作多情、一厢情愿；人情是礼尚往来、等价交换。

做人做君子，送礼不要指望回报；管人管小人，收礼要记账、借别人钱要还。

人情是要记账的，就像乡下红白喜事、送礼要做记录一样——有如《高效能人士的七个习惯》里面的感情账户!!

什么叫朋友——心灵契约：感情＋人情＋信赖

1．值得信赖、期许未来——在某种程度上值得信赖、在某个额度上值得投入。

2．人情相欠、报答感恩——平衡心理与知恩图报：约定俗成、心灵契约、有标准、有核算。

3．礼尚往来、抱团取暖——缓冲地带、缓冲区：记账、赊账、互助互利、雪中送炭的超值性、共赢空间、知识与信息分享。

4．利益集团、攻守同盟、利益捆绑——组织以利益为纽带，死党。

5．制约性与监督、仗义：周边的朋友、朋友圈子、监督作用。

6．信用额度与承受力——要不要为朋友两肋插刀？

7．感情投资——礼尚往来：我信任你、你信任我。

8．做人做君子：宁可人负我，不可我负人——不可让别人吃亏、己所不欲勿施于人。

9．义气与先期投入：为朋友两肋插刀、见证赤胆忠心。

人心不古——感情的风险

1．模糊空间：事后不认账——“撕毁合同”的风险（古代皇帝杀元老、杯酒释兵权）。

2．感情要挟、感情绑架：“面子上下不来”的被动——脸皮薄、底气不足时“败下阵来”。

3．感情陷阱：用感情和信任为借口使你失去“法律、合同、工商文明之基准”。

4．江湖义气：没有法律手续、没有监督机制、没有筹码可言。

5．意气用事：不计成本、超出信用额度、不计后果、不顾风险。

延伸阅读：价值交换——人际关系六大本质模式

根据作者《创造力》一书里的“人生三度空间”理论，人与人之间的交往在本质上都是一种“价值交换（包括情感价值、名誉价值、物质利益价值）”——如下表所示：

	精神情感	社会名誉	生物利益
精神情感	AA——神交、柏拉图恋爱、性情中人	AB——马屁精：巴结、认干爹；BA——作家骗少女	AC——美女经济：卖笑、情感服务；CA——经济美女：如包二奶
社会名誉		BB——官场交易、政治交易、裙带关系	BC——用荣誉换取利益（体力）：出卖权力；CB——官商勾结：钱权交易、勾结权贵
生物利益			CC——市场经济、买卖合作

希望通过这个表格，我们能够更真实更客观地认识到，人既是感情的动物，也是名誉追求的动物，同时也是利益追求的动物；有的人重感情，有的人重利益。在中国历史上，重感情被大家看成是比较高尚，重利益看成是比较庸俗，但是从客观、科学的眼光来看，它们都是人的一种价值取向而已。

比如，“性情中人”就是互相以情感做交换和交流、你让多情人去“对牛弹琴”也会是一种痛苦。所以在这个世界上，每一个人都在创造一种价值、他也必须去创造一种价值——就是一首歌里所唱的：“拿什么来奉献给你，我的爱人！”。（欲知“人生三度空间”理论更多请参考作者《创造力》一书）

运用：老板亲戚怎么管？

案例：中国人的粉丝文化——感情与是非谁最大？

1. 喜欢一个人，是你的权利。崇拜一个人，也是你的权力。于是，有了“粉丝”。

2. 问题在于：当我们喜欢一个人之后，就会产生惯性、产生“光环效应”，“一好百好”，概括承受、一概接受的情形。

3. 而更加严重的是：接下来的衍生产品，就可能是“不分是非”。

4. 为了利益不分是非、为了生存和发展不分是非，那是政治；为了观念、为了爱好喜欢不分是非，这大概就是“粉丝文化”！

5. 政治上有利益集团，然后派系斗争就出现了。思想、爱好上有了结伙行为，于是“粉丝集团”产生了。

6. 政治斗争讲究“派系”，政府官员讲究“跟对了人”！

7. 为了利益不分是非，比较好理解，因为“有奶便是娘”，管他亲娘、后娘，总归是娘！甚至人们有讲“人要懂得感恩”，不是吗？

8. 那为什么与利益关系不大的“粉丝行为”也会“不分是非”呢？原来，爱好也是一种利益、喜欢，高兴也是一种利益——一种精神利益，此其一，其二，爱好大于思想、情感大于是非，这是一种“任性、放任的快感”。

9. 感性的人要的是“活在当下”的“快感”，理性的人才会追求“思想的对错”“远期的价值”。

10. 感性容易导致疯狂，理性或许有利于建设性！

11. 就像当年拒绝“某个领袖说了算”“两个凡是”，而是要“实事求是”“时间是检验真理的唯一标准”一样，但愿“粉丝文化”中多一点理性、多一点是非。这是作者写本文的主旨。

12. 要强调的是：粉丝文化不可怕，可怕的是不分是非！

案例：念旧为名、浑水摸鱼

《绿议员江志铭要求郝龙斌签名慰问陈水扁遭婉拒》

江志铭认为，政治归政治、司法归司法、人情归人情，陈水扁对郝龙斌不但有栽培、提携之恩，陈水扁也是前任的台北市长，于公于私，郝龙斌都应该表示关心与慰问，希望他能在这张慰问卡上面签名，让全台的民众知道郝龙斌是念旧的。

网友：郝龙斌不是白痴，这样的圈套他怎会钻进去？

案例运用：人情不等于感情——如何处理部门里的关系员工

在一家大型国有企业培训的时候，一位干部问道：部门里某些员工是由于当地政府官员同公司老总的关系而安排进厂的，请问你建议如何处理这部分人？

我告诉他：<u>人情不等于感情！</u>老板看关系让他进来，多半是人情而未必是感情。

如果是真感情（感情关系），那就“计入成本”——不处理，或者点到为止，要委婉地让老板知道、记到他的账上去（他会帮你“报销”，把它计入老总或企业的关系成本里面去）。

如果只是人情关系（碍于人情、有个交代），那就一视同仁，就算让他不高兴后去搬出他家老爷找公司的老总，也未必是坏事——老总还可以再卖他一个人情。也就是说，你不要把老总“派”来的人都当成老总的亲戚（因为可能只是人情，而不是感情），而是在“搞清楚状况”的情况下可以当外人一般看待，就算得罪了他，“县官”不如“现管”，大不了还是老总来问你怎么回事——好人让老总去当，坏人你自己先当了——这是处理非感情型关系的最好方法，你让你的老板很有“成就感”，你让你的老板给了别人“很多的人情”。

启示：现实一点，千万别“见到菩萨就拜”！

案例运用：制度遇到皇亲国戚怎么办？

1. 想办法了解、分清人情与感情：碍于人情者按照正常人对待，血亲有真感情者计入成本，不时到“皇帝”那里去报账；

2. 告诉其他人：“此人特殊，不可攀比”；

3. 重要的工作回避他，有损失的时候去报账；

4. 跟他本人沟通，让他争气一点、努力成长；

5. 必要时提醒或暗示他，“天下没有铁打的‘江山’，万一哪一天你老爹‘驾崩’，或几年后退休、卸职，你怎么办？您就积点‘阴德’吧！”；

6. “皇帝”看得起你，才把他的人安排到你这里，你要珍惜表现的机会，把这条“线”用好，让他为你的部门、单位打造有利的大环境。

感情管理建议：民企老板面对亲戚，怎么管?

问题：

张家口某老板：李老师，亲戚怎么管?

分析：

首先请问：你请他来是来帮助公司的，还是来捣蛋的?

你跟我说是来帮你的，那好，帮，就好好帮嘛!! 不要捣蛋就是了！该怎样就怎样!

你又跟我说“人可是有感情的呀?”

我问你什么是感情? 乱来、不守规矩、搞特殊化，就是有感情吗?

倒不如让我来跟你谈“感情”!!

什么是感情? 不做事你也给他钱，那不就是真感情了吗?!

有个浙江老板说他不做事给他钱，不好意思呀? 我问他是他不好意思，还是你自己不好意思? 他说是他呀。我说你问过他了吗?

他说没有。我说：那就是咯!

“一个愿打一个愿挨——那就直接给他钱嘛!”何必让他到公司来打卡、上班、不迟到不早退、多辛苦?

什么叫感情? 如果：你上辈子欠他的? 还他就是了；如果是前半辈子欠他的：买断就是了。

大概还是你不愿意吧? 买断? 无情无义? 好吧，那就每月给他吧!!

只要你公司还在、只要你事业还兴旺，你就每月给他发放“感情工资”吗!! 把钱给他、叫他在边上坐着——你还他钱就是了呀！无须到公司来捣蛋!! 各得其所，多好!

有关“感情工资”的处理办法，详见本丛书《管理的技术——TBC 企业驱动体系》之“李氏工资模型”章节。

延伸阅读：何谓爱——比尔盖茨捐尽财产，如何理解?

问题：

深圳一个老板问：在我们民营企业，亲戚到底可不可以用?

分析之1：你能包养他（你的孩子、亲戚）一辈子吗?

请问：多少钱可以包养儿子一辈子?

假定：你比你的儿子大20岁，请问，20年要花多少钱——多少钱够花20年?

我告诉你：一个不争气的人，20个亿，你未必能保证他晚年幸福！为什么？因为：投资、基金、保险、股票——诱惑太多!

分析之2：生命的含义 & 生命的意义——什么叫快乐? 什么叫幸福?

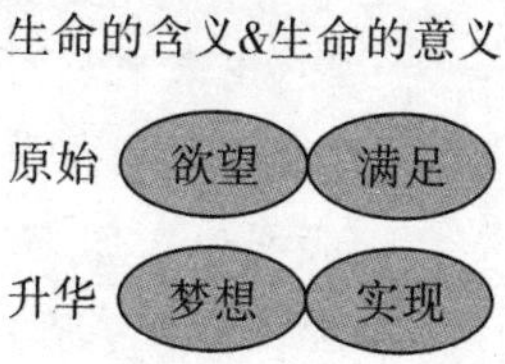

请见右图：生命 = 欲望 + 梦想。二者，一个都不可以少。

“欲望”和“梦想”，二者兼备，才是一个正常的人!

请问：一个人没有肾、没有欲望是什么状态？——如果没有欲望、肾功能不好，美餐、美女，对他也会没有意义，你知道吗？请见下例：

> **案例：没有胃口**
>
> 一桌美酒佳肴，如果你没有胃口……美女当前，如果你肾虚……

接下来我请问你：如果一个孩子“天生不缺钱”，你告诉我，是不是这个孩子缺少了一种欲望？

如果你们家的孩子从小不缺钱——不懂得缺钱的滋味，他就会少了人间一种乐趣：挣钱的乐趣！你知道这一点吗？

而且我告诉你：如果他对钱真的不感兴趣，那么：或许他是天使，但是却不适合活在人间！

何况，什么叫残缺？什么叫废人？

欲望不正常，大概也就只能算是废人一个吧？

所以，请你不要制造废人!!——你要爱他，而不要害他，请你不要让他从小不缺钱！

分析之3：授人以鱼不如授人以渔

1. 先苦后甜——成就感：甜以苦为基础。
2. 家庭与社会——生存、竞争、压力。
3. 长痛不如短痛——对孩子的一辈子负责。
4. 在公司里：对于懂道理的人而言，家人与不是家人又有什么区别呢？
5. 何况：更应该以身作则、更加自觉才是——因为他获取了额外利益!!

分析之4：父母的责任

1. 养大成人（25岁?）。
2. 教育——知识、能力。
3. 教养——素质、勤劳。
4. 启动资金——送他上路、送他一程。

多情总被无情恼——感情管理

> **案例：做曹操，还是做刘备？——何谓感情管理？**
>
> 1. 用“精神激励”“精神满足”换取他的物质利益——“血汗、劳动”。
>
> 2. 用未来“可能的利益”换取他的现在“现实利益”——很多老板在探寻“不要成本的激励员工的方法”……
>
> 我问他：你都想钱，却希望员工不要钱，合理吗？
>
> 先看一篇我在网上读到的文章：

案例：刘备——最会用情的“老总”

三国时的关羽，投奔曹操后，求贤若渴的曹操就怕他离去，于是三日一大宴，五日一小宴，上马一镀金，下马一键银，还赠送了十名美女，甚至连赤兔马都送给了关羽，可是最后依然没有留住关公。

刘备在这方面最厉害，他本身没有什么能力，却能通过桃园三结义拢住关羽、张飞；三顾茅庐请来诸葛亮；怒摔阿斗使赵子龙感动落泪。在三国里可算是最会用情的“老总”了。

在企业里，老板一味地给关键员工涨工资，发奖金，可能会助长员工的自大情绪，还会影响内部的关系和谐。

在企业外，一味地给经销商返点，只能是越返越多，弄不好会把市场价格搞乱。

物质激励是短期的，精神激励是长期的。把握好物质激励和精神激励的平衡，是市场管理的艺术。

大家应该知道，历史上的曹操相对刘备而言，可谓帐下人才济济，而三国的最后赢家也应该算是曹操。

请问：你是要“做曹操，还是做刘备”呢？你也认为“物质激励是短期的，精神激励是长期的”吗？

假如你是“关公”、你是“被管理者”，你还会认为“物质激励是短期的，精神激励是长期的”吗？

“将心比心”，换个角度想想，管理者该怎样做呢？

感情管理的本质

1. 平衡心理：人多有报答之心、故先付出未必吃亏。
2. 互助机制：在家靠父母、出门靠朋友、人类靠合作（也含内斗）走到今天。
3. 感情存款、利益交换、循规则待人。
4. 感情是相互的：响鼓不用重锤、你厚道我就厚道，你敬我一尺，我敬你一丈。大家一起模糊（难得糊涂）。
5. 人情更是相互的：“一分付出一分收获”是人情的基准线。
6. 做人做君子：宁可人负我，不可我负人——不可让别人吃亏、己所不欲勿施于人。

案例分析：主管可以同部下做朋友吗？——谁在催眠谁？

主管可以同部下交朋友吗？

一群干部的说法莫衷一是，原因在于很多干部没有自己的后台理解。

这里的问题在于“一个人是否‘为情所困’”：如果你在情之内，他在情之外，他跟你说“哎，我们是哥们儿，你还用制度来管我们？”然后你让步——那你就“输”了。

如果反过来，你在情之外，他在情之内，你同他讲“哎，我们是哥们儿，你还要违背我定的制度？”然后他让步——那你就“赢”了（当然作者是不提倡这种带有操纵性质、非对称的管理方法的）。

综上可见，主管和部属做朋友有三种结果：

1. 第一种，管理者“心太软”，友情成为部属违规、产生管理阻力的根源。

2. 第二种，管理者心比较硬，部属“心太软”，感情成为管理部属的推动力或摩擦力。

3. 第三种，友情与管理无关，所谓日久生情，感情归感情、事情该怎样就怎样。

“不是东风压倒西风，就是西风压倒东风”——从中我们发现，谁的心比较硬、谁“够狠”谁就会是“赢家”！在一些耍赖的场所，有干部甚至总结出“谁脸皮厚、谁就占便宜”，“不要脸的人占了便宜。”或许这种说法有一点偏颇，不过，泽尧老师倒确实把它总结为“非对称式管理”，详见作者《创造力》一书，作者提倡的是第三种做法，即所谓“对称式管理”。

结论是：

1. 感情管理不值得提倡——但是，作者必须指出，弱势群体倒还真是需要感情管理，只有当他们哪一天发展成为“强者”——中产阶级以后，感情管理才会不被他们需要（见泽尧博客文章“中国人喜欢感动和被感动”）。

2. 管理就是管理、感情就是感情——不妨看看“商场如战场”“商业合作”“工商文明”——员工与企业的关系本来就是“雇佣关系”——尤其，当我们在谈绩效考核的时候，本来就意味着“强化责任和利益的精细化”“强调你我”各自的责任，换句话说，做绩效考核本身，就是意味着把人与人拉开那么一点点，责任更清楚一点点，“你是你、我是我”一点点。

总结与升华：情为何物？

1. 洗脑：条件反射、一厢情愿、自作多情。
2. 人情：礼尚往来、等价交换的缓冲区、承诺。
3. 私情：私相授受、网开一面、徇私枉法。
4. 死党：利益集团、铁杆部队、狐朋狗友。
5. 亲情：天伦之乐、利益无界、是非不分。
6. 友情：滴水之恩、涌泉相报、义结金兰。
7. 爱情：情结最爱、大脑病毒、云里雾里。

感情管理的本质：“感情”与“利益”的交换

有一本书叫《1001种激励员工的方法》，其中的第一章就是“不要成本的激励员工的方法”，相信这个标题会让很多老板心动，似乎我们总是热衷于去寻找一些降低乃至不要成本的方法！其中的本质也是一种交换，如下表所示：

甲方（管理者）	付出感情、关心	得到利益、降低利益投入
乙方（被管理者）	投入体力、放弃利益	得到感情、得到温暖

在这里，甲乙双方用“感情”和“利益”在做交换：管理者付出感情从而降低自己的经济利益付出；被管理者得到感情、关心从而放弃自己对经济利益的诉求。

在这里，可以看成是心力——心理承受力、风险承受力的比赛，胆小的人容易“败下阵来”！

延伸阅读：现实筹码＋精神崇拜——感情管理对谁管用？

感情管理对谁管用呢？主要是对弱势群体、厚道者、憨厚的人，感情管理才会比较有用！

按照“李氏三种人理论”（详见本丛书之《管理的艺术——TBC员工驱动策略》之“感动——低成本激励：感情管理的艺术”篇章），人有三种：弱者、强者以及强盗。生存逻辑有四种：弱者逻辑、大众逻辑、强者逻辑及强盗逻辑。其中的弱者，就是弱势群体。

对弱势群体而言，他习惯于崇拜一个人，习惯于把希望寄托在别人身上，所以，“精神崇拜”是领导者对这部分人的“人格魅力”、“影响力”的本质。

但是，对于“自力更生”“独立自主”的“强者”而言，他没有崇拜的概念、他的精神上没有“偶像”，所以，领导者对于这样一些“异教徒”的“人格魅力”“影响力”的本质，就只有或温柔一点说主要靠“筹码”两个字了！！

按照泽尧的三种人理论，弱势群体为偶像而“犯晕”（泽尧所说：“所谓艺术，就是把人搞晕的方法，谈判时艺术把对手搞晕，恋爱是艺术把对象搞晕，领导是艺术把手下搞晕”），需要的领导艺术就是“仪式”“弟子规”“企业文化”等等；对强者就是筹码；而对强盗，则大概只能是在“决斗”“武斗”之后才能“分出胜负”——难怪，这世界怎么还会有战争？！

运用：无成本激励

领导艺术的两个维度：感情换物质，未来换现在

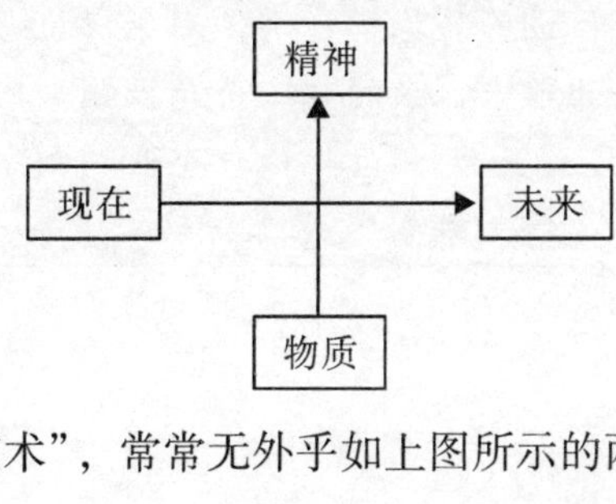

常见的所为“领导艺术”，常常无外乎如上图所示的两个维度：

1. 感情管理：感情换物质；

2. 成长激励：未来换现在。

感情与利益的交换

一些贪官污吏，手上有大量的权力和财富，于是，别人用感情上的“贿赂”，他就大笔一挥，以利益相赠——因为他“凡事但求开心就好”。这跟女孩子为男人的“甜言蜜语”而“以身相许”有点类似，因为她“‘但求曾经拥有’就好”。——都是一种感情和利益的交换。

厚道的人，看重感情的人，他会愿意牺牲自己的利益去换得感情的和谐、内心的一致。眼睁睁看着自己的利益受损，厚道的人常常会自我安慰、解嘲地说：“自己心理上的那道坎，过不去！”在佛学看来，这其实也是一种“偏执”。用“识时务者为俊杰”的眼光看来，他就是“迂腐”。

至于憨厚的人，则有点悲哀了：他可能连这种交换的概念都没有，就“被交换”了。

精明人恰恰是看准了这一点，所以他会学习“心理学”以及“领导艺术”——然后，用“沟通技巧”“激励的艺术”——用“感情”去换取憨厚者、厚道者的利益：加倍努力地劳动、不计利益的奉献精神。

但是如果换个角度去看，厚道的人其实也“很自我”，就像那个接受感情贿赂而舍弃利益的贪官一样，都是对自己“感情”的过于爱护、放任。用厚道者的眼光去看精明人，他会觉得“机关算尽太聪明，那么精明干什么，不是也很委屈、压抑自己吗？”

泽尧的观点是：任何人都可以对自己的“交换”负责——但是要注意两点：一是他内心不矛盾、誓不回头、无怨无悔；二是这种利益在他的承受范围之内、不会对自己的未来生活造成困扰、遗憾和后悔。如生活中所见，最后贪官为情妇而坐牢，厚道者穷困潦倒，那就是“杯具”了！

案例：大打“温情牌”

上海华日服装公司的工会主席朱雪芹说，为留住更多农民工，节后公司向员工发放每人200~300元的“开工红包”，加班费也有所上涨，“钱是一方面，更重要的是要让员工感受公司的温情和诚意”。记者在长三角采访发现，这几年不少企业为员工盖起了宿舍，设置篮球场、游泳池等设施，增加有组织的旅游、娱乐活动，逢年过节甚至还为前来探亲的员工亲属报销来回路费。

这些招人、留人的办法，一定程度上能让企业“缓一口气”。

——自《北京日报》文章《用工荒蔓延全国殃及劳务输出大省》

案例：应用“服务优势”对冲“工资劣势”

上海宝山区外地劳动力管理所于去年9月针对1200多名进城农民工进行过调查。调查显示，75.9%的来沪求职人员在35岁以下；在所有被访者中，79.8%的人关注岗位发展前景；有57.0%的人要求企业提供培训，36.3%的人要求政府提供培训。

郁鸿胜认为，政府不应直接用资金补贴等手段去帮助遭遇用工荒的企业，而应更多地从提升“软环境”入手，加快医疗、教育、培训等公共资源覆盖农民工群体，这实际上就是在提升企业的吸引力。沿海地区的公共资源优势比较明显，对更关注发展的年轻农民工更有吸引力。

——自《北京日报》文章《用工荒蔓延全国殃及劳务输出大省》

延伸阅读：对弱势群体谈钱是莫大的浪费？

“单纯地从MONEY上来做管理”是不现实也是不可能的，事实上（尤其地）也会是成本比较高的（相对于感情投资、感情管理、安全感提供、愿景激励、心理需要的满足等来说），因为人的思想境界、目的性也不一样，有的人“既来之则安之，比较感性”，有的人“目的性很强、功利性很强”。更何况，弱势群体对“尊重、人格”“面子（人活脸树活皮）”有着“巨大的‘市场’需求”。其实呢，在企业干部来讲，一般中高层人员目的性会比较强，中低层人员目的性会比较弱，整个社会也基本类似，在我的一个强势管理幻灯片里有一个“弱者、强者、强盗三种人模型”——看看卡耐基《人性的弱点》里面“某厨房杂工得到总统关切的问候和对其某小事的关怀之后的‘终生难忘’”就可以知道，人格落差比较大而且足以解决问题的时候，“谈钱会是莫大的浪费”。所以在我告诉学员们“管理者要主动谈钱，从而员工就不必去被动谈钱（只管去努力做，因为他可以放心和相信，自己的贡献公司是看得到的——从这里我们或许可以看到，管理者把钱谈好才有好的企业文化）”的时候，通常我会补充说：“对弱势群体，直截了当、赤裸裸地谈钱会让他感到冷漠、无助，因而不是最好的选择，而谈爱心、关爱、互助、谈感情，可以让他感到安定、有归宿感”。甚至我告诉他们，首都为什么要选在北方，因为北方的人到了冬天很无助、需要互助、需要关爱，而南方的人一年四季都可以求衣食、独立性比较强、容易产生‘资产阶级自由化’”。

难道“对弱势群体谈钱会是莫大的浪费？”我希望不是。

有关“感情管理的方法”以及“李氏三种人理论”的更多内容，请阅读本丛书之《管理的艺术——TBC员工驱动策略》一书中“感动——低成本激励：感情管理的艺术”篇章。

第6单元　态度决定一切？

——李氏两步走理论：企业文化的真相

做法及制度是有形，习惯和心态是无形。跟钱挂钩是有形，企业文化是无形。制度是有形，价值观是无形。通过有形打造无形，是管理的有效途径。

问题：方形西瓜是怎么长出来的？

见下图左图，这是什么东西？我问过很多学员，他们都看不出来。读者，你看出来了吗？

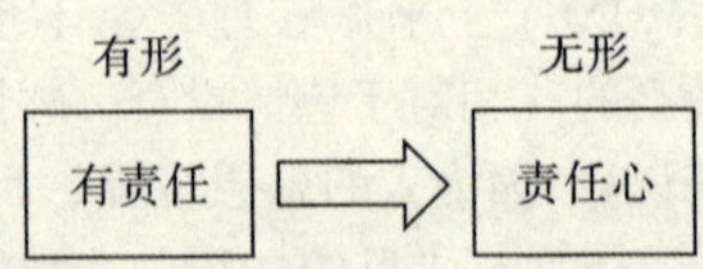

来，我告诉你——它是：方形西瓜！！

我问："怎么长成这样子来的呢？"然后，你可能会同那些学员一样："哦，我知道，那是用一个方形的盒子，提前如此如此、这般这般——"

似乎，这个道理谁都懂啊！——来我告诉你，这就是通过"有形"打造"无形"、用"不自然"去打造"自然"的道理！

通过"有形"打造"无形"

何谓"有形"：做法、制度、责任追究、利益关系、不自然、不习惯、硬规定；
何谓"无形"：心态、观念、责任心、价值观、说法、想法、习惯、风气。

引申：社会风气 & 企业文化建设"李氏两步走理论"

吴敬琏先生曾讲"关于诚信缺失的问题，其实最重要的还是建立法治。但是我们往往偏重或者希望通过说服教育来解决这个问题，这种说教很难产生实际效果"。

大概，这已经是很多人的共识，但问题是：更多的人却不这么做！原因在哪里呢？我想，根本上还是因为人们没有把这里面的道理讲透！

作者提出"企业文化建设两步走"模型如下图：

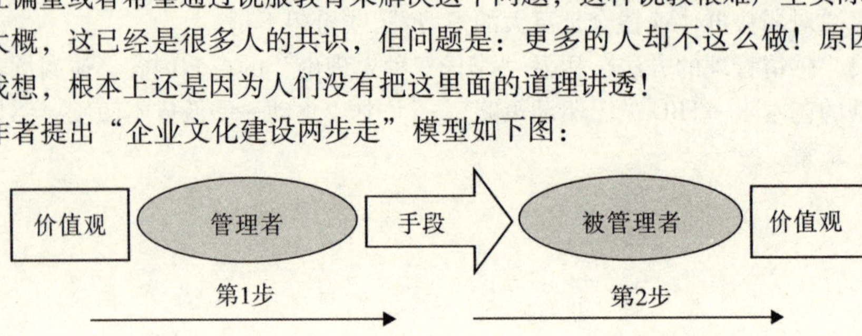

企业文化建设“两步走”：价值观——手段——价值观

结合上图，作者分析认为，其中的原因是：人们没有意识到作者所说的“两步走”。

我们的报纸杂志、广播电视等等舆论宣传构成了一个很大的磁场，它对我们“耳闻目染”，而它所一直使用的方法就是“一步走”思维——通过强有力的“价值观”宣传简单直接地作用于被管理者，然后就期望能在被管理者那里得到自己所要的“价值观”。这，大概就是我们为什么一直无法从“一步走”中走出来的原因吧！

另外，我们也喜欢提倡“以身作则”，其实，“以身作则”太累、成本也太高，现在介绍给各位的是使用手段，它不是“以身作则”但却可以收到“以身作则”之效。

“案例阅读”《江西女官员：若我的孩子被性侵不会要政府1分钱》

作者在这里要建议你使用的是“两步走”的解决方法，即：

第1步：价值观对管理者发生作用，价值观决定管理者的管理手段——管理者心先动，所谓劳心者治人；

第2步：“管理手段”去作用于被管理者，管理手段决定被管理者的价值观——被管理者习惯成自然，所谓劳力者治于人。

很多所谓专家都喜欢人云亦云地说什么“解决思想问题”才能持久，殊不知“思想”很容易“衰减”和“遗忘”。其实，“做法”才是彻底、到位的方法。

何况在今天这样价值观多元化的时代，一手遮天式的“思想统治”已经很难了。

管理是一种作用力。泽尧老师提醒你：说法和想法要通过做法才产生作用力；少谈观念，多谈手段。

“经济基础决定上层建筑”，通过“有形”打造“无形”，这才是现实之路、才具有可操作性!!

搞错了“因果关系”，搞错了哪个先、哪个后，你可能就会在一些“无形”上面耗费工夫、天天想着在“思想”上“有所作为”，其结果就会回到“文化大革命”年代，劳而无功。

案例运用：如何培养质量意识

有一个老板提出让我给他的员工做一次“质量意识”培训，我给他的建议是“制定品质责任追究一览表、建立品质责任追究制度”——把公司各环节品管退货、尤其是客户退货，根据原因分析确认和确定，去追究前面相关工序、部门的责任，跟他们的收入挂钩。然后，在你推行该制度之前，我再去给你的员工讲课、铺垫“质量意识”，让你的制度容易被他们理解和接受，这样才有效果。

评《4万余司局级干部将受训拟重走红军挑粮小道》

1. 该做法对于纯洁的干部和善良的百姓而言，看起来是相当不错的！可是，对某些贪官污吏、良心给狗吃掉了的贪官而言，这个做法会有效果吗？

2. 对于善良人、厚道者，此法或许能唤醒他——甚至他都不需要“唤醒”。但是，对那些连“官运”“官位”都是“买来的”而言，只怕他还会偷笑你的幼稚！

3. 泽尧《中国式制度管理》里面说：“做人做君子、管人管小人”、好人不需要你管——此种做法，对厚道者是多余的，对心术不正者是无效的。

4. 何况，这需要多大的成本啊？“投入与产出”合算吗？

制度决定文化，还是文化决定制度？——看人文社会管理问题的三个角度

问题与引子：“文化是制度的副产品”还是“制度是文化的副产品”？

1. 到底“文化是制度的副产品”，还是“制度是文化的副产品”呢？

2. 泽尧告诉你：从管理者、主动者而言，“制度是文化的副产品”——你有什么样的价值观，你才会搞出什么样的制度！

3. 但是，从被管理者的角度看呢，答案则刚好反过来了：“文化是制度的副产品”——你有什么样的制度，你就会得到什么样的企业文化、社会文化！！

4. 于是从中泽尧为你指出“看人文社会管理问题的三个角度”：

（1）第一角度是：从主导者、从主动者、从执政者、从管理者的角度看问题——也就是泽尧一直强调的“管理着力点”“力量发出者”“凡事只能‘从我做起’”“力量的源头”——从而看到：价值观决定制度、文化决定制度——心动而后行动，思路决定出路，等等！！（见《有效管理十八项技能（白金版）》之“管理者主导”篇）

（2）第二角度是：从被管理者、从被宣传的大众百姓来看——也就是泽尧一直强调的“说法和想法要通过做法才能产生作用力”“经济基础决定上层建筑——利益共同体决定共同的理想和愿景”“制度决定文化——社会道德是国家法律的副产品，企业文化是公司制度的副产品！”（见《中国式制度管理》相关思想）

（3）第三角度是：从整体来看一个社会、一个国家、一个民族、一个企业——那就是泽尧所说的了：不是价值观、也不是“信仰”决定这个那个，而是文化水平、认识水平、民族素质决定了这个那个！！（见近期泽尧博客文章：李泽尧：与其说是“信仰”问题，不如说是“认识水平”问题……）

5. 泽尧相信：有了以上思路，对很多管理问题的因果关系，就会比较有判断力了吧。

推荐阅读：

《俞可平：什么造成社会的官本文化？》

是官员不作为，还是国人缺信仰——道德滑坡，源头在哪？

曾几何时，在一些论坛上办理假证件的非法“广告”很泛滥。

1. 几乎把论坛里面的内容都挡住了！！”——真可谓是“好一派乌烟瘴气、繁华景象！”

2. 对于该论坛的如此遭遇，我已经注意了好长一段时间了——绝不是一次两

次，而是三天两头，甚至天天如此。

3. 我注意到，这些广告要到次日早上才被清除——然后猜想，这里的版主很有耐心！

4. 这些都不是我要说的重点——我要说的是：如果把这些“非法广告”“办理假证件（非法业务）”信息报送给执法部门（公安局？工商行政管理局？……该谁管？），请问你、各位一个问题：会有人去“料理”——去“修理”那些人、我们的“举报”有用、有结果吗？人们会期望、能够抱期望有结果吗?！他们好像忙不过来。

5. 如果官员会有所作为（偶尔惩治一下），我们的报送就有意义了——不然他怎么会那么猖狂？

6. 如果你告诉我说：人们以及执法者对你泽尧说的这些没有兴趣，那么我请问：你又费神去把孔夫子的塑像树立在北京天安门广场做什么？——难道不是看起来还是想做点事的样子吗？

7. 何伟：“尊孔读经”举错旗　当前社会需要民主和法治”，或许，何伟说的是对的？

8. 诚如泽尧所说：乱来的人不受处罚，还去奢谈什么“信仰”、“文化”？

9. 亦如泽尧所说：“说法和想法要通过做法才能产生作用力”。“对被管理者而言，文化是制度的副产品。”

10. 当然，对管理者而言，没有是非、不作为、放任不管、不认为是问题——观念上有问题，事情就是无法改变的。

请结合本书“组织沉淀与积累——学习型组织：成长的真相”单元之《与其说是“信仰”问题，不如说是“认识水平”问题》进一步理解问题症结。

案例：“给多少钱做多少事”PK“做多少事给多少钱”

1. 做人跟管人是不同的——做人讲“应该”，即所谓“态度决定一切”，于是不妨让泽尧先跟你讲“应该”——

(1) 老板“应该”知道并尊重员工“给多少钱做多少事”的心态，然后按照泽尧的“管人管小人”的法家思想，对员工的这种心理给予理解、尽量把钱的事情弄清楚——这正是绩效考核的意义所在。

(2) 员工“应该”了解成功的秘诀，把“做多少事给多少钱”“先做事、后谈钱”看成是被人接受的理由，然后按照老板所期望的、泽尧常常讲的“做人做君子”儒家思想去行为、做人，去赢得老板的认同。换句话讲，不管你喜欢不喜欢，大概你得“先做事后谈钱”比较容易被人接受、被人喜欢。这就是员工的“应该”——这也正是所谓“企业文化”所要做的事情。

2. 管人跟做人是不同的——管人讲“做法”，即所谓“手段决定一切”，于是不妨让泽尧先跟你讲“做法”——

(1) 从员工“管理老板”的角度来看，一个不值得信任的老板，如果你按照“应该”去“做多少事给多少钱”“先做事后谈钱”，则有可能最后拿不到钱，甚至遭受到“朱元璋杀元老”那样的结局。于是筹码在手——“给多少钱做多少事”“先谈钱后做事”就显得很重要。

（2）同样的，老板也会害怕员工是不值得信任的——“给多少钱做多少事”“先给钱后做事”对老板也会有风险——员工工作打折、阳奉阴违、磨洋工怎么办？结果认为“打工心态”不能被接受。

3. 如果双方都按照“应该”做事——双方都往前走一步，当然就可以“碰头”了！也就是泽尧所说的：“管人的管小人”——讲究管理的做法，遵循泽尧所谓“管理的刀尖就是责任和利益的精细化”“管人管小人”的原则，不能指望员工“讲奉献”，然后努力做到“给多少钱做多少事”。另一方面，员工那边则尽量“做人的做君子”、讲奉献。然后，就会形成：一公一母、一公一私——管理者努力照顾员工“自私之心”，员工尽量打掉“自私之心”，二者的匹配就不会有问题了。——这就是泽尧《有效管理十八项技能》里面所说的“上下其手”的意思了。

4. 上述所说的“双方都按照‘应该’去做”难免理想化，比较现实的做法是：

（1）主打（60%～70%以上的时间精力）：以事管人——管理者在管理方法上努力导入绩效考核，“管人管小人”——理解、照顾员工“为利益而工作”的心态，尽量实现“责任和利益精细化”、“一份付出一分收获”，每一个贡献、每一个损失都要记账，遵循“因果报应”（按照泽尧的观念：“月报月报，那就是一个月报应一次”），让每一个人“为自己工作”。

（2）辅助（30%～40%以内）：以人管事——文化宣传、公司舆论上努力营造“奉献精神”“做君子”“八荣八耻”“先进行性”，对员工进行能力和态度的辅导、培训之类。

（3）这就是所谓“两手都要硬”的思想！——同时按照“经济基础决定上层建筑”的思想——奉献精神、孝道、先做时候谈钱，都是上层建筑、属于“意识形态”，他们都是由现实的经济基础，即赏罚、激励机制决定的。管理的着力点，应该放在经济基础这边，才能实现有效管理，主次不要搞颠倒、本末不要弄反了。

启示：儒家用于个人修炼和道德自律，法家用于治理社会和管理企业

有人问我“李老师，你是比较倾向于法家思想了？”我觉得他这是误解了，问题在于：儒家思想强调的是“做人要做君子”，本质上只是一种个人修炼、道德自律；而法家思想基于“管人要管小人”，讲究手段，强调管理是管理者与被管理者之间的一种作用力，故法家思想可以治理社会、管理企业。

作者的看法和建议是：

按儒家思想做人，用法家思想管人。每一个人都有权利自己选择做君子，但是，却未必有权利去要求别人做君子。所以儒家思想是一种宣传和教化，法家思想是一

种手段和方法。

延伸阅读：《社会道德低下，责任在政府？》

管理是一种作用力

很多所谓专家都喜欢人云亦云地说什么“解决思想问题”才能持久，殊不知“思想”很容易“衰减”和“遗忘”。其实，“做法”才是彻底、到位的方法。

何况在今天这样价值观多元化的时代，一手遮天式的“思想统治”已经很难了。

“把钱批臭”可以降低成本

有人说，在管理上“金钱只是占着部分权重……”这句话在现实中绝对是对的，似乎没有疑问。

只是要注意：企业在整个人类社会的“政治、经济、文化”三个主坐标中处于“经济”坐标里面，换句话说“企业（主要地）要的是效益”，“企业基本上可以以效益为中心”——既然如此，我们怎么可以要员工“不可以以经济为中心”呢。

钱——狭义、狭隘；需要——广义、共性

内在有需要，外在要价值——广义的钱：钱途 + 前途

点拨：为什么一定要“把钱批臭”！

1. 把钱“批倒批臭”可以安慰无钱者——穷人缺钱，把钱批臭，穷人开心。
2. 中国历史上，穷人是多数，把钱批臭，社会更和谐。
3. 把钱批臭，让你不好意思谈钱——治理者可以降低成本。
4. 满足人类追求高尚的心理——加上文学、艺术、宗教的推波助澜。
5. 感情高尚，一部分原因是因为感情似乎不需要成本。

延伸阅读：《赵本山称二人转雅俗共赏　高雅音乐就是伪装》

让员工、职工不好意思谈钱

企业文化有很多用处，但其中一个重要的用处就是：让职工、员工不好意思谈钱！

不然，“讲奉献”“讲精神”、做企业文化，有什么用呢？

泽尧所说“做人做君子、管人管小人”！

鼓励员工“做人做君子”，这就是企业文化——让他们愿意做君子、愿意奉献、不要事事都谈钱，这样做领导的就比较容易平衡团队、“摆平”利益的问题。

但是与此同时，管理者必须明白：你的管理手段在这一企业文化鼓励做君子之外，必须要有“管人管小人”——尽量照顾员工对于利益的关注、难免斤斤计较的“小人性格”“小人天性”——而且，只有你的“管人管小人”到位——奖惩到位，做“君子”的人们才会没有“后顾之忧”！

难怪，邓小平同志一直讲“两手都要硬！”

“多劳多得”“按劳分配”“一份付出一分收获”“奖惩分明”就是“管小人”的“做法”（管理手段）。

“讲奉献”“将精神”“集体主义”就是“做君子”的“说法和想法”（企业文化）。

于是，“两手都要硬”便成了“做人做君子”的企业文化要硬，“管人管小人”的管理手段也要硬！

按照泽尧的图形所示：两头往中间走，双方比较容易碰头——做人的做君子，管人的管小人，这个世界将是何等的“和谐”哦！！

所以，以下几点使我们文化所提倡和鼓励的：

1. 让劳动者光荣，提倡“工作不是为了钱”。

2. 让“谈钱是侮辱”——你如果跑去告诉员工说你是为了钱才来公司工作的，他一定会跟你“急”。

3. 让员工不好意思谈钱。

红地毯：人格尊严是一种需求吗？

1. 在等级森严的封建时代，“下民”是没有尊严可言的——所以他需要尊严。

2. 今天的时代，仍有弱势群体以被领导关怀为心理满足。

3. 艺术和手腕在于：让他没有尊严，然后再给他一点尊严，仿佛“买一送一”的把戏。

4. 让他没有尊严，然后给他尊严！

5. 企业文化建设就是要用等级森严、红地毯，来让个别人有“尊严”，然后更多的人没有尊严。然后，人心思进、向榜样学习。

关于自尊，强者说：我的尊严不是别人给的！对这样的人而言，人格尊严还是一种需求吗？

企业荣誉体系：荣誉＝远期支票

荣誉＝远期支票

荣誉可以是一张远期支票，但不可以是一张空头支票。

愿景通过“利益共同体”落到实处

参考案例阅读：《村民上交文物被许诺奖励未兑现　文物局：对他表示敬意》

经济讲“技术”：物品＝金钱；文化玩“艺术”：礼品＝金钱＋感情

人们都知道“洗钱”的概念——就是要把非法的钱洗成是合法的钱。

送礼就好似洗钱——直接送钱，就是“非法”，别人也不好意思收你的呀！但若是改变成“礼品”，情况就变了——那是你的“礼貌”（而不是行贿），面子上就下得来了，大家都高尚起来了！

这叫“以酒遮面”、这叫“礼尚往来”——在理性的、冷漠的、锐利的目光之下，人就是这样的“掩耳盗铃”般幼稚！

人与人的沟通有两个通道—— 一个是理性的窗口，如眨巴着的眼睛，一个是感性的界面，如空气连接着你和我。

理性的通道是心灵明确、有意识的状态，很清醒。

另一个是情感软件，自动运行的状态，半梦半醒之间。

理性代表有意、有意识，感情代表无意识、无意之间。所以，当事情在感性中进行的时候，你我双方在上帝那里的责任就会比较少——半梦半醒之间，实在不能全怪你我！

所以有人说了：做人，目的性不要太强。

中国人的文化禀赋——何谓艺术

杭州一小区 2 岁的女童妞妞从 10 层楼坠落，楼下刚生下孩子 7 个月的一位妈妈吴菊萍用双手将妞妞接住。

而对吴菊萍的感激之情，章中华更是溢于言表。在得知妞妞病情好转的第一时间，他给吴菊萍发了一条短信：这一刻很幸福，这幸福是您冒着生命危险给我们创造的，这个恩情，我们永远报答不了，但这份情感永存我们全家心里，祝愿你们全家一生安康。

其中的疑惑是：

永远报答不了——那就是：永远不用报答？

永存全家心里——是不是：永远不付诸行动？

或许这就是中国语言的东方艺术、神奇魅力所在?!

何谓艺术？泽尧有言：

搞事是技术，搞人是艺术。

复杂问题简单化是技术，简单问题复杂化是艺术。

什么是艺术？把人搞晕就是艺术。

谈判是艺术，把对手搞晕；恋爱是艺术，把对象搞晕；领导是艺术，把部下搞晕。

企业文化工作开展的项目与方向

1. 玩耍项目、文娱活动——文化氛围。
2. 学习上进，学文化、学知识。
3. 讲奉献、互助，不好意思谈钱。
4. 互助基金，归宿感，安全感。
5. 仪式等级，神圣感，弱势群体的归属感。
6. 延长滞后的结算周期，温情脉脉。
7. 荣誉体系，奖状，立功授奖体系。
8. 合理化建议奖励机制。
9. 加班、任劳任怨的状态。
10. 是否强势管理，不完成工作不下班。

11. 是否主动汇报工作结果，主动回话。

12. 业绩压力是否够大，绩效考核是否到位。

13. 员工手册，制度规范是否齐备，到位。

14. 公司办公环境是否温馨、清爽、明快。

15. 人际关系是否融洽、和谐，工作是否有序。

16. 上下级沟通、工作之外的关心如何？

17. 厂报、公司刊物，对外形象，文化传播的截体如何？

企业文化的维度

1. 结算周期。

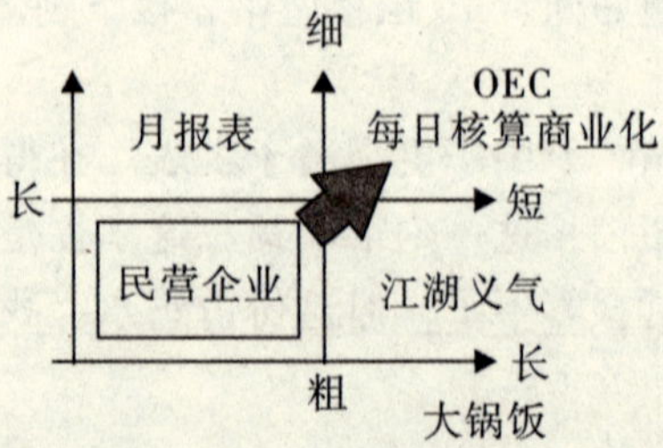

2. 决策机制：一言堂，一人说了算，还是群策群力；封建与开明，等级森严，还是开明开放；禁忌很多，还是畅所欲言，权威性还是非权威性。

3. 开放开明：严谨细致，还是粗犷。人性化、开放，还是谨小慎微，决定员工活跃度。

4. 创新与守旧：尊重元老、守旧还是鼓励创新，允许标新立异（如广告公司）。

5. 正统严肃与随意。

6. 奉献、团队精神、互助互爱及礼让，还是斤斤计较、各自为政？

第7单元　管理 = 管理者 + 被管理者
——李氏匹配理论：和谐的真相

管理要以人为本吗？——管理 = 管理者 + 被管理者

说明：以下文字，只是代表泽尧看到的事实（然），并不代表是泽尧的价值观（应然）。

1. 落后的国度，人民要求低，统治者就可以肆无忌惮、胡作非为（在发达国家人民看来是胡作非为，在他自己的人民看来可能他还是“大救星”“宇宙指挥官”等等）；发达的国家，人民个性张扬、认识水平高，管理者就不得不退后半步！正所谓：“水载舟亦覆舟”。

2. 封建时代，皇帝三千个老婆，一些百姓一个妻子娶不上，似乎有意见的人也不多嘛！

3. 所以，泽尧说：“制度是妥协的结果”。

4. 管理要人性化吗？如果被管理者没有那么高的要求，你还要让步那么多吗？

5. 被管理者是0.7，管理者就是0.3；被管理者是0.4，管理者就可以是0.6；二者加起来等于百分之一百，这就是和谐！

6. 很多人喜欢讲：“管理要以人为本”，那是不是要把被管理者当做宝贝，给他1.0，管理者自己只有0呢？

7. 如果被管理者是百分之百，那股东吃什么啊？管理者夹在中间该怎么整？

8. 界面很重要、感受是关键！重要的不是你的管理到底有多人性化，而是你有没有让被管理者“认为是人性化”“感受到人性化”！

9. 被管理者“认为”是100%（人性化）才是最重要的！

10. 所以，所谓“以人为本”，那不只是管理者的标榜、那应该是管理者要保底的“被管理者的实际感受”。

11. 但是必须指出的是：“以人为本”不是目的、不是管理的目标，而是管理的约束条款、限制条件，是管理者的“不得不”。

12. 别忘了，泽尧说过，“企业以人为本，管理以事为本”！

什么叫行情？——和谐

有人问：“做同样的事情，在中国和美国拿的工资就是不一样，在内地和沿海就是不一样？”

我告诉他：对，那是行情。行情决定了“可能支付的”总额，但是只有基本工作是基本工资支付的“实际理由和依据”。

有学员问："我们销售跟办公室里工作人员的基本工资一样的"？

我告诉他：什么叫行情？员工不走、工作开展也还不错，这就代表符合行情——所谓"和谐"，就是这个意思。

当我发现他还没有"想通"时补充道：和谐就是行情，你情我愿、鱼水之欢，"虽然水载舟亦覆舟"，但是既然"没有"覆舟、相处还算融洽，那不就是行情了？

就算是"不得不"，也是一种由行情决定的结果。

"用工荒"是伪命题，行情变化是本质

1. 你用工的时候，你为应聘者、就职者（"××工"）提供了什么？

2. 行情在变化，你还是用三年前、五年前的工资标准去招人，当然招不到！

3. 重赏之下必有勇夫，贩毒、杀人的事都会有人去做，怎么会有"用工荒"呢？

4. 大概还在2005年，中山小榄一个演讲的头一天，有人问我可否谈谈"民工荒"的问题，我说"这有什么好谈的？工资上去了就不荒了。"主办方也是快人快语"对对对，其实也就是这样！"

全文参见：http://blog.sina.com.cn/s/blog_5d1d06270100gpe5.html

什么叫和谐

1. 有反对者，但是你能够摆平。

2. 有不同意见，但是你能够抹平。

3. 有刁民，但是你能够制服。

4. 有异己，但是你能够排除。

5.《有效管理十八项技能（白金版）》提倡"刀尖上行走"——因为：做事总是有风险。

6. 世界还不够理想、压力你必须承受——于是《打造强势部门经理》提倡"强势心理"和"强者逻辑"。

7. 优秀的管理者在于：接受现实、与时俱进、循序渐进、有所作为、逼近目标。

以上文字似乎有"高级牢骚""喜怒笑骂"的意味。但是，用意却是好的：让人变得现实一点；虽然以被管理者的眼光看来，那是难以接受的。但是，对管理者而言，却可能是走出"秀才型"管理者的良药。理想和现实不是一回事，专家应该是揭示真相的——不喜欢，不代表那不是事实和真相。强者，必须理性，必须首先面对现实、认清现实，然后再来谈理想，否则就可能"出师未捷身先死"！

制度是妥协的结果

1. 技术层面——效率问题，利益层面——涉及人——有人会反对！

2. 技术性制度，也常常会涉及人们的利益，比如可能会让他的工作会更麻烦一点。

3. 涉及利益的制度从来不是管理者一方的一厢情愿，制度难免有反对者。

4. 制度是妥协的结果，所以，制度不得不循序渐进。

5. “应该”只是一种理想，“能够”才会变成现实。既然“应该”无法实现，何妨退而求其次，先把“能够”抓住。

6. 退后一步自然宽，循序渐进让你力道强劲、势不可挡。妥协让你步步为营、稳扎稳打。

什么叫绩效主义

1. 把绩效考核当作企业管理的全部，忽视合作和协作精神。

2. 脱离企业规范化程度，去推行高于企业规范化程度的与利益挂钩的绩效考核。

3. 管理 = 可控性 + 创造性。

管理 + 领导；各顾各 + 协作。

4. 绩效考核是一种独立核算和“各顾各”，如果可控性、规范化程度没有上去，就会影响协作和其共创造的精神，就会形成负面作用。

5. 管理者与被管理者之间：管理 = 可控性 + 创造性，可控性是管理者的经验和智慧，创造性是被管理者的经验和智慧。

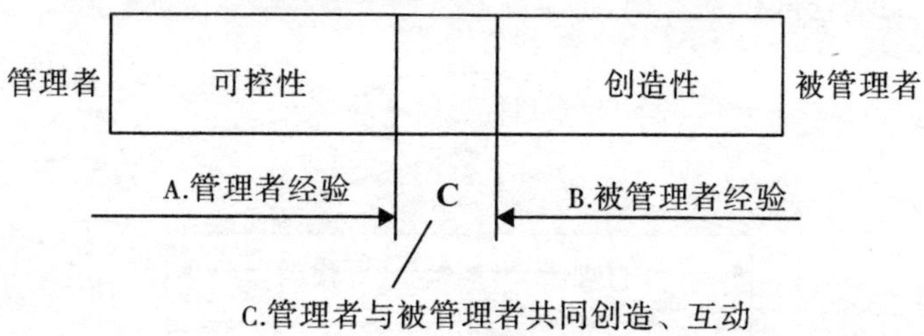

6. 类似地，两个部门、两个员工、两个小组之间，也有可能出现上图所示的情况。

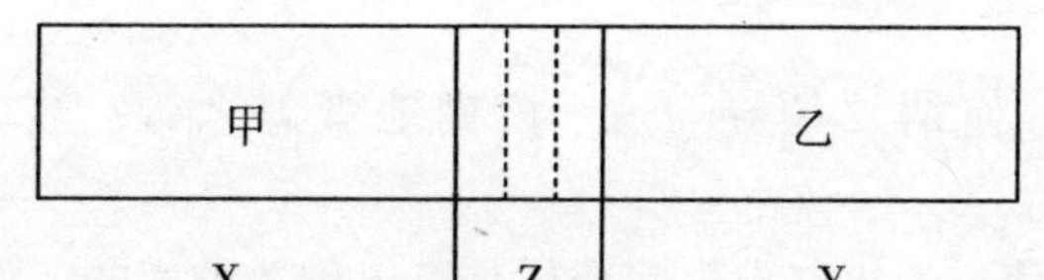

管理者与被管理者互动、共同创造的部分如图中 C 区域，不能在事前确定准确的标准、属于领导艺术的范畴而非管理的范畴。

两个小组成员工之间互动，事前界定不清楚的部分如图中 Z 区域，则必须靠“团队精神”“顾全大局”“求同存异”等方式去应对和补充。

A——管理者的可控性——过程控制（基本工资）

B——被管理者的创造性——结果控制（佣金）

C——事后总结，摸着石头过河，共同创造，领导的功能（奖金、特别奖、换

岗、人事考评、算总账、远期结算）

A＋B 属于绩效考核的范畴，C 属于绩效考核所不能及的事后总结。换句话说，我们有：

绩效＝绩效考核＋事后总结。

假如 A＋B＝60%，C＝1－（A＋B）＝40%，而公司的绩效考核占浮动工资的 80%，则 80%～60%＝20% 为绩效考核的缺口，也就是多出来的这部分就是所谓绩效主义了。

换个角度，也就是，既然 C＝40%，也就是在还有 40% 要靠手下与主管之间互动的情况之下，你却只用 20% 的浮动工资去回馈手下对你的配合和共同创造，显然这里面就存在缺口——其必然结果就是“各自为政”“只顾业绩目标”“不服从公司整体目标”——进而降低团队的凝聚力和战斗力。

类似地，两个员工、两个部门、两个小组之间的情形与上面的道理也是一样的，其对策或许是人治——主管打分这根纽带：

x＋y＝各顾各的区域，z＝互相协作，必须配合区域。

模糊地带——绩效主义漏洞何在

如下图所示：为管理者与被管理者之间的界面——界面中的模糊区、管理者与给管理者之间的啮合部位：

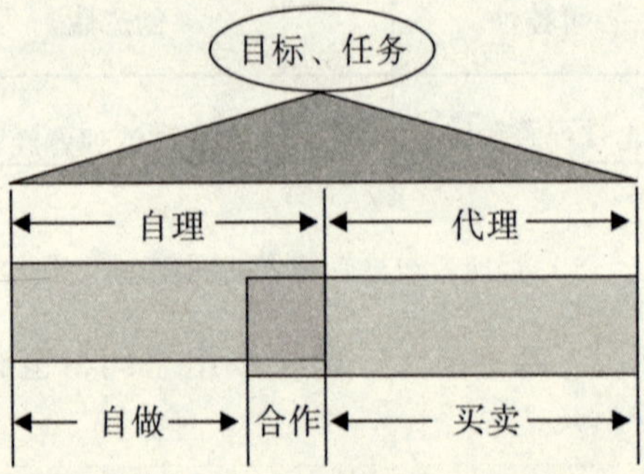

合作创造价值：何谓“领导”——模糊地带怎么管？这是一个值得研究的问题：

1. 合作创造价值——人与人之间合作是可以创造价值的。如果任务总是可以精细化、可以测量，那么，计件工资就几乎是适合任何场所了——上下级之间也就不必要互动、不存在共同创造了，但事实上不是这样，所以绩效主义有漏洞。

2. 有一些工作是必须要小组作业的，有一些工作就是需要团队作业的——有一些智慧就是需要集思广益、群体挖掘智慧的。这个时候，需要的是领导——发挥一群人的主观能动性！

3. 管理者与被管理者之间，或许 80% 以上，都应该是“界面清晰”“接口清楚”的，但是不可能什么事情都可以完全测量——如图所示，重叠区域，即需要合作的部分大概总是或多或少地存在着！

4. 能测量、能表达的叫管理，不能测量、摸着石头过河的叫领导。前者对应绩效考核，后者对应工作总结。

5. 结论：（1）不能把绩效考核当作管理的全部。（2）绩效考核必须自上而下、优先解决上级的问题。（3）不能测量的部分——如图所示，需要合作的部分，必须要有补救措施；（4）有多大比例的无法表达和测量、有多大比例的需要合作的部分，就有多大比例的“团队精神”“团队奖金”——不能把所有的奖金、绩效工资都“放进一个篮子里”——不能只有可测量部分的绩效工资，而没有作为“利益纽带”的团队奖金！（5）所以，个人奖金 = K1 × K2 × K3，就更加显得是必要的了。

管理的技术解决的是能够分清界限、比较能够分清责任的工作，是适合主管去搞定的那部分。而经理级干部则要用他的“人格魅力”去处理模糊地段、责任不清楚的部分，就需要调动人的激情，而不仅仅是为利益而动的部分。

“绩效主义”与集体主义背道而驰

1 + 1 = 2 还是 1 + 1 > 2 呢？

合作能够创造价值，团队精神才有意义。1 + 1 > 2 的部分，就是团队精神的产出部分。

有连坐的处罚方式，说明他们是利益共同体。——至少让他们有互相监督，减少犯错的概率。

管理 = 可控性 + 创造性，其中可控性的部分——可以清楚测量、表达，可以像计件工资那样分清“界限“的部分——就说明，二者之间没有交集、界面清晰，然后可以实现彻底的绩效考核，在这个地方，似乎绩效主义是无妨的。

就像公式 $(a+b)^2 = a^2 + b^2 + 2ab$ 一样，两人合作之后产生的价值，是单个人各自努力（$a^2 + b^2$）及二人互动产生额外价值（2ab）之和。

计件工资之下，员工之间是谈不上合作的——员工之间的合作（组合效应）是在他们主管那里得到实现的。这也就是福特汽车流程化作业之后，工人越来越像机器人，越来越没有创造性——关键地工人之间没有任何合作的必要性，从而也就没有了感情交流、没有团队精神存在的必要性了。

如果把管理分解为领导加管理，那么，我们不妨把上述情况叫做管理——清澈见底，量化都是 100% 可以达到的。而模糊区间，模糊的部分需要员工之间互动、互补，需要团队精神，团队合作无法分解到个人的部分，则可以被叫做领导。

管理以事为本，以事管人，责任和利益精细化，绩效主义。

领导则难免要“和稀泥”，要去把相关的人“联结”起来，需团队精神。

从工资结构来说，团队之间的利益捆绑，其实也是一种团队精神。

从逻辑上讲：个人奖金＝公司业绩得分×个人业绩得分×部门业绩得分×奖金基数。

从部门内部，小组内部来看，可以是这样做：从公司那里拿回来的包干到部门的奖金总额，其中80%作为分配到个人——以个人业绩得分来分配，另外20%作为团队之间的纽带，捆绑，分配到互助做得比较好，或者干脆人人有份——至少这体现了大家共同——尤其是“互动”“合作”的价值。

不得不承认的是，责任和利益精细化的走向就是一种绩效主义的走向，这正是区别于领导的管理的走向和取向。它会倾向于减少模糊空间，减少互助，回避团队精神。

其实，责任和利益精细化本身并没有错，问题在于，如果没有能力差的人打下手，做一些辅助性的被认为“比较没价值”“不重要的”工作，你优秀分子、精英人士能够那么有效率吗？换句话说，你精细化的依据，计算依据就一定是科学的吗？

把模型弄得简单一点，如右图：

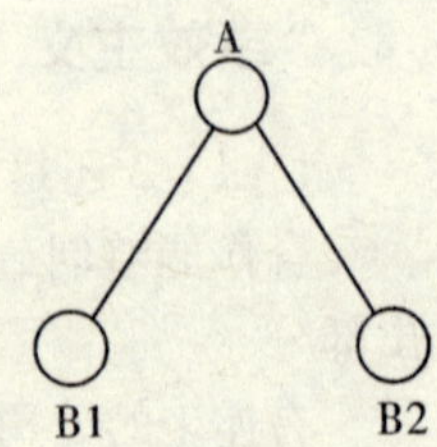

A工作如果可以明确分解，准确地为B1和B2，也就是A＝B1＋B2（事前），然后事后，B1＋B2＝A，那么B1和B2两个岗位上工作的人之间就不必要有所谓的团队精神。

如果做主管的，无法把A分解为B1和B2，那么这个主管就必须与B1和B2互助，合作，甚至他自己和这二人共三人之间共同合作。

“水至清，则无鱼”，人难免有失察的地方，或许不得不留下“合作”的空间。何况，大概也只有非常例行化的制造业，才能完全流水化、流程化、标准化。需要互助，共同协作的部分，仍然需要团队精神——模糊边界。

管理运用：人格落差决定领导方式的有效性

我们来界定“人格落差”的概念为：

人格落差＝领导者成熟度－下级成熟度

对应不同的“人格落差”其较好的领导方式请见表列如下：

领导成熟度					
	4	命令	命令	说服	参与
	3	命令	说服	参与	授权
	2	说服	参与	授权	授权
	1	参与	授权	授权	授权
		1	2	3	4
		下属成熟度			

其中的含义是：<u>领导方式采用命令、说服、参与或授权中的哪一种，不是由“领导方式”本身的“好坏”决定的，而是由管理者和被管理者之间的人格落差——领导者成熟度和下级成熟度之间的差距决定的。</u>其中影响领导的成熟度的要

素是领导业务水平、领导敬业精神和心理承受能力。换句话说，并不是“命令”就一定不好，也不是“授权”就一定好！

比较四种领导方式如下：

命令	当领导者的成熟度大于下属成熟度 2 度或 2 度以上时	指没有下属参与，只是执行上级的命令，这一领导方式又被称为严父式的领导
说服	大于 1 度	指的是多给下属一些说明和指导，增加下属执行这项命令的自觉性，但是发出的命令是不容置疑的。
参与	二者相当时	指领导者在决策时征求采纳下属的建议
授权	领导者成熟度低于被领导者	指领导者给下属提出挑战性目标，充分相信他们能很好地完成任务，期间不做更多的干预。

可见，不是任何情况下都采用“参与”方式，只有当上下级水平基本相当时采用“参与”方式效果最好。

此外，图中还隐藏着另外一层关系，当能用命令的方式而不用时，在某种情况下（比如被管理者比较“厚道”、憨厚的时候）效果会更好。当然也有另一面，当能用命令的方式而不用时，效率可能就会打折（因为人有惰性——有权不用，权力会生锈，权威无从建立，你可能会变成一只“不压邪”的“病猫”）。

随着人类个性张扬时代的来临，一段时间以来，人性化管理、温柔的领导艺术、参与或授权成为大势所趋。命令及强势管理似乎就是粗暴，而人性化管理甚至也发展到缺少服从的地步。而实际上，手段是否好，主要是以目标为参照和依据的。

延伸阅读：质疑“亚裔缺领袖魅力?”

1. 泽尧强调：“管理是管理者与被管理者之间的互动！”虽然亚裔人口比例达 5%，但是管理对象——被管理者则有 95% 不是亚裔呀！！那，或许不过是“臭味不相投”而已啊！

2. 你怎么可以由此而说：“亚裔缺领袖魅力”呢?

3. 何况，虽然亚裔占美国人口的比率比较高，但是，你得注意一个简单、显然的事实，那就是：那当中有多少人是刚到哪里多少年的？他的语言、文化、幽默故事、自信心以及被管理者的偏见、定见，或许还有作为世界第一强国的美国人的自以为是？等等。

4. 还有一个关键问题是——泽尧的书里面说得很清楚：“聪明人去发达国家‘挣钱’，精明人在混账国家‘整钱’！！”那些能够而且愿意去美国读书、被下文视为“美国亚裔的教育、所得和能力，使他们被普遍视为‘模范少数族裔’”的人，应该主要表现为“聪明、智商发达”。而精明的人以及家庭有后台、有关系的人，又何必一根筋要去美国“挣”辛苦钱？至于“整”够了钱然后到美国镀金、开开眼界的人，也多是近几年的事，何况他们哪里有兴趣去打工“挣”钱、做什么“领袖”哦?!

5. 阿弥陀佛——“存在就是合理”，只看断面，不看因果、不问历史因素，这算什么研究啊？用学术的语言或许就是“变量不足”。

6. 泽尧认为，准确的表达应该是：美国的亚裔在目前阶段对于作为美国人的被管理者而言，似乎显得有点缺少领袖魅力。

7. 中国人、亚裔不要因此而“被偏见”、妄自菲薄，不然，那就真的是“压抑”了！

参考文章：《职场研究：亚裔缺领袖魅力》

第2篇

带队——利益捆绑、铸钢铁长城：组织的真相

组织以利益为纽带。管理好分配是组织管理的第一重点。李氏乘法原理让组织成为钢铁团队。与利益相违背的所谓“信仰”，涉嫌邪教；骗得了一时骗不了长久，对现代人，感情管理实乃浮云。

第1单元　群众基础与利益捆绑
——中国式码头：组织的真相

你要员工关心公司的利益是不合情理的——对他而言不合情理，对你而言当然合情理；目标分解才是管理的关键：要把你的利益分解下去，分解到跟他有关的那个地方去。

德阳学员：我们老板一直以来都想推行绩效考核，就在绩效考核的圈子里出不出来，让老板看了李老师的《中国式绩效考核》，老板一下明白了——就是利益管理。

群众基础、团队驾驭——骨架：打桩、码头

利益共同体：组织以利益为纽带

记得小学读课文时，经常读到那些描写“一群坏人”常常喜欢“穿一条裤子”的文字。当时我十分纳闷：“怎么这坏人就那么齐心呢？穿一条裤子、那么亲热？偏偏我们这些好人却常常各想各的事儿、难以统一到一起?!”几十岁以后才明白，不是他们认感情亲热，而是因为利益让他们相互产生了“爱心”——是利益把他们联结到了一起！道理很简单：是利益让他们穿上了同一条裤子！

何谓“群众基础”

比如说我们建普通的农家房子，在重庆、在西南这些山区，只要你把地基挖平，基本上就可以直接在上面铺条石作为地基，然后建房子了。

但是如果你到沿海，到那些地基不够牢固，类似于沙地上面建房子时，你就不能只是在地面上铺上条石就可以作为地基，而是要向地底下打桩，否则你的地基就不牢。

所以重庆这边的山地，西南地区的山地，就好像是群众基础，素质很高，所以就不需要打桩、直接铺条石作为地基就可以，但是在沙地，地基不牢，群众认识水平有限，这个时候你就要打桩，你就要积歪德（详见后面的例子），你就要形成你的所谓“利益集团”——像类似这样的概念，在我们学院派的书籍里边是没有的，正规的教材怎么会告诉你去“积歪德”，去搞什么“利益集团”呢？

在现实生活当中，如果群众素质不是那么高，就是你不搞利益集团，可是你手下有很多人在搞小利益集团，你怎样对付它？这就是旧时代所谓“码头”的概念，“码头”就是“山头”、利益集团的概念。

诚然，作为一个公正、正派的管理者，是不应该去搞这个所谓“积歪德”的，但是我们要说的是，目标再美好，没有手段，最后目标落空，那多遗憾！如果“积歪德”可以帮助我们达成一个更美好的目标，我们又何防“积歪德”，何防采用更灵活的方式去做事呢？坏人可以用各种手段——现实的、狠辣的、阴毒的，甚至于极其不道德、残忍的手段，为什么我们为了道德，反而不可以用一些相对比较所谓“解放思想”的手段呢？其实在共产党理论里，从来就没有反对过“利益集团”的概念，只要你是站在大多数人的利益上做正事，这样的“利益集团”应该还是可以发挥和利用的。

一些地方的风气不好、一些企业的企业文化不好，其中一个重要原因就是：领导阶层只有美好的理念、口号，却缺少现实的手段，其结果就是“道高一尺魔高一丈——邪不压正”。

非平衡激励

阿拉伯有句格言：假如统治者是公正的话，他必然会受到一半居民的反对。

“君子型”的领袖难当，这几乎是全人类的一个通病，正如在南非，“君子”姆贝基不敌草莽英雄祖马，明显偏离公正，搞民粹主义的领袖倒坐稳江山。

所以，泽尧提出“非平衡激励”：

1. 谈到激励，人们总是想到公正，其实这是不够的，从现实中处处都可以看到不平衡激励的事实：一个台籍干部与大陆籍干部拥有很大不同的工资水平，一位香港人士与他的内地同事也有差距巨大的月收入。尽管他们的钱会花在不同的生活环境，但对于支付者——公司和老板而言，钱就是钱，没有什么两样。

2. 属员的觉醒程度不同，野心大小不同，公司采取的工资水平也会不同，即使是他们具有相同的能力和工作岗位——不然，你怎么能理解外资企业普遍存在的工资“保密制度”呢？员工的野心不同，经历不同，尤其是对于工资的觉悟、期望值不同，企业不得不采用不同的工资和激励措施。如果一味地简单追求“公正”“平等”“公平”，那么，公司无疑将付出更高的成本。

如何对待非正式小群体

可以先借人员组合的方法让他们成为正式组织，把其小团体的利益和正式组织的利益紧紧拴在一起。

假如做不到，或有较大的反复，就采取行政措施，把其拆散。不能让他们成为一种消极的势力，以致影响正常的工作或污染健康的空气。

打桩与组织骨架构建——利益集团与群众基础

抓住以下要点：

1. 利益共同体：组织以利益为纽带。

2. 骨干、码头：那些个有影响力的人。

3. 群众基础：如果有人兴风作浪，你会怎样？

4. 全体举手投票，你的结果会怎样？

中国式“码头”——核心员工与利益倾斜

何谓亲信

不学无术的人为什么容易成为打手？那是因为他别无生存之道，只好充当打手！

一无所长的人为什么往往容易成为红人？那是因为他没有立足之地，只好趋炎附势！

没有贡献的人为什么往往成为领导的亲信？那是因为他没有分配的资格，只好跪倒在权力的脚下！

一份付出一分收获，那是工商文明——他与你互不相欠，就没有必要谈感情、也就不存在忠诚度的问题！

如果所有的人之间都是工商文明，人与人之间就会如美国人，感情淡漠、独立性极强，人际关系就会简单，组织就显得没有凝聚力！也就会像孔孟、国学所倡导的“君子之交，淡如水”。

何谓“积歪德”——“利益集团”的概念

依照社会心理学的理论，身体物质上的亲近有可能导致群体的感情的认同、团结一致。

让作者给你讲一个积歪德的故事：中国人都知道要积德，现在我告诉你“积歪德”是什么东西。

我大哥从大队会计开始做村干部已经几十年了，现在是一个远近闻名、威望很高的村长。在一次闲聊中，他的女婿跟我谈到这么一件事来说明我大哥的正派廉洁：“我曾问爸爸能不能给我联系一个鱼塘，让我们去钓鱼，结果爸爸跟我们说，不行呀，群众影响不好呀。”作为理性跳出的长者，我觉得我不应该只是感性、憨厚地去“领受”他的赞扬——因为大哥的这种“为官之道”只怕在另一些环境下未必就可以“制胜”！

于是，我是这样回答他的：

因为你爸爸他没有“积德”——没有积什么“德”？没有积“歪德”！——他只知道做人正派，但是他不知道人们对利益的关注。所谓“积歪德”，就是违背一般的所谓公平、公正，去为某些个别人、某一部分人谋求利益，这样之后你就为这些人积下了所谓的“德（歪德）”，这些人才会在必要的时候为你作一些牺牲来支持你、帮助你——当然这些人、这一类人倒未必个个都会有报答之心、要来报答你，他可能只是因为期待于你未来还可以为他谋利益因而顶你、支持你——注意：唯利是图之辈是不会主动为既得利益再付出额外成本的，他对你的支持其实只是一种投资、期待未来利益！

你爸爸做什么事都按照规定、公理，公正、公平地去处理，结果自然是谁都不觉得欠他什么，他凭什么敢叫你去别人那里钓鱼呢？——他公平、公正的结果是怎样的呢：输了理失去利益的一方虽然没有话讲，可是那赢了理得到利益的一方也只是认为那是他“该得的”而已——固然他会觉得你这个领导还不错、很正派，但是却不必特别去感谢你——而又恰恰因为你的正派，他很知道他将不能期待你为他谋取额外利益，因而也就更不必去为你作牺牲了！

联系到企业管理上来，你会发现，在一个团队、一个组织里面，当这些群众思想认识不高、对你的认同度不够，或者更有一些人在那里搞来搞去、有山头、有“码头”的时候，“积歪德”或许就显得非常有必要了。反过来，如果群众（团队成员）个个的眼睛都是“雪亮的”，如果群众的素质都很高——那就没有必要“结党营私”、也就没有必要结什么党、营什么私了——那么“积歪德”就反而可能是得不偿失的了。

分配不公与利益集团

人们常说：“为领导做一千件好事，不如同领导一起做一件坏事。”

以前总以为，那不过是一种牢骚而已，四十岁以后才明白，原来这里面是有着深刻道理的——

如果领导在外面养得有“小三”，那么他的专车司机就难免“了如指掌”；如果领导三天两头请客送礼乃至收受红包、贿赂，专车司机自然“看在眼里”！……

为了这些乱七八糟的事情不被捅出去，领导就必须要做几件事情：

第一，手上收到的东西，务必丢一些给到司机。但是这不代表就可以放心。于是，第二，把司机发展为亲信、让司机与他“狼狈为奸”。但是这也不代表放心，于是，第三，培养司机的忠诚度，看他跟自己是不是“一条心”！但是这也不代表放心，于是，第四，审查和考验司机坚守秘密的“抗腐蚀性”，比如“酒精考验”！——

案例：“酒精考验”是得到提拔的先决条件

不要说“严刑拷打”，你连一杯酒都“定力不够”——三杯酒下去，满嘴胡言乱语!! 领导能放心吗？你还想得到提拔？门儿都没有!!

1. 在封建、垄断的生存环境下，人们主要不是“搞生产”，而是主要在“搞分配”。

2. 就像军阀混战时期、就像国共内战时期，谁获得政权，谁就获得分配权、支配权，所以，那时候整个社会的主要精力都是在“搞战争”“搞分配”——于是，那个时期，“潜伏”“间谍”“无间道”“特务”就是很多人的一种基本的生态了!!

3. 不要说“严刑拷打”，你连一杯酒都“定力不够”——三杯酒下去，满嘴胡言乱语!! 领导能放心吗？你还要得到提拔？门都没有!!

4. 所以，对于利益集团、对于存在“商业间谍”的商业场上，“酒精考验”

就是很基本的素质、资格和功夫了。

5. 对于“搞生产”的人而言，“实事求是”、光明磊落、以数据说话，是很大的一个优点、很优秀的一种品质！可是，在利益集团之间搞分配、搞博弈的时候，情况就不是那么一回事咯！

6. 一位朋友说他可能要从现在的“设计院”调到“发改委投资开发公司”去，想从原来的“做乙方”换换位置，做作“甲方”，问我怎么看？我告诉他，我感到不放心的是你喝酒之后就“义气、豪气、真诚、热诚”过头！！你很够朋友，但是，你“酒精考验”可能就不及格呀！！或许，你倒是更适合在现在的单位。

7. “酒精考验”意味着：“酒醉心明白”——任何时候保持头脑清醒、立场坚定，不背叛组织、不背叛领导、不背叛利益集团。

8. 简单说，在垄断、封建色彩比较重，人际关系复杂，主要是搞关系、搞利益分配、阶级斗争是纲的环境之下，“酒精考验”是得到提拔的先决条件。

延伸阅读：《你“酒醉心明白”吗?》

“忠诚度”拿来做什么用？——利益集团与忠诚度

这个世界为什么有“间谍”存在呢？那就是因为有“利益集团”的缘故。“各为其主”，“忠诚度”三个字也就顺势而生了！

两个企业有竞争、有价格谈判，难免要“虚虚实实”“尔虞我诈”，于是“商业秘密”四个字在所难免，要是没有忠诚度，竞争和战争还要怎么个打法？

你为某个领导开车，他那些“吃喝嫖赌的事情”“礼尚往来——收受贿赂”的事情全被你看在眼里，要是没有忠诚度，那还得了！！

如果是公平交易、信息对称、按质论价、实事求是、没有“桌面下”，那么“忠诚度”也就是多余的了。

利益的鸿沟形成了利益集团之间的隔阂，形成了商业秘密的界限。文件里面的“秘密文件”“绝密文件”才有了存在的必要性。

何谓心腹？

1. 利益倾斜：不只是公正，要向利益集团内的人员倾斜。
2. 小圈子、铁杆部队：重点保护高工资。
3. 积歪德：只有利益倾斜、不对称激励、网开一面，你才有铁杆部队。
4. 所谓心腹，就是利益捆绑利益倾斜比较到位的人。

案例分析：升官之道：《和珅为何得到乾隆重用：肯当奴才的治国英才》

核心提示：而他的最大优势，就是年轻力壮，不知疲倦，而同时具有如上能力的人，却缺少他那颗善于揣测主子心思的“聪明的心”、那颗甘愿当奴才而不觉得自卑可耻的心。

1．封建时代、独裁环境下，和珅发挥到了极点。

2．今日社会，看看你身边有这样的“奴才”吗？

案例：《北京：导游被指持刀强迫游客购物高呼“弄死你”》

公交售票员下车招呼乘客“怕挨打”？

故事1：2007年元月陪家人去北京，在去长城的德胜门汽车站，招揽乘客的“生意人”东指西指、基本上是把你搞糊涂为止——找了半天不知哪个是正规公交车，后来终于找到、上车后，问售票员为何不下去“吆喝”“接客”？她回答说“不敢，下去喊要挨打！”笔者不敢相信自己的耳朵。首都北京，我爱你，好辛苦！

故事2：北京西单机场大巴，赫赫有名的地方，大白天，一个大汉身体斜靠在大巴司机下车门的位置上，我以为他是大巴司机，问他：“请问去机场，要多少时间?”，他说“来不及了，你只好搭私家车去了”。然后有人过来让坐他的车。不经意间，我看到前方的售票窗口，上去一问才知道：“有车啊，来得及!!早呢。”光天化日之下，欺蒙拐骗，在中国，你能把他怎样？叫警察？他会理我吗？你跟他评理？别人人高马大，一群人，没有霍元甲的武功，这窝囊气，你就受了吧！只好想开一点，不是可以“淡定”“活在当下”吗？于是，我敢怒不敢言。

一气之下，我对老婆讲，“以后，不要再跟我说旅游的事!”

现在而今眼目下，个个手机上都有摄像头、录音录像功能，那些“黑”的东西，是不是可以通过网上曝光、而有压力、该有所遏制了呢？

本单元关联与升华阅读内容

本丛书之《管理的技术——TBC企业驱动体系》第五篇：“第4单元　如何给钱才能令他闻风而动——李氏关心系数”；“第5单元　组织以利益为纽带——李氏乘法原理”。

第2单元　博弈与企业管控

——李氏筹码理论：权力的真相

掠夺、反掠夺、“挖坑埋人”？——老板及高管必读案例

掠夺、与反掠夺、“挖坑埋人”——人性下线，看看这个案例吧——

《重庆信托业务被指抢钱房企老板女儿曾因此自焚》

“这个昔日的民营企业家边讲话边哭，他说，至此，他和他辛苦打拼出来的公司被抢得一干二净。”

姑且把报道所述当做真实，泽尧评点如下：

1. 借钱、融资的结果，是把自己“搞死”!! 你说他“挖坑埋人”？——一个企业、一个企业家就是这样自己要往里面跳的嘛!!

2. 不懂得“筹码理论”（详见本单元后续），借钱、融资的结果，无异于“引狼入室”“自投罗网”!!

3. 筹码呀、筹码!! 筹码理论——“没有筹码，你怎么能全身而退呢!”——那可不是说着玩的哟!!

4. “筹码理论”“合同审查中的筹码理论运用”——企业老板和高管必知的知识点!

5. 对了，还有，泽尧常说的：“做人做君子，管人管小人”。

全案阅读：《重庆信托业务被指抢钱房企老板女儿曾因此自焚》

《村支书被曝说话霸道：我不贪污当官干啥》

选择=权力——你知道“领导者人格魅力”的本质是什么吗？

引子：员工翅膀一硬就跳槽？

1. 小鸟翅膀长硬，你怎能叫它不飞？员工有能力做老板，我们应该祝贺。

2. 长江后浪推前浪，彼此才有危机感，八仙过海各显神通，个个都有机会。

3. 于是，竞争、博弈就出现了，详见下文。和谐之道见本书第三篇“第3单元　利益对称与价值创造——各得其所：企业治理的真相”。

参考阅读：《粤港信息报：妹妹你大胆往前走》

选择等于权力

1. 男人是对老婆好，还是对情人更好？

2. 男人有没有必要对老婆那么好？

3. 女人如何应对？——老婆是固定工资、情人是浮动工资，请问：人们对谁更好？——任何到手的东西，再付出任何成本，都会是一种浪费。——泽尧常说“选择等于权力”，看来只有“备份”可以“给力”！

领导者“人格魅力”“影响力”的本质：现实筹码＋精神崇拜

对弱势群体而言，他习惯于崇拜一个人，习惯于把希望寄托在别人身上，所以，“精神崇拜”是领导者对这部分人的“人格魅力”“影响力”的本质。

但是，对于“自力更生”“独立自主”的“强者”而言，他没有崇拜的概念，他的精神上没有“偶像”，所以，领导者对于这样一些“异教徒”的“人格魅力”“影响力”的本质，就只有或温柔一点说主要靠“筹码”两个字了!!

按照泽尧的三种人理论，弱势群体为偶像而“犯晕”（泽尧所说：“所谓艺术，就是把人搞晕的方法，谈判时艺术把对手搞晕，恋爱是艺术把对象搞晕，领导是艺术把手下搞晕”），需要的领导艺术就是“仪式”“弟子规”“企业文化”等等；对强者就是筹码；而对强盗，则大概只能是在“决斗”“武斗”之后才能“分出胜负”——难怪，这世界怎么还会有战争?!

以人为本，为什么？

1. 因为喜欢不讲道理，所以不喜欢以事为本——以事为本，那我的任性、自由放哪里？

2. 因为喜欢不问是非，所以喜欢以人为本——我说了就算，老子说了就是。

3. 以事为本、有了标准，管理者的自由度就受到约束，被管理者就可以用标准来跟主管叫板。

4. 还是以人为本比较好：我说了算!! 以我为本!!

人格魅力是蹂躏出来的！

在人治情境下，管理者的人格魅力是让被管理者多被蹂躏而产生出来的。因为“选择等于权力”“人格是选择”“人格在选择之处”。

案例分析：结算周期太长：多年媳妇熬成婆，年轻人压力太大

《四川一副镇长辞职：因工作压力大　工资难糊口》：

28岁的四川泸州市某副镇长7月1日正式辞职。他在网上发了一篇辞职感言，自称任副镇长两年来，每年平均有4个月在维稳，只有4个月在干“正事”。除工作压力大、收入低之外，还有“价值观”的问题。他至今都在思考：“有些维稳是真的维持稳定保持地方经济平稳发展，还是为了保帽子？”

辞职后，他表示将去做律师，并兼顾一些生意。他相信以自己数年的法院审判工作经验，两年的行政领导经验，较精的法律学识，能够做好法律服务。

“欠债的是爷”——何谓筹码？

问题：供应商到期无法交货，你把他逼急了，他就破罐破摔，怎么办？对策：筹码理论在供货合同中的应用。

案例：朋友跟你借钱要不要写借条？

问题：应收款收不回来怎么办？

小东：签合同呀！

问题：法院判决尚且无法执行，有人把判决书也拿去拍卖，签合同有用吗？

小东：……

——等李老师来告诉你好了！！

案例：“他求你”变成“你求他”——何谓授人以柄

约两年前在上海，一位朋友的朋友请求我将“李氏软件系列”的部分文档资料提供给他做“×××之用”，并答应公司盖章证明“仅限于×××之用，李老师仍单独享有其著作权”云云。想到并不需要把核心的东西给他，于是我说行。可是，等我把所有他要的东西都准备好去见他的时候，他却没有准备好他承诺要给我的东西。他说：“回头再给你，好吗？公司的章好像不在。”我差一点点就又说出了那个“行”字，但终于刹住了。于是我对他说：“抱歉！不过没关系，等你公章找到后再给也不迟的。”

在这里，你所看到的是他想要你的东西，是他在“求”你，对吧？可是你知道吗？一旦你的东西给他，而“回头”找他要证明的时候，那个时候就会是“你求他”了！他要的东西到手以后，那个“公司章”就更会找不到了。

这就是我们说的“要抓牛鼻子，不要抓牛尾巴”：事情之前不把“牛鼻子”抓住，事情之后去抓“牛尾巴”，你就被动了！

商业场上不同在家里，“一手交钱，一手交货”，这是最对等、最直接利索、最少烦恼、最有效率的，何乐而不为！

不能没有来由地“授人以柄”——把刀柄给人，自己却一手捏在刀刃上。很多事情涉及经济法律责任，不能含糊，必须一步到位、“一手交钱，一手交货”“钱货两讫”，不能“回头再说”、留下尾巴。

案例：你手上的合同弄丢了怎么办

合同丢了怎么办？难道你可以去向对方要合同原件拿来复印？假如你的货已发出给了对方，而对方的款还没有付出，这时候，他可能会反过来问你：我们什么时候签过合同呢？——这里说的是，如果合作过程中你自己手上没有了筹码，你就会陷于被动。而如果对方手上有很多筹码，则对方就可以与你宣布“分手”，大不了他把公司“申请破产”了事，反正是有限责任公司。

又比如：你到房地产公司去买房子，需要向银行贷款时，你就知道什么叫筹码了。银行把房子给你住，而房产证却不给你。说得不好听，就是你的尾巴被他抓在手上，牢牢抓在手上，就像一匹马一样，那根缰绳牢牢抓在他的手上，你跑不掉。

别以为我在同你开玩笑，20 世纪 90 年代初期很多“空手套白狼”的成功者就不乏此类人呢！

这便是我所说的筹码问题了：钱在他手上，他手上的筹码就多；钱在你的手上（或货在你手上），你手上的筹码就多。就像相声里面讲到的：有人向你借钱，借得你钱之前，是他求你，拜托你救他一把，可是，当你把钱借到他手上，回头要找他还钱的时候，问题的性质就变了！——是你求他了。为什么会是你求他呢？因为：他没有钱，你又能怎么办？他的确没有钱，打赢官司你又把他怎么样呢？

筹码理论与“婆娘打架”

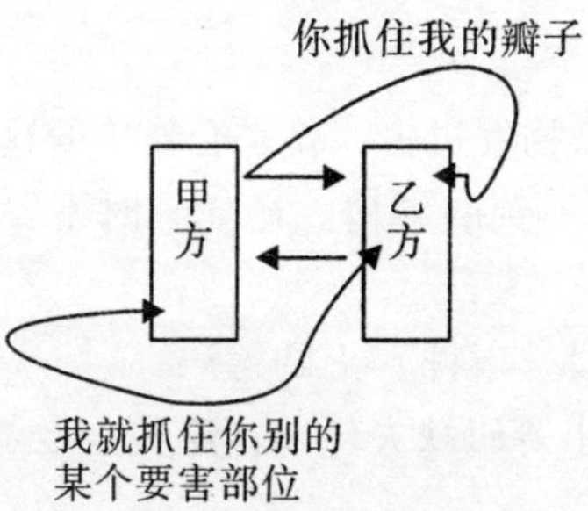

既然道德谴责乏力、良心发现失效，而打官司又是那么的辛苦，就算打赢又无法执行，那么剩下的方式就只能是：你抓住我的瓣子，我抓住你的别的某个要害部位啦！

合作约束与李氏筹码理论

——既然道德谴责乏力、良心发现失效，而打官司又是那么的辛苦，就算打赢又无法执行，那么剩下的方式就只能是：你抓住我的瓣子，我抓住你的别的某个要害部位啦！

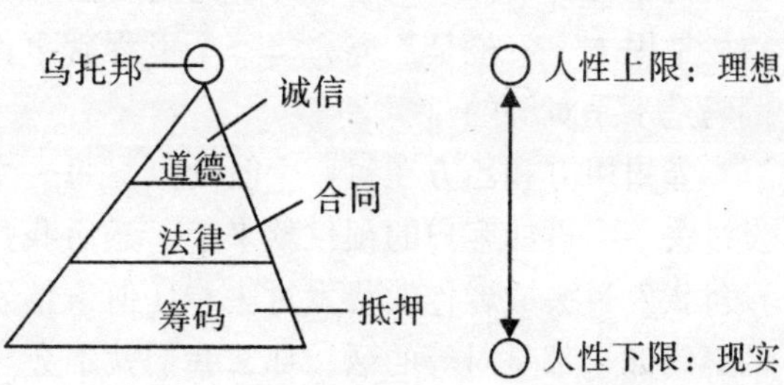

运用：李氏筹码理论与合同管理——筹码审查与全身而退

在给人民大学广州的在职 MBA 班讲授“项目管理”的初期，里面有一个单元是“合同管理”，当时我还没有“发明”筹码理论，里面的内容无非价格条款、质量条款等等，感觉没有什么“灵魂和精髓”。在我总结、提炼出“筹码理论”来之后，对合同评审这部分内容就很有“感觉”了。

合同审查的关键是筹码是否平衡，或有利于自己这一方，这是一个很重要的审核方面。具体做法是：

签合同中，把合同的各个里程碑事件都抓出来，用一个表格列出来。

合作周期内里程碑事件 及可能的异常事件	甲方手中筹码	乙方手中筹码
↓	△ △ △	○ ○ ○

一栏是甲方，一栏是乙方，每一个里程碑事件上，每一个时间上，甲方和乙方的筹码是不是对等的？

如上表所示，对于一份合同，需要进行一个筹码的检查：如果合作期分三个阶段或五个阶段，我们就必须要分析在这每一个阶段比如说预付款完成以后各个关键点上，我们甲乙双方的筹码是怎样分布的、是否相对平衡。如果我们在签订一份非常复杂的合同的时候，我们就必须要考虑在整个合作的时间周期上，在每一个时间点上，自己手上有什么筹码，当我们没有筹码时，就有可能陷于被动。

操作步骤如下：

1. 合作周期审视、里程碑事件确定。
2. 风险事件预测：比如我的预付款或货物发过去，就是合作中的这个里程碑事件。还有就是风险事件，即可能发生但预测不到的事情。比如临时不要了，或者临时又叫我加快一点，等等之类的问题。
3. 检视双方或各方在不同时间点（时段、事件）上的筹码。
4. 审查自身（我方）手上的筹码，找出筹码缺失环节，避免人走茶凉。
5. 研拟筹码补缺措施并实施补救。
6. 总结，再审查前述过程的科学性。

把里程碑事件、风险事件都列到表格里边，然后要把甲方、乙方的筹码找出来。一栏是甲方，一栏是乙方，每一个里程碑事件上，每一个时间点上，甲方和乙方的筹码是不是对等的？

如果甲方和乙方在每一个时间点、每一个环节上都是对等的，比如我的预付款发过去了，再如客户的预付款来了，然后我这边就下订单……那就没有问题。你的预付款发过去或者你的货发过去，任何事情发生以后的那些时间点上，甲方和乙方的筹码如果都是对等的话，那么我们就不会“死”在对方手上。

有了这样的“筹码审查”，我们才能：

（1）避免“人走茶凉”。

（2）在一些危险的场合下才能“全身而退”。

筹码理论与风险管理

1. 立于不败之地：没有筹码的事情不做。
2. 风险检讨：失去筹码受制于人的不做。
3. 掌握主动：明白风险大小判断承受力。
4. 做与不做：心中有数。

启示：商业生存就得按商业规则行事！

案例：恋爱需要成本！

中山大学高等继续教育学院 EMBA 班一位珠海女学员在课下找到李老师分享她的人生经验：

我曾经借给一男子 50 万元，可是后来他告诉我，他“已离婚，所有家产都判给老婆去了”，要是早两年听到李老师你讲的这个理论的话，我就不会吃那样的哑巴亏了。

木已成舟、生米煮成熟饭，我只好告诉她：恋爱是需要成本的！你就把这笔钱计入呆账、烂账吧！

筹码应用——如何成为“铁腕人物”？

案例：“交割”程序与“黑吃黑”

黑社会毒品交易为什么会发生“黑吃黑”？

如何避免？

1. 交割手续＋筹码理论：火力相当＋互相瞄准。
2. 谁也无法、谁也甭想“一锅端”。
3. “好说好散”不容易：程序化、渐进退出。
4. 企业招人“请神容易送神难”：避免贪心＋筹码在握（在我）。

案例：企业高管阶段性调整付酬方式

方案1

“第1个月10000元。第2个月14000元。

第3个月18000元。第4个月20000元。”

如果对方反对，就表明他经不起三个月的试验。

方案2

第1个月10000元，第2个月10000元。

第3个月如果证明的确是我们所要的人才，给20000元，并把前面少给的20000元，即一共40000元一起给他”。

一个人如果真的是人才，就不会惧怕挑战。

案例运用：银行贷款是筹码理论运用的最佳典范

1. 王先生在广州某楼盘买房，采用的是银行十年按揭方式，其中的银行贷款是通过某著名律师事务所办理的。一段时间后律师事务所正式通知他按揭贷款手续已经办好，要他直接去准备月供款。

2. 忽然有一天，银行总部给他打来电话，说因为你那笔贷款的事要面谈沟通一下。并叫他准备一些可以证明收入水平一类的资料带过去。王先生全部照办。

3. 见面的时候，银行方面的人员说：“你的气质很好，一看就知道是成功人士。可是你的身份证照片……好像是很久的了。”

4. 王先生自我解嘲：“是啊，20年前的‘小年轻’，身份证照本来就有点像‘逃犯’的样子……这也难怪，降低成本吗！”

5. 最后王先生同银行人员开玩笑：“你们的房屋贷款其实根本就不必审查的！”“啊，为什么？”

“为什么！——你想想，30%的钱已经给了出去，而购买合同、未来的房产证，又都在你的手上，在我看来，所有的筹码都在你的手上，你有什么好怕的？100万元的房子，30万元给了你，以广州的房价，九折脱手那不是太容易！八折脱手岂不是让人太占便宜——而，就算八折脱手，也还有10多万元做你的清算手续费！！真的，你审查我是多余的。当然啦，你不必介意，我只是同你开个玩笑而已，只是想说明，你们的确很懂得运用筹码理论！如此而已。”

延伸阅读：筹码理论——你不得不知的商场密器

李泽尧《管理的真相——TBC商业掌控秘笈》案例阅读之：《筹码理论——你不得不知的商场密器》

管理学需要“筹码”概念

筹码的概念，我们以前的管理学书籍很少谈到，我来建立这个筹码的概念，主要是希望让我们管理者随时知道自己手上到底有什么筹码，就像一把刀一样，刀柄有没有握在你的手上，整个团队你用什么去制约他，就像一个风筝，那根线到底在哪里，你有没有拽在手上。

只有有了筹码的概念，我们才能面对人性变数，才能面对商业场上各种可能的陷阱和欺诈，如果没有筹码的概念，我们就只是一个书呆子，就只能够就事论事，并且，我们也比较容易忽略利益相关者。

我们作为管理者，必须注意到整个相关各方关系的平衡，这种平衡就是一种对人际关系、对利益各方、对利益主体的一种现实的考虑，而只有有了筹码的概念，才能现实有效地面对这一切。

筹码的概念可以让整个事情按照我们预定的计划方针、按照我们的目标走，就像火车一样，我们凭什么让它按照我们预定的目标走？是因为我们有轨道。筹码就是一种约束力，筹码就是风筝的那条线。

延伸阅读：谁说形式主义没用？——用“超标准”制造“原罪”

谁说“是形式主义”没有用？用“超标准”“两套标准”“说一套做一套”，那是可以制造“原罪”的哟！

详见本丛书《管理的艺术——TBC 员工驱动策略》一书中“第 4 篇　有效制导——筹码在握：权威与人格魅力”、尤其下属“第 2 单元　权术——威慑力与影响力”之“抓权——管理者手上的筹码收集”主题内容。

参考阅读：

1.《观陈光标有感——做人为什么一定要低调？》：

2.“撤销标准、制造筹码”案例：http://blog.sina.com.cn/s/blog_5d1d06270100nx8q.html

本单元关联与升华阅读内容

本丛书之《管理的技术——TBC 企业驱动体系》第三篇“第 6 单元　赏罚有据、师出有名——李氏权力清单技术”；本丛书之《管理的艺术——TBC 员工驱动策略》“第 4 篇　有效制导——筹码在握：权威与人格魅力”；及第八篇“第 3 单元　坚守规则——打动：强势管理”。

第3单元　搞生产还是搞分配？

——分配高于生产：分配的真相

泽尧指出，人类做三件事情：生产、分配、玩耍——生产是经济，分配是政治，玩耍是文化；工人农民搞生产，公务员搞分配，演艺明星搞玩耍；搞生产的面对自然世界、厚道实在、辛苦，搞分配的搞定他人、精明算计、残酷，搞玩耍的专攻生理和心理，情调韵味，痛并快乐着!!

问题："找钱不费力、费力不找钱"为什么？

引子：蔬菜零售价超供应价10倍

报道：《蔬菜流通环节层层加价　零售价超供应价10倍》（2011年5月8日中国新闻网　作者：陈仁泽）；

价大跌，又见卖难。记者深入蔬菜生产、流通一线采访——追踪菜市"跷跷板"。

近期，各地频繁爆出菜价暴跌，多种蔬菜滞销，很多菜农心急如焚。而居民"菜篮子"并未明显减轻。

菜价就像跷跷板，一头连着菜农，一头连着消费者。如何在稳定"菜篮子"价格、支持"菜园子"建设上找到平衡点？记者深入蔬菜生产、流通一线，进行了追踪采访。

泽尧理解：因为中间环节、收费环节太多。

为什么做"二手业务"不赚钱？

按照泽尧的"超级管理学"理论，对垄断性行业而言，一手业务是在"搞分配"，而"二手、三手业务"直至最后的"真正干活的人"，那才是实实在在"搞生产"。

当然，如果是充分市场化或对于非垄断行业，"二手业务不赚钱"的情况就未必有这么明显、这么严重！

市场是什么概念？像圆桌会议一样，大家平等地围着一个好似池子的市场，机会是均等的。可是，垄断就不均等了。

道理就是这样简单：谁与分配挨得近、谁能够接近"搞分配的人"，谁就会近水楼台先得月、比较有"搞头"。

你不妨看看"市场营销"、看看电视广告里面谁的广告最多？"三分长相七分打扮”——都是那些老百姓无法判断质量、迷信其价值、作用的产品，其舍得花钱打广告，原因就在于“能蒙则蒙”“攻心为上”“喜欢就好”。这是什么意思？分配规则之外，咱们看谁的智力更发达——古代人在格斗场上用体力搏斗太低端，现代人用智慧在资本市场、在商业场里较量、博弈。

“搞分配”是人与人之间的事，需要精明，而搞生产则面对产品，只需要聪明即可。于是，“精明人做业务员（‘要做老板先做业务员’，然后某一天做老板），憨厚者做员工”的道理就在这里。

于是有：“女怕嫁错郎、男怕入错行”。

案例：中国首善陈光标“95%业务是二手的”

陈光标2003年投身环保产业，成立了现在的黄埔再生资源公司。这也是目前全国规模最大的专业拆除公司，专业从事可再生资源回收、加工再利用。

“企业绝对没有做过违法乱纪的事情。”陈光标说，从1998年做企业以来，到2008年，每年地税国税都来查账。每年的结果都差不多，没有偷税漏税一分钱。

“我肯定经得起检查，捐了这么多钱，哪里还会去偷税漏税。”他说。

确实，陈光标这些年，捐款早已过10亿元。“大家认为我捐钱容易，赚钱也容易。”但陈光标却将自己定位为赚钱很难的企业家，很多业务只能平过。为什么呢？第一，95%以上的生意，都是二手或三手的，几乎没有做过一手生意。这是怎样一个概念？打个比方，100元的业务，可以赚10元，但做二手或三手，利润就只有5元甚至3元了。

第二，搞专业拆除，再生资源利用，就要进行回收再加工利用，若是从建筑垃圾中提取了钢筋就将垃圾掩埋，利润就要高一些。“但这样会影响环境，我们不这样做。”

（来源：新华网）

为什么“女怕嫁错郎、男怕入错行”

别人“找钱不费力”而你“费力不找钱”，知道为什么吗？

生产	古代及近代	“费力不找钱”	工人、农民、技术人员，人口众多（社会人口80%以上）
分配	近代及现代	“找钱不费力”	公务员、营销人员、采购人员、武装人员，人口少（社会人口20%以下）
玩要	现代及未来	“玩要就是钱” “钱是玩出来的”	娱乐界人士、演艺明星、要家、杂技、魔术师，人数极少（社会人口1%以上）

从上面的表格，你就应该可以看出：

农民、工人为什么厚道?！因为他的工作性质就是与“大自然”、与“物体、东西”打交道、搞“生产”——他必须遵循科学规律，才会有效率。

搞分配——做营销、采购的为什么必须精明，那是因为他是在“与人打交道”——而有一些人却是古灵精怪的，什么谈判艺术、沟通技巧之类，无不需要一定的精明。

1. 看清楚了：应酬最多的人首先是“单位领导”，其次是“公务员”，第三是“销售人员”。

2. 泽尧此前在博客及著作《中国式绩效考核（操作版）》里面就说过：业务员是做分配的。（详见：《中国式绩效考核实操版》后记之“人类在忙碌三件事情”及“李泽尧：人类的两件事情、两种能力”）。

3. 为什么别人“找钱不费力”？因为他直接参与分配、直接搞分配，而为什么你“费力不找钱”？乃是因为你只是在搞生产。——道理很简单：谁靠近分配，谁就比较容易挣钱（哦！不是“挣钱”，而是“整钱”!!）。

4. 中国的问题是：分配不公（比如房价问题其实是分配不公引起：有人买得起呀）——中国政府、公务员应该要学习《中国式绩效考核》，以便解决好分配问题——尤其，不能“不做事也拿钱，少做事多拿钱”——“基本工资由基本工作决定”。

管理远不是技术问题：评“低价旅行团还是买点东西好”的争议

参见《中国青年报：参加低价旅行团还是买点东西好》，现分析如下：

1.《中国青年报》都在发这样的文章，请问，还有机会改变吗？

2. 难道旅行服务全程的服务项目真的就无法表达？写不清楚？成本无法核算？就无法在合同里面界定清楚？明码实价、明码标价就真的那么难？

3. 事实上，商业场上，比这个复杂得多的产品和服务都是可以表达清楚的。

4. 为什么表达不清楚，那是因为：责任部门的官员们不作为！

5. 从管理的角度来看，问题很简单：搞个详细的表格，把需要填写的项目，一栏一栏地标示清楚，再出一个填写细则，并规定若旅行社（公司）不把相关细节事前与客户沟通清楚、不填写明白，一律以欺诈论处。

6. 不过话说回来，中国人信奉“水至清则无鱼”——没有浑水怎么搞钱哦？把工作做到那么累、把事情做到那么到位，当官还有什么意思？

7. 这么一点小问题，遇到中国人、遇到中国环境就莫衷一是，变成大问题、变成人民群众的莫大烦恼！问题在哪里？问题在于“管事儿的，他就不管事”，“不管事的，他又是糊涂与清楚搅在一起，整成一潭浑水”！

网评：

1. 羊毛出在羊身上，总认为天上能掉馅饼的事情是不存在的。反正很多价格明显太低的、有问题的你自己还去参加，出了事情怪这个怪那个，能怨谁，1000 多元泰国五日游谁信呢？要怪就要怪旅游局，把所有的旅行社都关门就好了！（泽尧有话说：只是就事论事消极看问题，没有从源头上找解决问题的答案）

2. 国家旅游局旅游质量监督管理所对游客的提示有三条：第一条，选择旅游产品时，要警惕以“免费”“低价”为卖点的宣传招徕，不要将价格作为选择旅游产品的唯一标准，排除贪图便宜的心理，切记“一分钱一分货”的常识。——游客没有出门就要警惕，难怪社会上流传的“三十六行、骗子为王”的谚语深入人心。监管部门就是维持一个让游客时刻保持警惕而不掉进陷阱的旅游环境么？如果时刻警惕还不行，青年报就要我们为补差价而买上一点，这样，陷阱似乎就不是陷阱，而是“行程中保持心情愉快，比省了多少钱更值得回味”的幸福之道了。如此推而广之，整个社会就要时刻保持警惕，然后，为制造陷阱的人们补足差价，这样，才是社会发展的必由之路？（泽尧有话说：这个评论很不错——你旅游局搞了半天只是在提醒人们如何“警惕陷阱”，而不是去堵住陷阱，你《中国青年报》不是去倡议找源头、如何改善问题，而是在鼓励读者“理解陷阱”“接纳欺诈”，连这么高级别的报社都可以发这样的文章出来！呜呼哀哉！）

生存模式三类型（谋生三模式）

挣	弱者、强者	凭力气、智力挣钱，特点是“提手旁”——“用手挣钱”
赚	强者	凭资本赚钱，特点是“宝贝旁”——“用钱赚钱”
占	强盗	先入为主，枪杆子里面出政权，政治途径，海盗形式，几近于抢的模式，瓜分式的，圈地式的，占山为王，留下买路钱

企业两件事：生产与分配之别——你在搞生产还是搞分配？

人类两种能力：创造与迁移之别

学员抱怨说：“有些人只会拍马屁！”我提醒他：“拍马屁的能力就不是一种能力吗?! ——或许你得学习卡耐基的《人性的弱点》。”

客观地看待自己的能力非常重要，我们一方面知道“财富创造能力”，但是与此同时，我们更要认识到，还有一个很重要的能力，那就是“财富迁移能力”，于是有：

人的能力 = 财富创造能力 + 财富迁移能力。

只有全面认识，我们才有可能充分发挥自己。那些“怀才不遇”的人尤其有必要认识到这一点。

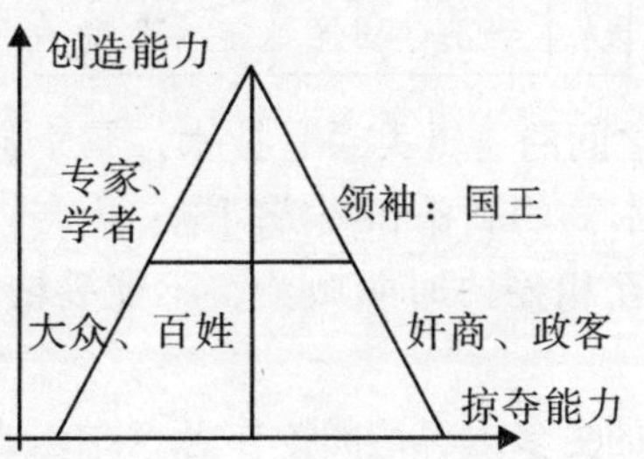

把上图运用到封建、垄断时代或没落的资本主义时代，则迁移能力演变成掠夺能力。

创造与迁移之别

为什么人们常说“费力不找钱、找钱不费力”？作者算是找到答案了：在分配制度漏洞百出的时候，精明人直接参与分配，所以有“找钱不费力”；而厚道者埋头搞生产、为人作嫁衣裳，所以有“费力不找钱”。

结合前图，补充表达如下：

1. 由于，人类在做两件事——生产和分配。

2. 因此，人类有两种能力——创造和迁移。

3. 厚道者努力做生产和创造，精明人一心参与分配和迁移。

4. 埋头搞生产和创造的“费力不找钱”，直接参与分配和迁移的“找钱不费力”。

5. 民主管分配，科学管生产；民主讲公平，科学讲效率——所以有“五四”运动两大“旗帜”——“德先生和赛先生”。

6. 落后国家人民素质比较低，因此搞“精英治国”，然后“精英当道”，所以民主和分配问题一直解决不好，于是关系复杂、社会混乱，甚至时不时闹出些“动乱”“示威”出来，先进国家民主和分配问题解决得比较好，所以大家可以一心搞生产、社会比较有效率。

7. 泽尧以前反感搞什么“人文社科”，认为那些人不厚道、不搞生产；可是后来发现，分配的问题不解决好，厚道者弃权不参与分配问题的优化，结果是你自己也没法很好搞生产。

8. 举例说：对大客户——尤其是垄断企业大客户搞业务的人，其与“分配”二字隔得比较近，所以赚钱就会比较容易——你看他陪喝酒陪吃饭、搞应酬、谈价钱——无非是你多我少或你少我多，搞的就是分配嘛！——甚至免不了谈“回扣”，担待着违法犯罪的风险！

9. 不妨看看作者的超级管理学——

李泽尧超级管理学：管理的人事要素与境界

	事	人
事	技术：道理	经济：利益
人	经济：利益	政治：武力

如上图所示：事与事之间的逻辑关系是技术，属于自然规律的范畴。人与事之间的关系主要是“以人为本”的利益和经济问题；人与人之间的关系则主要是分配问题——良性谈判、可以互相妥协时叫政治，不能妥协时则讲究武力（军事和战争）。

有关《超级管理学》的更多内容请阅读作者《中国式制度管理》及《有效管理十八项技能（白金版）》等著作。

分析运用：创业者的四种类型

很多真正有品牌的企业领导者都是既有创造能力又有迁移能力的人。

一位朋友常奉劝他身边的人：“某些品牌企业你不能去，别看它在外面名声很响，其实它的内部管理非常刻薄。”的确，如果你想“舒服”就别去。但是，如果你要学管理，你还真得去这样的企业才行！

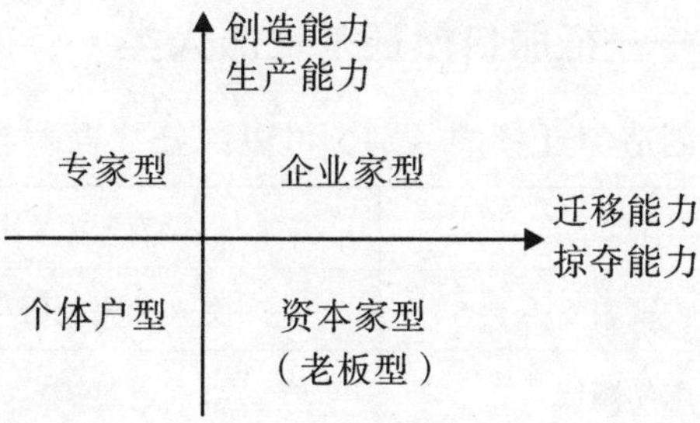

然后有朋友同我讲：“废话，做老板的，不刻薄，不要你去奉献，他怎么才能把企业做大呢?”显然，这位朋友把问题说得绝对了一点，上图所示的专家型创业者就不同啊！——专家型创业者靠的是自己的发明创造作核心竞争力。

当然，的确存在“唯利是从、唯抠是行”的抠门的老板，这种老板就是上图所示的资本家型（又名老板型），它的特点是迁移能力强，自身的创新、生产能力差的人，正如朋友所说的，这种老板，“不刻薄，他怎么能让企业存活下去呢?”

这正是我常常奉劝那些能力尚且不足，未到火候的朋友，“别去做老板坑人”的原因。

我认识一位朋友，他就非常反对那些创造和生产能力不足的人，轻易去开家公司，他说，看看美国人、欧洲人，公司做到多大？每个人都想做老板，结果是我们的企业常常做不大，我们的民族竞争力上不去。有那么一点蝇头小利就去开家公司，想到的只是如何去抢得那点利益，但却很少去认真定位自己企业的使命，从而只有恶性竞争而没有企业战略，最后是都做不大。

管理有如管家，什么“量入为出”“精打细算”，都是管理的妙诀。于是创造能力、生产能力强的人可以“向外”要效益，向市场要效益，而迁移能力强的人则“向内要效益”，“在员工身上精打细算”。

我们谈管理，一定要客观，不能护着企业，也不能同企业对着干。

若不能把员工搞成“曹操吃鸡肋”的状况，只能说明这个老板或管理者管理手腕还不够，水平还不够。

台资、日资企业管理比较细，而中国人大多感到台资、日资企业比较抠门儿，这显然是有内在必然性的。

让你把钱拿得那么舒服，在老板和股东看来，那就是管理者的失职。朋友的老婆在一家著名的跨国公司工作，他说：“她们的工资的确不低，但是做得很累，压力很大，不是那么好拿的！”

专家型老大向外要效益，所以孩子（员工）被骄纵，这同“慈母养败子”的古

训不谋而合。

老板型、资本家型的老大向内要效益，在员工身上精打细算，结果倒造成了“严父出孝子”“严师出高徒”的结果，你要学管理，就得进入这样的公司。本人就是在这样的公司学得如何将一张纸两面写字的“节约方法”的。

某老总能力并不低，但他的企图心更高，结果仍然是力不从心，成为了老板和资本家型的老大，只能在员工身上精打细算。

商贸与农工之别——征服自然还是征服人类

基于生产与分配、创造与迁移的区别，可以区分“商贸与农工之别”如下：

农工（比如：生产）	商贸（比如：推销）
男人：靠征服世界去征服女人	女人：先征服男人而后征服世界
通过干活、生产产品赚钱	通过搞定人类心态赚钱
征服自然世界赚钱	征服人类赚钱
生产能力	迁移能力
吃透自然科学，面对自然	吃透人情世故，面对人性
大小，实业——质量	方向，一念之差——品牌
典型行业：大米、粮油柴米盐	典型行业：化妆品、保健品
酒香不怕巷子深	酒香也怕巷子深
只凭口碑、童叟无欺	眼球经济、广告先行
骗不着人，便也放弃骗术	两厢情愿，一个愿打一个愿挨
实实在在的产品功能	体体面面的消费感觉
满足人类的自然需求	追求刺激人性的创新需要
生存	切中人性的弱点
理性消费者	发展
厚道者：实事求是	感性消费者
聪明：技术发明、先进工艺	精明人：见人说人话，见鬼说鬼话

两者对人性的要求是不同的，农工只要聪明即可，而商贸却需要一个人必须精明。如下图所示：

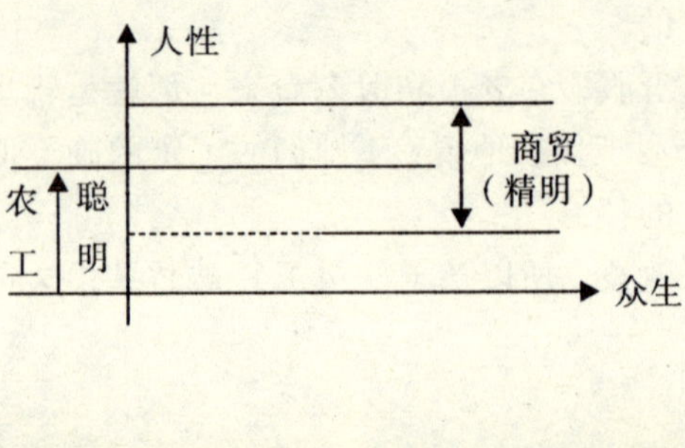

企业两件事：生产与分配

在企业内部，搞生产的部分叫管理，所以有“生产管理”；管分配的部分叫治理，所以有“企业治理”。从国家的层面来看，企业搞生产，所以叫“企业管理”，政府管分配，所以叫“国家治理”。如下图所示：

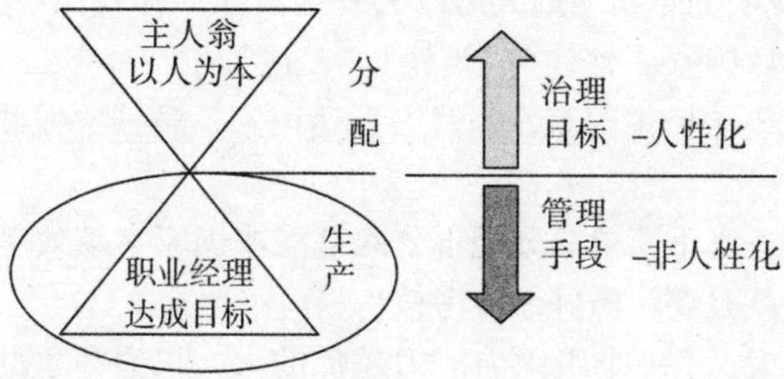

显而易见，管分配的人隔利益比较近。比如政府官员、企业里面的业务员，他们就与分配比较近。

难怪，有很多精明的人知道并喜欢直接参与分配。

挣钱去发达国家，整钱去落后国家

分配不公的是混账国家，绩效考核不好的是混账企业

1．原来我是想说“挣钱去发达国家，花钱去落后国家”，但是仔细一想不对，落后国家里面有的人挣钱比发达国家的人还要快、还要爽呢!！聪明、能干的人去发达国家虽可以挣几个钱，但是那也只是辛苦钱而已！要是你有一副混世魔王、精明狡诈的本事，你去那样的鬼地方干啥子！

2．但是，“花钱则一定要去落后国家”！一位朋友在加拿大，言谈之间，自然说到他的别墅，同样自然地，我问他“有保姆吗？”他说“没有！在发达国家，请保姆可是一件奢侈的事情哦！”“嗯！”

3．可见，发达国家有什么好呢？我建议他常回国来走走，尤其来成都走走。你想想，有个几万块，要是去东南亚某国的话，据说老婆都可以娶好几个了！

4．推开去看，我们会发现，精明——混世魔王一类的人才，就不应该去发达国家，因为那些国家制度太健全，人治的空间太少，有什么好玩、好浑水摸鱼的呢？哪些人适合去那个鬼地方呢？聪明——技术型人才、专业人才！

5．换句话讲，技术型人才、专业人才——智商比较高、情商比较差的人，就应该适合去发达国家！因为在那里，他们的民主建设已经很到位、乱七八糟的东西比较少、人际关系比较简单（至少是比较少搞来搞去的空间），所以不太需要情商、不太需要精明，大家规规矩矩、认真做自己的事情就好了，而后就过他的清闲日子。在这样的国家，就会比较有效率，所以做事适合去这些国家。

6．若想享受生活则应该在落后国家！在落后国家里面，贫富悬殊比较大，就会有人愿意在很低的价格、很低的回报的情况之下，帮你捶背、捏脚甚至于搓背……

就更不用说什么“有人前呼后拥”、“有人阿谀逢迎”了！

7. 据说中国有意向要建设“橄榄型”分配体系，我有时在想：那些贪官污吏、腐败分子、既得利益者，怎么会同意、怎么会愿意看到这种情况发生呢？一天到晚歌舞升平、麻将人生、醉生梦死多好呢？都像发达国家那样辛苦干活还过着“清闲”乃至清寒的日子，有什么意思呢？

8. 总结一下：聪明而不精明的人可以去发达国家“挣钱”，精明乃至混世魔王一类的人则应该在落后国家“整钱”“捞钱”“A钱”。

9. 结论是：“做事去民主国家，挣钱去发达国家，整钱去混账国家，享受去落后国家。”

10. 看来，问题还真不简单。分配不公的是混账国家，绩效考核不好的是混账企业。对企业而言，就是要：做好绩效考核！

11. 难怪张维迎说：“一个组织内能力越低的人，权力斗争的积极性越大，产权越模糊的组织，权力斗争越严重。”

基层搞生产，高层管分配

搞生产的，说真话，才有大自然好的报应，所以养成了真诚、说真话、诚恳的性格；

玩分配的，说假话，才能防备对手的攻击，所以养成了奸诈、说假话、虚伪的习惯！

就整个社会而言，基层百姓搞生产，非常辛苦，累得半死，靠的是体力；高层官员搞分配，十分残酷，靠的是心机！

生产叫管理，分配叫治理。企业叫管理，国家叫治理。对基层，人们做管理；高层，人们做治理。

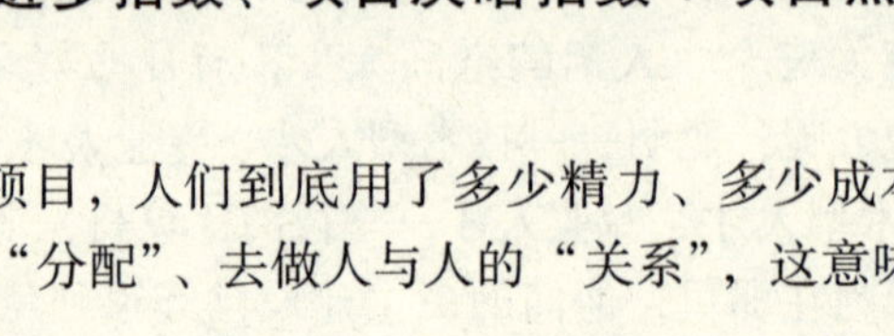

新概念：社会进步指数、项目灰暗指数＋项目黑暗指数＋社会糟糕指数

一个社会、一个项目，人们到底用了多少精力、多少成本来做“生产”，然后又用了多少时间去做“分配”、去做人与人的“关系”，这意味着一个社会、一个项目的进步程度！

落后国家，分配的事情没有搞好，一天到晚要花很多时间去搞分配，诸如军阀混战、国家内战、人际关系、跑部前进、思想改进、洗脑、大会小会、喝酒吃饭、公关与攻关、拉帮结派。

假如分配的事情搞好了，大家就可以比较单纯，把主要精力放到工作上去、放到生产上面去，而不是总在搞人的关系、做人之间的分配。

泽尧关心问题的是——问题的关键：真正干活的人能够拿到多少钱？

参考阅读文章：《中国工人生产一台 iPad 仅获 8 美元收入占售价 1.6%》（百度搜索可以看到此报道）

李泽尧管理新概念：社会效率指数

1. 银行效率指数 = 存款利率 ÷ 贷款利率——显而易见：当一个社会存款利率很低，而贷款利率很高的时候，这个社会的银行显然是没有效率的。

2. 政府效率指数 = 在编在岗率 × 工时百分比 × 有效工作率。

在编在岗率 = 在岗人数 ÷ 在编人数；

工时百分比 = 在岗人员实际在岗时间 ÷ 在岗人员应该在岗时间

有效工作率 = 有效工作时间（总工作时间 - 形式主义应酬等等的时间）÷ 总工作时间

3. 社会效率指数 1 = 生产成本 ÷ 销售价格：

社会浪费指数 =（销售价格 - 生产成本）÷ 销售价格

农民为什么不愿意种粮食、不愿意养猪、不愿意种蔬菜？我在重庆农村了解到，养猪的结果是除了成本，没有多少赚的——要是再算上劳力钱，养猪根本就是亏本的生意!! 可能有人会说，那我们吃的猪肉哪里来？——产业化、饲料养猪，然后，你吃不到绿色猪肉。不瞒你说：这次春节泽尧回老家就拿到了一些亏本养出来、然后杀来自家吃的农家绿色猪肉，几十斤，从重庆弄到成都，够辛苦！有报道说，蔬菜价格是在进城的最后三公里涨上去的！这说明了什么？说明生产成本在整个销售价格中的比例太低了——这什么意思呢？那就是：干活的拿不到钱！这可不是小问题!!

4. 社会效率指数 2 = 出租车司机月收入 ÷ 出租车月营业额——道理是一样的：干活的人到底能够拿到其中的多少钱!! 这是一个社会有没有效率是最直观的角度和证据!!

5. 社会腐败指数 = 专项资金实际用到“雪中送炭”金额/专项资金行政拨款总额：有没有层层被盘剥，这是问题的关键。

社会进步指数

$$社会进步指数 = \frac{生产费用}{总经费}$$

$$项目灰暗指数 = \frac{业务费用}{项目总经费}$$

问题的关键：真正干活的人能够拿到多少钱？

以上概念，你乍一看，可能会觉得牵强乃至无稽之谈，但是仔细想想，或许你会发现，管理的关键、问题的突破口，就在这么一些看似简单的地方！

人类三件事情：生产、分配、玩耍

人类忙碌三件事情：生产＋分配＋玩耍

人类在忙碌三件事情：生产＋分配＋玩耍，它们分别对应于“经济＋政治＋文化”三个坐标。北京是政治和文化的中心，所以北京主要在管全国人民的“分配和玩耍”。大概中南海就是分配调控的决策中心，利率调整、收入差距的缩小，都是那里的人拍板。而影视制作、演艺明星大都聚集北京城，再加上“天上人间”，大概就是玩耍的代表了！至于长三角、珠三角、环渤海嘛，则是中国的几个经济中心，在那里，他们主要是埋头搞生产。

在企业内部，搞生产的部分叫管理，所以有“生产管理”；管分配的部分叫治理，所以有“企业治理”。从国家的层面来看，企业搞生产，所以叫“企业管理”，政府管分配，所以叫“国家治理”。

搞生产与自然作斗争，靠智商、讲科学、懂道理，最大的问题是不够科学、没有效率——聪明足矣；

搞分配与人作斗争，靠情商、讲政治、懂心计，最大的问题是缺乏公平、没有公道——必须精明；

搞玩耍与自己作斗争，靠身体、拼激情、整情调，最大的问题是身体不好、激情不够——必须强健。

人类三件事情、三种智慧、三种能力

1. 调查显示近50%受访者认为春节应酬系形式主义。

2. 应酬最多的人首先是“单位领导”，其次是“公务员”，第三是“销售人员”。

3. 为什么呢？其中的道理在哪里？

生产	科学、技术：效率、道理 客观、就事论事：君子之交淡如水 辛苦、芸芸众生：各为其主、人性下限	道理、科学 辛苦
分配	欺骗、抢劫、利益集团：狐朋狗友、狼狈为奸、结党营私、帮派、你死我活、间谍、奉献、忠诚 民主、交换、工商文明：一份付出一分收获、等价交换、斤斤计较、自古商人轻离别、人为财死 中产阶级、自力更生、独立自主：感情淡漠	人情、面子 现实、残酷
玩耍	志趣、情感：臭味相投、情结、依恋、爱好、喜欢、最爱、投机、执着、偏执、知己、士为知己者死、殉情、死而后已 价值观、思想：潜移默化、教化、洗脑、灵魂工程师、思想统治玩弄 感情：被人利用、感情管理、憨厚、有输入就有输出	情感、 爱好快乐、痛快

泽尧说“生产是手段，分配是目的。分配是手段，玩要是目的。”从中知道，人们、“领导”——作为一个人而存在的领导，他的“最爱”是什么，就是不言而喻的了！

生产让人麻木、冷漠；憨厚。分配让人敏感、敏锐、精明；玩耍让人感性、放任、多情。

在生产之中，人与人之间产生不了“感情”，因为：道理、科学大于一切。

搞分配的人，人与人之间结成利益共同体，可能会“攻守同盟”“生死与共”。

搞玩要的人，可以进入他人的身心世界，得到他人的感情，纳为知己，奉为最爱。

搞生产面对客观世界、运用自然科学，1+1=2，客观、实事求是、迂腐、认真、较劲。

搞分配面对人类群体、运用人文艺术，主观、利益主体、见人说人话见鬼说鬼话、灵活、变通。

搞玩要面对人类情感，运用感情魔术，精神世界。

其实，玩要也是一种能力。麻将你会吗？斗地主你会吗？真是得“活到老学到老”啊！

什么叫发达国家

人们喜欢用GDP来表示一个地区、一个国家的经济发展水平，然后，无意之间，便把它作为是否发达的依据和度量，实际上，这是非常偏颇的。

泽尧认为的发达国家，是以是否让整个社会的分配，能够应对、对应于生产的人，然后，大众的玩要和消费是否较高，如下表所列：

	非常落后	落后	一般	中等发达	发达
生产	20%	40%	50%	80%	95%
分配	80%	60%	50%	20%	5%
玩要	E	D	C	B	A

A. 发达国家——人们安居乐业，搞生产和创造的人获得社会财富之95%，而搞分配不做事的寄生虫，则最多不超过5%，整个社会不需要精明、不需要奸诈、不需投机钻营，因为你搞这些本来就没有机会，大家一心一意搞生产、创造和发明，在这样的社会，知识分子、专业人才，中产阶级都从容不迫，既忙又不忙——只需各就各位、埋头踏实做好自己的本职工作、专业工作，便有一份非常不错的收入和生活质量。在这样的社会，不需要养太多的军队，公务员既少得可怜，而同时，也没有作威作福、巧取豪夺、贪污受贿，瓜分公共资源，优先分配福利房、保障房的机会。

E. 落后国家——分配不公、贫富悬殊，真正搞生产、创造和发明的人，只能获得社会财富之20%，80%的社会财富被贪官污吏、经纪人（所谓的服务行业）、军队、打手、流氓、混世魔王、投机钻营、不创造价值的寄生虫所占有，然后“朱门酒肉臭，路有冻死骨”，然后“挣钱不费力，费力不钱钱”；干活的人，搞生产的人，只能拿到整个工程项目经费中分给人力部分的20%，而其中的80%被项目的层层转包、回扣、招投标中的行贿受贿、请吃请喝、应酬、陪吃陪玩等挥霍掉了。于是，到了施工和生产的最后环节，小包工头在那里“巧妇难为无米之炊”的情况之下，便只得偷工减料、制造“豆腐渣工程”、克扣农民工工资，让农民工一辈子没有“富起来”的机会，有样学样之后更有拖欠抵赖工资，成为宁可高薪雇用打手来“收拾”农民工的无良老板。在落后国家里，皇帝可以有三千个“老婆”，贪官可以拥数十名情妇。有钱人穷奢极欲、“把奢侈品当白菜来买”，而辛苦且贫穷的农民工在城市建设中日晒雨淋几十年竟买不起一套小镇上的房子！

所以，泽尧认为，认定一个国家是否发达，应该以这个国家，是否分配与生产、创造相对应，搞生产创造的人，到底得到这个社会财富的百分之多少，如果你认为这种认定很困难，那么，不妨去考察我们身边各行各业、各种公司，你接的“订单”之中有多少是原材料成本，多少是人工成本，然后，多少是回扣、多少是关系及应酬……

具体一点，一个公务员，一个月下来，到底有多少个晚上是安安静静在家陪家人吃饭的？一个官员，一个月有几个晚上是和家人、与工作没有关系的人一起吃饭的？一个业务员，到底一个月花了多少时间在请人吃饭上？

一个房地产项目，拿地多少钱？公关、攻关多少钱？接下去招投标花了多少钱？

有人说了，走关系——不搞生产，直接搞分配——其实也很辛苦，因为有权有势的人就是等着吃你呢！

有人说一个100万元的工程设计项目，至少得花30万元左右的签单前的投标攻关。

一个著名民营企业的××部门经理说，就我所知我们这个“行业”，至少经手出去的合同金额的20%～30%，就是个人的工资外收入，一般都在25%左右吧，他补充道。

一个民营企业尚且如此，要是一个垄断企业，不知更将去到何种程度！

什么叫肥缺？什么叫清水衙门？在你的部门——在你任职的岗位上，花出去的钱越多，那么，基本上你才可能成为肥缺。一个钱都不从你手上出去的部门，谁要与你做“朋友”？

这也就难怪，精明的职业经理人，喜欢搞采购，“从采购经理做起”——注意，重要的不是这个叫不叫采购部，重要的是你去的这个部门每年、每月花出去多少钱！什么供应部，什么招投标小组，也都是一个“意思”哈！

这也就难怪，民营企业老板，一般都会把采购等工作抓在自己的手上，或交代自己的妻子、舅子去“打理”！不过就我所知道的，成都有一个民企老板，连他的侄儿做采购，也是极其大胆地吃着回扣！为什么？因为那些搞销售的会教他——教唆他！钱嘛，有几个人不喜欢呢？这就好像美色，有多少人抵挡得住呢？

那么，是不是这一切都没得救了呢？不是的！制度、流程、接受检查和监督、建立法制企业和法治社会，这是唯一的出路——当然这其中有一个关键，那就是全体人员——人民的进步，老板的“觉醒”：要懂得防范小人，恰如泽尧所说：“做人做君子，管人管小人”。任何代理人、职业经理人，任何公务员、政府官员——他们应该算是作为股东的人民的被委托人、代理人。股东（人民）以及老板，要学会去监督、检查他的这些代理人。

搞经济比较辛苦

搞生产是经济坐标，管分配是政治坐标，搞玩耍是文化坐标。不搞生产而直接得到分配资格，然后就可以玩耍，那是最爽的！只有搞生产，那是最辛苦的！当然，搞政治也很残酷——甚至发展为战争（所谓战争，就通过战斗争夺利益——即分配的原始方式）！

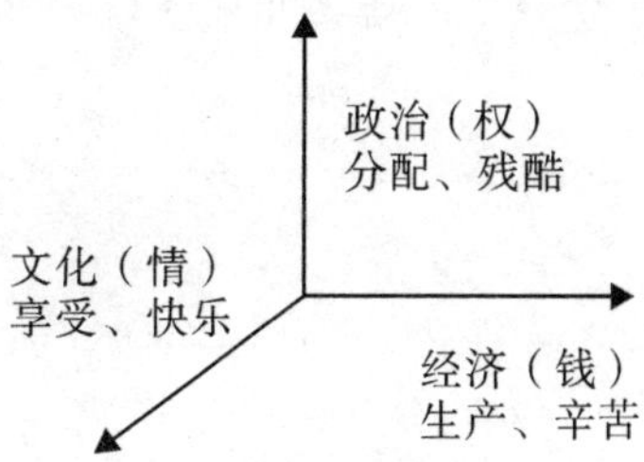

延伸：孩子“读工科好，还是文科好?”

1. 理工科是建设房屋的毛坯房，文科则是搞装修、装饰。

2. 理工科搞生产，社会学科搞分配，人文学科搞玩耍。

3. 搞生产的理工科单纯、厚道、就事论事、跟大自然作斗争；搞分配的社会学科精明、狡诈、算计，跟人作斗争；搞玩耍的文科浪漫、多情、感性，跟自己搞斗争。

4. 但是，有人用文科去玩耍别人，把别人玩晕、玩到感动——带给别人“精神享受”，然后把利益弄到了自己的手上。

5. 理工科找钱是“双手去挣”，社会科学找钱比较容易，采用的是“占”，人文学科把人玩晕，简直就是在玩耍中把钱弄到手。

6. 看看工人农民技术员，搞的就是“挣”的营生；看看贪官污吏以投机专营者，弄的就是“占”的伎俩；再看看歌妓、三陪、娱乐界人士，玩的就是琴棋书画。

7. 理工科、西方讲究科学，文科、中国人讲究智慧；而且，很多中国人都认为智慧高于科学，为什么呢？道理很简单：科学只是一根筋在搞生产，你单方向进攻很辛苦；而我人文、社科直接搞分配，把你手上的钱直接弄到手，玩的是田忌赛马、博弈、讲究策略——实在是技高一筹，你连想都没有想到。

8. 男人理性、阳光、身强体壮，适合搞生产、学理工科；女人感性、阴柔、弱不禁风，适合学文科。

9. 男人靠征服世界来征服女人，女人靠征服男人去征服世界。男人玩的是西方式的、单向思维的科学，女人玩的是东方式的、陷阱一般的智慧。

延伸讨论阅读：《哈工大教授称文科生反科学挺中医将贻害社会》

趣味阅读：素质差的人才能当官，美国也不例外

1. 才几天前，有《麦凯恩声称：钓鱼岛是日本领土　这是美国政府的立场》。
2. 这个人是共和党参议员，前美国总统竞选者，似乎“差一点就当总统”了！
3. 素质差的人才能当官，美国也不例外！
4. 搞分配、不搞生产，只需要流氓和政客，要素质来做什么？

参考案例见：

《麦凯恩在北京改口　称美国对钓鱼岛问题不持立场》。

第4单元　感情是玩出来的
——分配的目的是玩耍：公关的真相

引子：女人为什么喜欢猪八戒？

约十年前听到说女人喜欢猪八戒，大为震惊！

十年来观察到的事实，印证了这个“科学论断”。

最近终于明白了为什么。

当然并非所有的女人都喜欢猪八戒，但是的确很多女人都是喜欢猪八戒的。

对我们很多优秀如孙悟空、打遍天下无敌手的男人而言，实在感到不解乃至嫉妒！多年努力拼搏，满以为可以招引女人的目光，获得芳心，没想到，她却和猪八戒搞起了小动作。

为什么结局会是这样?!

相对于男人而言，很多女人比较弱势、比较在乎别人对自己的评价和感受，女人在男人面前，就像古时候的媳妇面对公婆，或多或少低人一截，于是，猪八戒的嬉皮笑脸，就像一个领导同手下吃饭的时候，说一些“荤段子、黄段子”是一样的，会让手下觉得“平易近人”“没有架子”——总之，比“严肃”“耍酷”“莫测高深”乃至“喜怒无常”要好得多。

猪八戒的为老不尊、没有见识、不正经，被很多女人们推崇为幽默、随和、有生活情趣。猪八戒的一些自找没趣的动作，女人也开心得不得了，为什么？因为那足以证明自己的聪慧！

像唐僧那样，“不近女色”，眼不看、心不动，在女人看来只怕不过是冷漠、“不知道心疼人”、木头、不近人情、不懂情趣而已。猪八戒虽然被孙悟空一再说成是“呆子”，但是在女人看来，只怕要数孙悟空唐僧师徒二人才是真正的呆子呢!!

英武、雄风、能干、打遍天下无敌手，孙悟空按道理似乎应该被女人喜欢——至少，我们很多男人是这样想的。其实是误会!! 幼儿园、小学时候，女同学与他平起平坐、是竞争对手——可是，他哪里知道，二十岁、三十岁、四十岁以后，他心目中的“对手”竟然是“假想敌”!!

假想敌存在不存在不重要，重要的是，你的心思、焦点，完全是“事与愿违”、偏离了目标、失去了焦点，就像打靶一样，子弹都已经不在靶上了。

何况，泽尧所谓“人类三件事情：生产、分配、玩要”当中，玩要才是目的！男人命苦，孙悟空更命苦，天天打打杀杀，一心忙于生产和分配，把玩要丢到脑后——像这样一个工作狂、事业狂的男人，简直是本末倒置。而猪八戒却“捷足先登”，因为他知道，生产和分配的目的不就是玩要吗？所以，他在把工作应付得过去之后，就一心扑在玩要上面。

全国各地都有“妇幼保健院”，而且似乎是政府行为设置的——人们所谓“妇女儿童”！为什么喜欢把“妇女”和“儿童”放在一起，远远不只是因为女人在儿童成长中承担了更多的责任，还有一个重点和共性，那就是：玩要、感性——因为玩要而流连忘返、因为感性而“活在当下”。

据说，四川就有一个男人，工作不怎样、事业不怎样，甚至不知道“家”在哪里，四五十岁好像连房子都没有，可是他在两个被周边人们视为“优秀女子”之间“脚踏两船”，“如鱼得水”！今天那个女人把他接过去，过几天这个女人把他接过来，每每这个时候，另一个女人还心有不甘，指望着过几天能够他再回来。看到这个情景，身边几个有事业的男人甚为不解！

后来，有一位小兄弟分析得似乎很有道理：没有事业心的男人，就像猪八戒，往往把他全部的精力用心在女人身上，无论是“实时”“实切”“温润”的甜言蜜语，还是“掏心掏肺”的“热切关怀”，以及精力十足、感情饱满、体贴入微的“照顾”和“互动”，都是事业型男人所“望尘莫及”、无可比拟的！“你是我的唯一！”对于那个男人而言，真的就是事实。该种男人对于女人而言，开心、满足，是不言而喻的！也就难怪两个女人会“舍此何求”！而像我们这些所谓“事业型的男人”，不但没有“全心全意”去爱女人，甚至还把女人放在“事业”的后面，恰如人们所言的“成功者都是偏执狂”。

是啊，猪八戒就没有“偏执”，不像孙悟空那样只知道“降妖除魔”，而是一路上欣赏风景、享受生活，对出现的无论是民女或是妖精，他会“既来之则安之”，“兵来将挡”，“概括承受”。

要知道，玩要、吃喝玩乐，是人与人的共性，而生产要靠专业、分配要靠权谋及机关算尽——所以，搞生产和分配，只会让人与人产生距离，而唯有玩要，才会拉近你和她的感情。所以你要知道，猪八戒很懂得“求同存异!”——这就是“沟通”二字的秘诀。然后泽尧告诉你：“感情不是谈出来的，感情是玩出来的!”你跟领导之间的“攻关之道”不也是“好一个‘玩’字了得!”？

然后，你就知道，社交、应酬的男人为什么要抽烟了：因为那是共同语言，二人相对，没有话说的时候，砸吧着过滤嘴，时空就不再窒息、交流就没有停顿，然后，尼古丁产生的迷幻作用，让世界浑然一体，让你我不再有距离。

类似地，酒的作用也是两个部分："感情深一口闷"，在有点晕乎、面红耳赤的时候，大家"以酒遮面"，平时不敢说、不便说、怕伤自己自尊或冒犯对方尊严的话，这个时候大可以"推心置腹""交心"了！于是，理性的面子、人格、尊严开始融化，感性的"性情中人"跃然出现！然后就是酒精的作用，与尼古丁的迷幻作用类似："酒逢知己千杯少"，时空被融化，人际隔膜被融化，这个时刻，你才真正体会到什么叫"知己"……

女人为什么喜欢猪八戒？

与其说是女人喜欢猪八戒，不如说是：女人更喜欢自己、更喜欢玩耍、更喜欢自在、更喜欢活在当下，然后才是喜欢猪八戒的实在、真切、为我所用——问题的关键是：至少，女人不喜欢孙悟空——不喜欢跟孙悟空在一起（一起玩耍）。因为：孙悟空以自我为中心、不会互动玩耍、没有生活情趣！

启示：业务员感情攻关之道

于是，"业务员感情攻关之道"也就"潜伏"在这里了：

1. "天上人间"为什么可以名动京城，达官贵人何以会趋之若鹜，玩耍岂止是女人、儿童的天性?!

2. 名誉、地位，何用之有？生产、分配，目的何在？按照泽尧的说法，搞生产"辛苦"、搞政治"残酷"，那么"辛苦、残酷"为谁而来？其实也就是指向一个地方：玩耍。

3. 贪玩是人类的天性和共性，打开感情之门的"按钮"，就隐藏在"玩耍"这个地方。要是再结合一下弗洛伊德的理论，我们就应该了解到：有关"性"的玩耍，人们会更加"前仆后继、死而后已"。于是你看到，那些倒下的贪官，几个不是把钱拱手送到"情妇"那里？把玩耍发挥到"妖精"的地步，那就简直是所向披靡、无坚不摧了！

4. 泽尧说"感情是玩出来的"——要做业务高手，你就必须学会玩耍之道、喝酒抽烟——会玩耍的人才有资格去交流感情、才有资格跟人分享体验。

5. 小时候，你的父母反对你玩耍、怕你会玩耍，那是在担心你沉湎其中、不能自拔。泽尧现在叫你学会玩耍，乃是有一个前提：你已经成年、你懂得自律——你知道玩耍只是你"征服他人"的手段！

6. 如果不发生战争，人类生产力继续提升，可以预期的是：未来时代，歌舞升平之下，玩耍将更加会大行其道——中国人目前都还在兴高采烈地忙着挣大钱，因为前一代穷怕了，前些年生产率低挣钱难！你等着看吧：十年之后，看歌舞剧、听音乐会必将会是"富二代们"的一种"高雅"和"时尚"。

7. 古代名妓需要"琴棋书画样样皆通"，你作为未来的业务高手，到底拥有了几项玩耍的"看家手艺"呢？麻将？斗地主？桥牌？高尔夫？足球？NBA 轶事？

8. 业务员陌生拜访一位老总的时候，看到他桌子上的足球报，于是他回家花了一星期时间研究"足球之道"——注意，主要是相关新闻会涉及的赛事、球队、球星、比赛规则、近期比赛中的亮点等等，不一而足，一周以后的第二次拜访，很快被那个“客户”纳为“知己”！

9. 中国人信奉“搞定了人，就搞定了一切”！国外营销专家说“推销产品之前，先把自己推销出去”也是这个道理。

10. 不要说泽尧不正经！不要说这个社会已经够乱了，你还讲这些个鬼理论?！其实，小说里面比我讲的更加栩栩如生！

11. 不妨看个故事：在北大校园给我们重庆GD银行干部讲课的时候，有学员问我“有两个大客户，两家银行都在攻关，李老师，有什么办法让我们去搞定这个客户?”我告诉他：“搞事是技术、搞人是艺术。把你的服务做好、把你的‘生产质量（广义的）’提高，这是正道；但这些个东西在中国可能是远远不够的，接下来就是对人攻关的问题——搞定人的问题了！”他说“是啊是啊，想知道的就是，如何搞定人啊！”我给他的回答是“一定要知道：感情是玩出来的！从玩耍这个地方入手大概是捷径了！——不过我必须给你指明的是：搞人是零和游戏，不创造价值——即便我告诉你更多捷径和绝招，你所能做的一切，大概别人也可以做到，于是结果呢，就会像《西游记》里面的孙悟空跟孙悟空斗法，没有绝对的绝招，肯定是胜负难分——本来嘛，既然你搞事的技术并不比人高出一筹——既然不在做事上面下工夫、不遵循‘一份付出一分收获’，那有什么理由、有什么公道就一定要让你赢呢?既然不搞‘生产’搞‘分配’，就得讲公平嘛！何况，钱要大家挣！”

12. 于是，泽尧真正想告诉人们的是：（1）贪玩的确是人类的天性，攻关之道就在这里；（2）生产才创造价值，分配只是零和游戏。而我们中国人到底花了多少时间搞生产?要知道：业务员、销售工作中的“把人搞定”部分，可不是搞“生产”，而是在搞“分配”啊。

感情不是谈出来的，而是玩出来的！

感情是玩出来的，不是谈出来的！——成都一个做培训的老朋友春节聚餐时分享了某北大教授的两句话，其中一句“感情是谈出来的”我记得清楚。因为我私下告诉坐在身边的这位朋友：“感情还真不是谈出来的——感情是玩出来的！跟小孩子玩得爽，你就是他的朋友。谁跟领导吃喝玩乐到位，谁就是领导的知己！”

公关与攻关的秘诀：“感情是玩出来的”——不要以为“玩很简单”，能玩，其实是一种能力！你会玩吗?琴棋书画、诗词歌赋、烟酒茶、麻将斗地主，把人玩爽、与人玩爽，还真不容易！若你有这个“天赋”，那就不必天天辛苦搞“生产”了……

按照这一理论，做父母的就很为难了！——让孩子会玩嘛，又怕玩性太大、收不回来，不让他玩嘛，又可能太老实、憨厚，太过实在，在未来没有竞争力！

问题的关键在于：一方面，要有玩的能力，另一方面要有控制能力——要能“提得起放得下”。

要命的是：在泽尧关于“人类三件事——生产、分配、玩耍”中，“玩”却是目的呀！何况在未来社会，随着人类生产力的提高，加之现实的、几乎算是唯利是图、跳出了信仰的“偏执”的人们会更加学会了妥协，分配将越来越有序化、破坏性的战争将越来越少，然后，享受生活——玩，会越来越成为一种时尚！

感情是玩出来的，不是谈出来的

1．老同学聚会，麻将连天，你不会玩……
2．一次、两次，他们除了麻将，别的没有多少乐趣
3．最后，你成了多余的人……
4．感情是同乐、玩之中产生——感情是玩出来的
5．跟领导玩一玩、玩到一处，据说“效果不错”？

何谓文化？——玩耍是人类最大的共同语言

所有的玩耍项目包括体育、杂技、表演、泡妞、卡拉OK、麻将、斗地主、赌博、抽烟、舞蹈、游戏、桑拿、保健……看看身边那些夜以继日、夜以继日的玩耍者，无不是在消耗身体、与自己做斗争、加速新陈代谢！靠身体、拼激情、整情调，最大的问题是身体不好、激情不够。

不玩耍，不懂得玩耍，就是“没有文化”！

感情是玩出来的，不是谈出来的。一起玩，玩到爽，亲近、感情油然而生。搞哲学的谈感情，搞艺术的玩感情！

案例阅读：《老人打麻将倒地身亡　旁人视而不见继续“战斗”(图)》

好一个“玩”字了得！——感情是玩出来的

从成都重庆乃至举国上下的麻将桌上，你应该可以看到：好一个“玩”字了得！

从人的感性、放任的一面，领导、任何人都是喜欢玩的。

对小孩子而言，只要你同他玩好，他就会视你为好朋友。对领导而言，只要你同他“麻将打好”，他就可能视你为“心腹”——大概，这是很多会搞关系者的共同体会——而在今年春节期间我的那些有个一官半职的同学、朋友“疲于奔命”的事实可以佐证这一点。

如图所示，有两个要点：

1．玩耍是生命之核心地带。

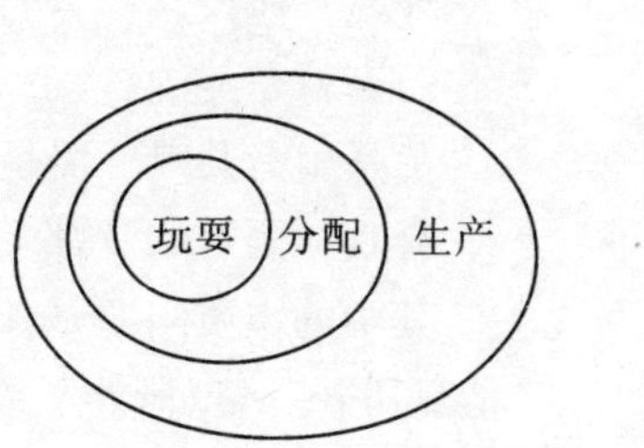

2．玩耍是温馨的，所以是粉红色的；分配是残酷的(见泽尧“超级管理学”)，所以用血红色；而生产是辛苦、惨烈的故为黑色。

案例阅读：《赢牌赢得高兴死了！7旬老人打麻将连赢9盘后晕倒死亡》

真可谓“死而后已”啊！

会玩——皇帝喜欢“与民同乐”

不妨观察一下小孩子，你会发现：谁与他玩得起来、玩得开心，谁就是他最好的朋友——被引为知己！

与其阿谀逢迎、丧失人格，不如与其“同乐”、乐在其中——而感情，则在娱乐中升华！

糖为什么甜？那是因为糖与能量、糖与生命之所需的能量，距离最近、浓度最大！

在人格同心圆那里，玩是属于最里层的东西！！

人更喜欢分配，不喜欢生产；人更喜欢玩耍，不喜欢分配。

为什么有“玩物丧志”，那是因为玩耍离人格太近。倒是，生产反而可以磨砺人格！！道理也就在这里。

延伸阅读：美是什么？什么是美？——美的本质

对美而言，任何的规律都是多余的。

所以：雪中送炭是美，久旱甘霖是美，干柴烈火也是美！个性有多强烈、生命力有多旺盛，美丑善恶爱恨情仇就有多明确、多深刻、乃至于多执着！

审美是一种执着，看美女会消耗一个人的能量

一个人喜欢的，就是美的。你喜欢，那就是美。

在“真善美”三个概念中，美，本来就是以个人为参照系的，详见泽尧著作《创造力》一书。

美是主观的——以个人为准的。于是，美是因人而异的。然后，才有百花齐放、满园春色！

“我选择、我喜欢”，代表的或许只是一种自作自受的负责精神，而泽尧说的“我喜欢，我选择”才是美的原则。

美是精神、心理、生理的一种共鸣。“频率范围”成为美的关键词。

环境、他人、社会的所作所为作用于你，当它们处于你的“频率范围”内时，对你而言就是美的。

美是生命共鸣。美是价值观的投合。美是“臭味相投”。

喜欢邓丽君的“那一代”老了吗？没有！因为，喜欢新一代歌曲的人们也会老去。其中的本质问题是：“那一代”人在其青春年少、风华正茂——关键，在他们“情窦初开”、生命处于最强音的时候，是邓丽君的歌曲陪伴着的！

审美和生命力有关：一桌美酒佳肴，对于一个没有胃口的人而言，无益是一种多余、乃至浪费。“美女当前”，对身体、心理有问题的人而言，也可能谈不上动心，他可能“心有余而力不足”，甚至有“犯罪感”“堕落感”“肮脏感”乃至“恶心”反应。1980 年前后，在峨眉山下报国寺里看到一本佛学书籍说“看美女会消耗一个人的能量”，当时深以为怪异、牵强、不甚理解，大病一场之后才知道，“没有

能量的时候，是没有兴致去看美女的”，或许由此可以反推出，看美女的确是会消耗一个人的能量的！

于是，欣赏美也是一种能力。琴棋书画，需要学习。要会欣赏，需要培养。

不过，美的欣赏属于一种消费和玩耍，带有玩物丧志的性质——事实上，在“真善美”三个概念中，求真、实事求是为了科学，科学才求真，按规律办事，解决的是生产和效率问题。善，则是人与人、群体之间的分配及行动协调问题，其中的要点是尊重和公平，或被认为公平。美则是生产和分配之外的玩耍、消费的范畴。

美是主观的，但是美具有客观性。

在除了精神、心理和生理的记忆和惯性之外，美是以一个人的“生存和发展”为中心、为标准展开的。也就是说，只有当环境、他人、社会的所作所为对他的生存和发展有利的时候，他才会认为是美的。

“美是主观的”指出的是：美与不美，是以一个人的精神、心理和生理的记忆及惯性为标准的，是一种条件反射、是一种情绪化反应、是一种下意识的反应。

“美具有客观性”指出的是：一个人的精神、心理和生理的记忆和惯性的形成是以现实的“生存和发展”为中心、为标准进行记忆和储存的。

“有奶便是娘”，对其生存和发展有利的，会慢慢变成是他的“美的”、会成为他的“频率范围”。

“太太会时不时做一道丈夫喜欢吃的菜！”——我们喜欢吃的菜是什么菜呢？饥饿年代的红烧肉、回锅肉，满口流油，“肥肉的油从牙齿间流过，那种爽、那种痛快”（见王跃文小说，是原意不是原词），还有母亲常做的菜种，伴随着美好的记忆，也常常成为一个人的“美食”。在我上大学、读研究生期间，每逢回家，母亲就会张罗磨豆花来吃。其实，当时那些年我都并不觉得豆花有多好吃。但是，十年、二十年之后，它竟变得好吃起来。

“吃的是一种记忆”，“美食”是一种记忆。其实，美也是一种记忆——一种深入骨髓的记忆：一种情结！！很多小时候吃的东西，后来就变成了“最爱”“情结”——她纠结你一辈子！

因为在一个人小的时候，他处于猛烈长身体的阶段，吃就非常重要！于是对于吃的记忆就会非常深刻、强烈！这跟一个人处于情窦初开年代对于歌声、尤其美女、异性歌声的痴迷、共鸣，而后成为一辈子的“最爱”“爱好”道理是一样的。

于是，如果你想让你的儿女、他人记住你、变成美好、变成一种“情结”，就请在不同的阶段施以——投之以不同的、能够产生生命共鸣的元素。

这也是，文学作品为什么总是离不开“两性、爱情、情爱”的缘故——因为，性是生命重生、再造的契机，是人性的最重要部分，是生命的核心地带和最强音！

“甜蜜”“那个女孩子很甜”——“甜”是什么东西？大概，生理化学会告诉你：“甜”是一种人体所最容易吸收的能量形式！！

“情人眼底出西施”！为什么？因为她甜！——她让你尝到了“甜头”。于是，你觉得她“美”。

闹了半天，“甜”就是“容易得到”？

“冷美人”美吗？不美！大家都说她美——那是因为她有一副“美学坯子”、一副美学原理的造型——可惜，那只是“客观的美”。但是，美是主观的——你不会感受到她的美，因为她对你很冷！于是你开始出现“酸葡萄心理”——“吃不到嘴的葡萄，是酸的！”

或许，爱虚荣的男人可以以“冷美人”为骄傲，而，唯务实的男人可以从小家碧玉、“我丑，但是我温柔”的女人那里得到温暖和甜蜜。

不过，女孩子得听清楚了：甜有一个缺点，那就是容易腻。所谓来得快、去得快。然后，理性的人吃维生素、吃酸、吃生涩。于是，“过来人”学会了做作、学会“大方”以外的“端庄”“亭亭玉立”。然后，要学“艺术”——恋爱的艺术、沟通的艺术。请阅读泽尧“艺术是什么？什么是艺术？——艺术的本质”。

美是主观的，然后，美就是感性的——于是，感性的女人、感性的人，会比较能够体会和感受美的存在，比较容易“流连忘返”，比较容易满足于“花花草草”“表面现象”、耽于声色——可能有人会说，“不对，男人更花心、女人更专一！”我来告诉你：女人顾家的原因是她比较缺少安全感；女人会把恋爱当饭吃；对男人而言花心只是事业之外的“业余爱好”！

专注于长宽高构成的空间是一种感性，而理性的人加入了时间坐标，于是发生了与局外空间的理性比较、理性判断和评判。

女人是投入的——习惯于闭着眼睛体验美，男人则睁大眼睛“有各种看法和理解”。女人更有禅性——此时无声胜有声、尽在不言中、“道可道非常道”。男人比较理性跳出，习惯做判断和总结。

“大隐隐于市”，泽尧认为，美不应该、也没有必要脱离生活。以上关于美的本质的论述，既是美学的最哲学化的揭示，亦是美学的最生活化的阐释。

遗憾的是，不少美学家、美学大师们，把美高于生活、区别于生活——为了高雅、为了风雅、为了卖个好价钱、为了让普通人读不懂、区别于大众百姓，也就是营销手段里面的“区隔”“定位”“差异化”，然后搞出“奢侈品”从而卖个好价钱。另外有一些，则是为了在学术上有所成就、独树一帜、自成一派，便不惜“以偏概全”，其结果，一方面可以看成是对问题的深化，但同时也常常造成“盲人摸象”，误导人们对美的本质的把握和理解。

比如，“美是距离”吗？有道理，但是，那只是一种现象，但却远远不是问题的本质。有距离，让我们只是停留于耳目的、声色的“欣赏”，但是却无法“体验”，看得着够不着，谈不上“生活”，没有现实的满足，或许这正是一种“心灵”的满足——高雅的满足，但是却是遗憾的！就像“望梅止渴”、“画饼充饥”一样，一幅美女图画，终归只是一种遗憾！的确，近了，会把毛病看得很清楚，远了，只看到美的一面、美的部分。但是，这终究只是美学原理里面的一种、一条规律而已，跟美的本质没有关系。

又比如，“美是典型”吗？有道理！但是，这不过是一种统计规律而已，与本质不挨边。“不胖也不瘦”只是大多数人喜欢，但偏偏现在的男人更多喜欢“几乎跟棍儿一样的女孩子”，按照泽尧的上述“理论”，不就是因为，“瘦”是少女的特征，胖则是“大妈”的代名词。那又为什么男人喜欢少女、而不喜欢“大妈级的女人”呢？因为少女容易“对付”、感情纯真，大妈级的则可能让你勉为其难，更何况，用生命力这个坐标一看，用“生存与发展”的角度一看，更加是一目了然！

可能你会问：你泽尧讲的这些不也是“统计规律”而已吗？没错——对美而言，任何的规律都是多余的，因为“美是主观的”、感性的！有男人喜欢胖女孩——因为可能他的初恋情人有点偏胖！或者，一段时间以来，他接触的女孩子都太瘦，“审美疲劳”了！

又比如，“美是自由的形式”吗？有道理，但是，太脱俗难免是对现实、世俗生活的一种否定，不太可取。有闲心，是一种艺术的状态，有现实需要，也是一种满足。非要把美同现实需要的满足分离开来，这是奇怪的——除了故弄玄虚、故作高雅、把艺术区别于生活、为了卖个好价钱以外，就是在为“艺术”——“高于生活的艺术”寻找精神支柱！那么请问，恋爱不美吗？情投意合不美吗？拥抱不美吗？激情不美吗？撩人心魄乃至蠢蠢欲动，不美吗？

拜托，请不要把美跟宗教虚无、禁欲主义——跟脱离“低级趣味”扯到一起，要知道，美的本质基础就是“生存与发展”。离开了人的现实需要、离开了人的欲望的满足，美就被“釜底抽薪”、没有底气了！

其实，无论多么高尚的艺术，只要离开了“生存与发展”的现实，他就是干瘪的、单调的。

其实，禁欲主义跟扼杀人性是连在一起的。这种脱离现实——非要是“自由的形式”的高雅，这种“高雅”的艺术在很多时候就是一种“精神统治”的帮凶。芙蓉姐姐是反传统的，与我们精神、心理和生理的既有结构、既有的“软件系统”是不吻合、不投合的，所以，我们不觉得美。但是，她正是“我喜欢、我选择”的一种表现，是女人独立性、自信心的一种另类表达！

“男女授受不亲”，让你老百姓“美是距离”“美是自由的形式”——然后“画饼充饥”“睹物思人”，而他们自己则“县团级以上才可以看《金瓶梅》”“刑不上大夫”。皇帝在拥有三千“老婆”的同时，却在为誓不再嫁的寡妇书写“贞节牌坊”，在今天看来岂不可笑？

所以：**雪中送炭是美，久旱甘霖是美，干柴烈火也是美！个性有多强烈、生命力有多旺盛，美丑善恶爱恨情仇就有多明确、多深刻、乃至于多执着！**

比如——请客的时候，把客人上桌就餐的时间有意识地向后延误，你那不太精纯的烹饪水平，竟然被客人视作“天人制作、色香味俱佳”的道理就在这里！

又比如——作者初到某国的时候实在吃不惯那里的口味，常常食不能尽饱，可是在有那么几次“十分饥饿之后再用餐”之后，竟然慢慢就觉得这口味也还不错，后来又到过很多地方居住、吃着不同口味，到了今天，也就因为“好男儿志在四方”最后真正成了“四海为家”：什么口味都可以了。

当然，人是不会仅仅满足于现实的。人的好奇心、人的追求无限、追求保险的天性，以及宗教意识心理作用下的追求神圣、追求超现实的心态，让超越于现实的东西比较容易“卖个好价钱”，这，正是艺术“把简单问题复杂化”，区别于科学

“把复杂问题简单化”的道理，也是“人比较容易被骗”、“愿意被骗”的道理——尤其是对于一些封建色彩比较重的国民、封建意识比较浓厚的人群。或许，正是这种好奇心、追求无限的心态，与无知和愚昧的结合，才产生了宗教意识心理（这的确是一个值得探讨的问题）。

把话题收回来——归结一下：

把美界定为“主观的”，有助于人性的解放、个性的张扬，解放人的创造力——有助于“把生活艺术化”。

认识到美具有客观性，而且是以“生存与发展”为中心和标准展开的，有助于接受现实、面对生活，使生活变得丰满、有血有肉，有助于“把艺术生活化”。

从而，满撑起生命的风帆……

案例：有效恋爱十八项技能

中国人一向板着面孔，老师、专家，更不用说官员，似乎都应该为人师表、正经、道貌岸然。自从王朔小说开始，调侃、嬉皮士、个性、不正经，步入百姓生活之中，而后来“人权”“个人隐私权”逐渐被接纳而成为共识。大概也只是到了今天，我们才敢说“玩耍，是人类最大的共同语言”。而“有效恋爱十八项技能”姑且当做调侃、轻松一下。

博文地址：http://blog.sina.com.cn/s/blog_5d1d06270102eeza.html

第5单元　不搞生产搞分配

——李氏政治学：政治的真相

所谓政治，就是联合一部分人去搞定另一部分人。政治搞分配不搞生产——但是恰恰是落后国家，由于分配搞不好，于是便永远在那里继续搞分配——继续搞一些你争我抢的事情，人们无心搞生产，生产力得不到“解放”。

不搞生产，搞分配——政治就是搞分配

何谓政治：联合一帮人去搞定另一帮人

所谓政治，大致说来，就是联合一帮人去搞定另一帮人——穷人搞富人叫革命；富人搞穷人叫剥削。

政治搞分配、参与分配有两种方式，一种是暴力革命、打打杀杀——直接取而代之；一种是温和改良、议会道路、渗透。

政治，通常会涉及：思想、洗脑、宣传、利益分配、武装（武力做后盾）、造势、舆论、文化惯性的利用、道德高地、利益集团、制造偏激的思想、运用文学性语言渲染、夸张、点燃激情、制造极端情绪。

了解真相，才能有效管理——如果你遇到别人搞政治，而你不会搞，管理就会无效。

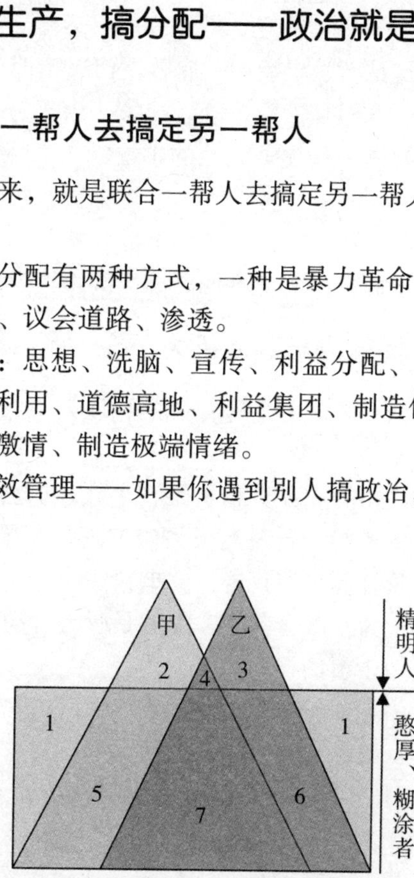

政治：联合一帮人去搞定另一帮人

如上图所示：

1—无帮派、无信仰、不结盟、无利益纠葛人士。

2—甲帮派铁杆，政治斗争中的利益获得者，目标明确。

3—乙帮派铁杆，政治斗争中的利益获得者，目标明确。

4—间谍、无间道、两面派、汉奸、叛党叛国者。

5—甲帮派信仰者，不为利益只为观念、穷激动。

6—乙帮派信仰者，不为利益只为观念、穷激动。

7—不明真相的群众，被人误导、瞎起哄。

所以搞政治，比如搞办公室政治的人（见图中的2、3、4，属于有“政治觉悟者”），常常要造谣、煽动群众、封闭信息、“引导舆论”、对人“做思想工作”、喜欢给人“洗脑”、只说有利于自己的，以争取不明真相的群众（7）被他蛊惑，然后变成支持、声援他的人（5或6），最后是把信仰者（5、6）和不明真相者（7）作为与另一派“斗争”的炮灰！所以，中国古人有言：“兴，百姓苦；亡，百姓苦！”

案例阅读：《新华社：群体性事件中少用“不明真相”》

政治：不搞生产搞分配

不搞生产搞分配现象：战争、掠夺、欺蒙拐骗、政治、假冒伪劣、三分长相七分打扮式营销、广告、投机钻营、走后门、腐败贪污、赌博、赌博式资本运作。

政治搞分配不搞生产——但是恰恰是落后国家，由于分配搞不好，于是便永远在那里继续搞分配——继续搞一些你争我抢的事情，人们无心搞生产、生产力得不到“解放”。

《人类为战争成本高昂：调查显示解放军干部人均月收入为5373.14元》泽尧时评：人类为分配、为战争而付出的成本偏高、代价昂贵!!

运用：如何区分市场行为与政治行为

什么叫政治？最近泽尧在微博上是这样说的：联合一帮人去搞定另一帮人，那就是政治。

所以，之前一个顾问公司的业务员私下跟我牢骚他们公司的提成降低了，说所有业务员都有意见，说准备离职、要跟老板去谈工资，等等，我就告诫他：不要搞政治！——千万不要跟人联合起来去找老板。单独去谈，我觉得或许是可以的。

单独去谈，那是市场行为。联合起来，那就是政治行动。不一样。

企业是做商业的，适用于市场行为。

搞事是技术、搞人是艺术

1. 生产是人与大自然作斗争，所以工人、农民、技术人员需要聪明、比较厚道（所谓劳动人民的勤劳和智慧）——即泽尧所说的“搞事是技术”；分配是人与人作斗争，所以业务员、公务员、商务人员必须精明、比较狡猾（所谓统治阶级的精明与奸诈）——即泽尧所说的“搞人是艺术”。

2. 备受中国人推崇的“三十六计”“孙子兵法”无不讲“虚虚实实”“兵不厌诈”，只是因为这些“经典”里面所讲的正是“人搞人”的艺术！——是啊，整一个人类史，辉煌的、占尽典籍版面的尽是战争中的胜利者、正所谓“成者为王败者为寇”！

3. 一些管理课程也会对那些搞人的“领导艺术”津津乐道，实在只是因为人们已经不知不觉之中忘记了是非，其所热衷的就是“人搞人”——很多人已经把“人搞人”看成是生存的基本哲学、看成是人类进化的动力。

4. 来，不妨看看如何搞定售楼小姐——在目前房子慢慢变为买方市场的情况下，下面的招数可以尝试：

延伸阅读：搞定售楼 MM 的 24 个绝招

案例阅读：《买房砍价全攻略让售楼 MM 泪流满面的 24 个绝招》

“政治问题”与“讲政治”

什么叫“上升到了政治的高度”

1. 与我们利益集团整体利益相违背。
2. 不再是一个技术问题、不再是一个个人认识水平问题。
3. 而是一个政治问题——我们要从你的动机、你的阶级立场审视你。
4. 你是不是敌人、敌对势力的人咯?!

什么叫“讲政治”

泽尧对“讲政治”之理解——对企业而言：

1. 顾全大局、考虑整体利益；
2. 不要拘泥于是非、对错、事实、真相；
3. 听从领导的吩咐、服从命令；
4. 恭敬不如从命、放下自我；
5. 不要有狭隘的正义感，不要站错了队伍；
6. 识时务者为俊杰、不要迂腐。

泽尧不搞政治，只是作为局外人、以专家的身份阐述自己的观察、思考、研究所得而已，所以以上文字其实是不代表泽尧的做人准则的哟！

政治集团的力量

利益集团的显意识化，有组织化，便上升为政治集团。

一个团队有没有力量，关键在于其整个组织的结构的科学性、合理性，再加上其零部件各司其职的有效性。

就像一个项目能否顺利实现，由项目手段的科学性、组合完整性，加上项目子目标的有效性一样。

在武装斗争时代，政治集团中的构成由大脑（政党）、手脚（他的成员）两部分构成。

政党决策，成员执行。

战争之所以发生，乃是因为有人不怕死！

如果没有不怕死的人或者没有打手存在，战争又怎么能打得起来呢?

怕死的人爱读书，读书人往往怕死。怕死在战场上是可笑的，但生活中却是正常的。

不怕死的打手，其实不过是亡命之徒。为了利益，不顾规则，人们称之为亡命之徒。

为了利益，得政治集团之肯定的亡命行为，则会受到表彰、嘉奖。

一个政治集团的力量于是便由两部分构成：一是政党即大脑的科学指挥，二是手脚即敢死队的亡命表现。

政治不等于肮脏

为政治正名——不能把乱来的政治与正派的政治混为一谈

凤凰论坛上读到："乐此不疲讨论政治的人，有两种人—— 一种是投机主义者，看看各朝各代开拓者、成事者无不将投机表演得淋漓尽致。第二种就是鹰犬，不仅要从行为上进行控制，还要从思想上进行蠢化。有句话说政治就是个婊子，没钱没权没名气，神经的慌?"

窃以为这是一种误区，下面写出几点供参考：

1. 或许谈政治的确是一种奢侈，但是不谈政治则绝对是一种放弃。

2. 谈政治未必要好高骛远，大可以从力所能及、身边做起。

3. 什么叫政治，就是人类三件事情（生产、分配、玩耍）中的其中一件，其中的分配就是政治。

4. 遗憾的是：现实的、一段时间以来的所看到的、人们普遍以为的政治被人们搞成是：联合一帮人去搞定另一帮人!

5. 利益集团之间的妥协是政治，不能妥协或许就变成军事、战争!

6. 对普通老百姓而言，似乎政治很遥远——利益集团在哪里呢？你的利益在哪里呢？跟你的利益有什么关系呢？——结果常常是被利用。

7. 但是，最近看到的“回户口所在地参加人大代表的选举”的一干人等，则是把政治的落脚点算是（或者算是）找到了。

8. 民主国家，由于政治问题（分配问题）解决的比较好，人们可以一心一意搞生产（详见本人文章）

9. 简而言之，不要也不能把乱来的政治与正派的政治混为一谈!!

案例分析：《政治不是肮脏的代名词》

1. 其实，政治不见得就是肮脏，关心国家也不见得是空谈。

2. 恰恰是一些有识之士放弃了政治，才让一些没有文化的人有机会去玩政治，然后搞成一派压倒另一派。

3. 在中国，很多人接受儒家思想的影响，做人做君子，其结果往往是“画地为牢”、读书人往往成了谦谦君子。

4. 如果一个读书人竟然不是谦谦君子，人们就会大骂，说他的书“白读了”，“有辱斯文”。

5. 陈独秀为什么退出？胡适为什么“袖手旁观”？历史会有不同的解读。

6. 把手上的事情做好，才有饭吃，把收入搞上去，才可以避免被人看不起。衣衫看人在所难免，像孙中山那样募捐搞政治然后还有宋氏名门之女跟随，几人能及？能力与梦想相适应、匹配，大概是必需的。

8. 不过读书人也不要妄自菲薄。

9. “党指挥枪”，拳头还得听从思想、智慧的指挥。

案例：看看有多少官员是“坚持原则”的？

官场四种人：

1. 第一种，忠良——正直、铁骨铮铮：被立案、被审查，仍然坚持原则、尊重事实、不怕得罪人。

2. 第二种，奸臣——知其内幕、造假捏造、借机献媚、协助制造冤假错案、主谋、共犯、铁杆。

3. 第三种，小人——明知有鬼、假装糊涂、不分是非、墙头草、为保官位同流合污造假、做坏事。

4. 第四种，外人——不明真相、不知内情、圈外人、没蒙蔽的人、被造假者蒙蔽、以为是按章行事。

读者不妨做一下作业：取一本官场小说或百度“作业：读××案情、识中国社会”，详读其中案例，并尝试把案情中的各色人等分分类（暂不考虑其是否有虚假），然后填写到下表之中：

类　别	姓名、职位	分类人数
第一种，忠良		
第二种，奸臣		
第三种，小人		
第四种，外人		

然后，再统计一下各类人的数量，填写到表中“分类人数”一览，如上表。

这样，就可以知道：

1. 在官场中，有多少官员是“坚持原则”的，有多少官员是奸臣，有多少官员是小人。

2. 从中可以看到，奸臣之所以得道、“横行乡里”，因为其中小人太多、忠良太少!!

推荐阅读：《财富分配与政府：是“良知”还是“责任”?》

妥协与战争——组织进步的动力问题

案例：管理的灰度

华为与富士康一墙之隔，同样以管理严格著称，2007 年前后因连续发生员工跳楼、猝死事件，社会评价跌至极点，整个公司生产经营都产生紊乱。任正非痛定思痛，反思很久，写下“管理的灰度”一文。

任正非写道：一个领导人重要的素质是方向、节奏。他的水平就是合适的灰度。坚定不移的正确方向来自灰度、妥协与宽容。他认为，如果变革太激进、太僵化，冲破阻力的方法太苛刻，其实就是缺少灰度。有时方向虽然坚定不移，但并非一条直线，甚至会划一个圈。

人类社会进步的五个原动力

1. 社会基础面的“大众觉悟”——知识、认识水平的提高，生活方式的改变，比如更有个性、比如性开明、比如权利意识，比如前些年还是“资产阶级的”“人权”，比如外国电影、国外杂志电视电台的“和平演变”，出国人员之“被腐蚀、被侵蚀”；

2. 既得利益者之间的“狗咬狗”——地位较高人士之间的利益纠纷与倾轧，地方腐败官员、执政团队内部的不平衡，详见泽尧《狗咬狗是社会进步的动力》；

3. 不平衡加上偏执人士的“奋力抗争”——理想和现实的落差、地区之间的不平衡、承诺与现实的差距、权宜之计与未满足，造成部分人员的得寸进尺、誓死抗争等；

4. 精英人士的“煽风点火”——专家教授的新概念、新词汇推波助澜，甚至于舆论界的监督、造势，比如“你幸福吗?”有人解读说这是“忽悠老百姓”，其实却可能是在“给人出难题”“暴露尴尬”；

5. 个别腐败、笨拙官员“捅娄子”——本来相对平衡和谐、歌舞升平，但是偏偏有个别官员捅娄子、出洋相，打破平衡，成为群体事件的导火索，比如孙志刚事件、比如“表哥”事件、比如“房叔”事件……

延伸案例阅读：

1. “上海滩复仇记（现代版）”《上海法官集体招嫖跟踪举报始末》

2. 案例：“侠客 & 痛快”：女司机被碰瓷者扇耳光　悬赏 2000 扇对方一顿

3.《男子到银行转账被要求开户　一怒之下办 500 张存折》

4. 罗昌平网曝刘铁男案始末：有人私下查我家人信息

5. 民众拉横幅庆县委书记被双规：庆祝者多是上访户

“狗咬狗”是社会进步的动力

“不是反腐败，反腐败不会愤怒，”朱瑞峰向我说起他这包含着经验的理解，并推测出爆料就是“内斗”的结果。根据资料库他得出，90%的爆料人来自官场内部，他们往往出于斗争的需要。（《南方人物周刊：朱瑞峰的“反腐”现场》）

作者评点：

1. 没有制度，是非自然会落空。

2. 有制度也只是做摆设，这与没有制度差别不大。

3. 有制度也只是做摆设，谁敢坚持是非？

3. 有制度，但是没有坚持是非的人，制度就会更加是摆设了。

4. 最后，或许，狗咬狗是社会进步的动力!!

5. 中国人缺少的是信仰，还是是非？

延伸案例阅读：

1.《南方人物周刊：朱瑞峰的“反腐”现场》

2. 天津地铁公司书记总经理互相举报双双落马

3. 参考案例阅读：http://blog.sina.com.cn/s/blog_5d1d06270100odwz.html

李途纯的狱后抗争：最高院作证首披太子奶破产内幕

报道：《李途纯的狱后抗争：最高院作证首披太子奶破产内幕》

1. 一辈子的事业，落得在牢里抗争的下场——学费是不是太高了一点?!

2. “管人管小人”乃中国社会自我保护的基本原则啊——看看《中国式制度管理》吧!!

3. “筹码理论”是商业生存的基本招式——看看《有效管理十八项技能（白金版）》吧！

利益集团与办公室政治

隐形首长——不读书、不需要本事，如何捞大钱?

看到现在很多人不读书、不思考，却喜欢什么“要做事、先做人”，“三十岁以前靠自己，三十岁以后靠人脉”等，何况整个社会都在“包装上市”“上市圈钱”，而股票却跌跌不休！特写下一些生活观察，供有心人参考——既是调侃，也是真道理。不妨一读：

二号首长（秘书）其实不算厉害，隐形首长更厉害。不需要读书、不需要很多本事、不需要接触很多人，只需要把第一手掌搞定就可以。问题的关键、该职位的优点在于：性价比最高——不读书、不需要大本事，却能捞大钱!!

司机——给领导当司机，可是不得了了！

朋友在谈到他的亲戚，小时候不读书、瞎胡闹，在某工商局混得相当不错——他的话还没有说完，我就说出口了：做领导的司机!!

为什么我这么有悟性——话才听到一半，就知道下半句了??

其实是因为，我听到了太多关于“做领导的司机，是如何地爽”的故事！

1. 三十出头四十不到，仅仅不过是一个临时工、合同工性质，可是已经买了两个商业铺面，每月租金就可达到 10000 元，很多教授一辈子下来也未必有此“成就”啊！

2. 局长出门遇到有红包的时候，局长会很关心他的司机，告诉对方：“我这里还有一位司机。”据说红包大小倒是未必能够与局长一般大。

3. 局长家的房门钥匙，司机手上也有。

4. 司机的太太原来是倒夜班的，被局长的夫人——在另外一个局做局长，给帮忙调动、换工作，然后不许倒班，可以照顾孩子了。

5. 司机生病做了一个手术，局长自己掏腰包给了司机 5000 元，泽尧插话说，家里放了 1000 万元，这不过是个小数字了！

6. 跟着领导到处跑、到处耍，爽死了！！

7. 局里的那些科长都得给他塞包袱——因为，他们要找局长、见局长汇报工作或找局长有什么私事，就得先问问司机同志局长今天心情好不好、状态怎么样、是不是拜见的时候？

8. 帮亲戚朋友安排工作，办这个那个的事情，司机有办法！！因为他是“隐形首长”！

不要以为这个司机很好当，其实，至少要有以下修炼才能得到：

1. 不读书、文化低、要求不高，然后才能够一如既往、不翘尾巴，彻底坚决地忠诚于领导。

2. 嘴巴紧，不走漏风声，领导的红事黑事肮脏事，能够闭口不谈，让领导放心——哪怕是亲戚，都要咬紧牙关。

3. 嘴甜而又踏实，甜到领导及他身边的人爽，踏实到每一件事做的超出领导预期，比如一有空，就去洗车，每天车子都是干干净净——注意，“嘴甜而又踏实”这两个优点是最难修炼到一起的，很多人，一旦嘴甜往往就不踏实，而踏实的人则往往不可能嘴巴还能够很甜啊！说明这就是他的福分啊！

4. 万万不能像知识分子那样，有什么是非、有什么看法，还要去计较什么人权、尊严，而是把被领导赏识作为人生的全部意义，一如既往地为领导服务。

5. 也不能急功近利——就算自己有打算、买铺面、赚外快，但是，在领导面前，这一切都只是浮云——归根结蒂，是要懂得感恩，懂得这一切都是领导给你的！

6. 关键点：在官本位的社会、国度里，跟着领导走，一定没有错！！

三八二十三——中国文化中不分是非的混账元素

分配需要的是结伙、结帮、结党——结成死党，道理不重要，你我关系最重要、领导高兴最重要——所以，中国人“见人说人话、见鬼说鬼话”的人大行其道、混得不错。这也是搞分配与搞生产的人不同的地方。有些老实人就是“搞不懂”，有些“迂夫子”就是“看不透”。

泽尧评语：

1. 国人中还真是有不少人喜欢听、喜欢讲这种信口雌黄的“寓言故事”。

2. 南方一位颇负盛名的教授就对一群民营企业老板们讲“什么叫贵人？你天天想钱钱不会来。你不想钱钱自己就来了，这就是贵人。”

3. 真的不知道这是什么逻辑？不知道他在说什么！

4. 不妨看看泽尧的“贵人理论”。

延伸案例阅读：《三八二十三——于丹才真正理解了中国文化？》

跟人决定前途？

网上有一个段子：民初名妓小凤仙，要是找个民工，扫黄就被扫走了；她找蔡锷，就流芳千古；要是跟孙中山，那就是国母。所以不在于你干什么，而在于你跟谁干。

人治环境：“领导”大于一切

除去规则、面子、承诺之外，领导大于一切。于是，不少人把自己的精力聚焦于“领导”。

何谓“攻心为上”那就是：只要你把“领导”——这个人治的核心搞定了，而后其他的一切也就“迎刃而解”。

唯有法治和群众监督可以减少、约束人治空间。

怎样往上爬——得领导提拔的突破口

“有能力就可以得到提拔”吗？“让领导满意是目的，让手下满意是手段”？

泽尧在课堂上无数次提醒学员：“你再有能力，如果你不按领导的意思做，你的能力对我有什么意义呢？”

很多国企干部学员经常跑来问：“我的工作做得不错、业绩也好，群众基础也好，不知道怎么回事，可就是得不到提拔呢？”看来，找到突破口是关键。

如果是民营企业，或许也就是德才——才、能力、业绩，德、信任、品格、群众基础，就够了。可是，国有企业就比较复杂了。

1. 首先，领导把你提拔之后，对他有什么好处？——你必须把这个问题回答清楚！你工作好、业绩好，是你的本分，这不足以成为你得到提拔的理由!!

2. 送礼吗？——这是不够的!! 只有目光短浅的人才会看重、满足于你的“礼”。如果你小子“野心勃勃”，上去以后“过河拆桥”，不认他、怠慢他了，那有什么意思？所以，你必须要知道“利益集团”“利益共同体”“学生之道”——是不是一条“道”上的、是不是一条线的人！

3. 然后，决策程序是怎样的？是集体领导？谁做主？关键决策人是谁？——有没有暗礁（反对提拔你的人）？有谁会为你说话——谁推举你上线？台上那道貌岸然的几尊菩萨，你都拜祭过、过关了吗？

4. 工作好业绩好、群众基础好，这些都只是可以减少“提拔的阻力”而已，但不能构成“提拔的动力”！——除非你遇到的领导“事业心很强”“业绩压力很大”!!

5. 是的，在“业绩是硬道理”——你的领导“事业心很强”“业绩压力很大”“寻找救命稻草之时”的环境下，**德才——才、能力、业绩，德、信任、品格、群众基础，就够了！才有“不拘一格降人才”**。

6. 可是，当你的领导也只是“代理人”“打工仔”“为人民服务”“能够得过且过”“业绩压力不大”的时候，他就难免要追求感觉、对你有些“顾忌”了！

7. 另外，你“朝中有人”吗？你的竞争对手情况如何？他（们）做了什么？

8. 起码地，你有没有把工作当作考试——你的工作、人品、处事，有没有别人可以攻击的漏洞？在推举你的人不能够“一手遮天”的情况之下，这些就显得非常重要了。你千万不要让推举你的人为难，更不能难堪啊！

如何管理公司内的“皇亲国戚”？

1. 管理者要理性：情理法谁在前？谁在后？

2. 情 = 人情 + 感情，请区别对待——人情是一种等价交换、一种交易——理性应对就好：严加管理！感情是一厢情愿，就好像“瘾”——量力而行，也是要理性，详见另一主题；

3. 管理者应该要能够做“情的主人”，而不能是“情的奴隶”。

4. 若你是老板，按“感情工资”“友情工资”处理。

5. 你是中层，人情——收放之间让领导多次卖人情，感情计入成本（找他的后台报账）。

6. 重要的、后果严重的工作不要给他。

做企业非得要官商勾结吗？

参考阅读《中国商人现在基本都“跪着”因此被人看不起》，泽尧评语如后：

话有点“过了”，但是却有一定的道理：

1. 就是有不少做老板的——喜欢官商勾结！胡雪岩为什么有市场？

2. 一些请泽尧去演讲管理课程的机构人员脱口而出的就是有某某领导、副市长参加，据说这是吸引老板参加课程的关键。

3. 培训界某位怪侠提倡的就是“掠夺”——据说是因为有很多老板喜欢。

4. 还好，泽尧所认识的一部分被泽尧认为叫得上是企业家的企业老板，往往是见着领导躲还躲不及！“正当经营，跟官员混在一起干什么？”

5. 某些老板信奉的是“要做事、先做人”，而泽尧却认为，一个正派的人、一个踏踏实实做事、做实体经济的企业家，哪有那么多所谓“做人”的应酬？

6. 泽尧出差见着自己的一些身为政府、军队官员的弟兄们，常常喜欢说的就是：“看你还有时间出来一起吃饭，颇感欣慰。我有几个连跟亲友吃饭都没有时间、一晚上要跑好几个饭局的同学朋友都坐到牢里面去了呀！”

7. 泽尧告诉他们：判断一个官员是否贪官、是否有危险、是否会坐牢的依据，或许就看看他有没有时间陪亲友吃个饭什么的，过正常的生活！

参考阅读：《“皇甫平”：中国高层应与特殊利益集团切割》

案例：《原市纪委书记死刑之路调查：深信关系更重要》

仕途上的几次变故，让曾锦春深深认同了“能力固然重要，关系更重要”的说法。他曾经这样教育儿子：“工作再努力也没用，重要的是把关系搞好，如果需要钱疏通，尽管开口。”

曾峰称，升迁到郴州地区任纪委书记，更使其父亲思想到了完全蜕变的程度。这一系列的工作变动，让曾开始拿出当年给党报写稿子、干工作的劲头，深研官场潜规则。“此后，父亲也就沿着自己错误的人生轨迹，一直走了下来。”

参考阅读：《原市纪委书记死刑之路调查：深信关系更重要》

延伸阅读：《体制内发展与创造之道：国有企业管理方略》

延伸阅读：《腐败每年吞噬多少财富》“俄罗斯一名高级检察官 6 日说，俄腐败官员的贪污所得与国家年度财政预算的 1/3 相当，达到约 1200 亿美元。”

第6单元　分配与掠夺
——李氏生存逻辑：狼性的真相

“宁可让不干活的人挣到钱，都不能让干活的挣够钱！”请你仔细观察一下，西方社会是不是这样运行的？

李氏三种挣钱模式

生存的三种类型：中国人挣钱的三种方法，你会几种？

1. 双手加大脑、辛勤劳动——挣钱：生产、挣钱、双手挣钱。

2. 头脑+忽悠、搞定愚钝的人——骗钱：欺蒙拐骗，三分长相，七分打扮，靠忽悠，即所谓的道德滑坡。

3. 武力+地位+制定规则——抢钱：靠武装、靠武力，谁的武装力量强，谁就是老大。

总之，中国古语有云：取之有道！八仙过海各显神通！

案例阅读：

1. 《好人怎么这么惨？信访干部以身殉职遗产只有93元》

2. 《福利房成央企员工隐性收入新通道　转手赚几百万》

3. 《赌徒怀揣冥币扮大款遭抢劫》

中国房地产之怪状：购房诚意金与“关门打狗”

1. “购房诚意金”似乎太欺负人了!! 什么叫“关门打狗”呢？价格都没有定下来，你就去交“诚意金”“排号费”，你这不活生生是让人来一个“关门打狗”?!开发商免费——哦，不是免费，而是收费做市场调查。

2. 房地产商不知道如何才能把房子卖个好价钱，这本无可厚非。可是，有人给他出招：“你先让买家交诚意金，表示这些人是真心想买你的房子的，然后，根据交付诚意金的情况，再定价格，不就可以了？”

3. 妙哉妙哉，好一个“关门打狗”之计!!

4. 前两天，中国某著名品牌的成都楼盘小姐打电话叫我去买房，我问她，“价格如何？”她说“价格还没有定下来。”我告诉她：“买卖，无非是一个性价比，价格都没有出来，你叫人去买什么房子呀？”

5. 结果今天又收到这家房地产公司的广告短信，叫去交“诚意金”的。

6. 之前也遇到很多这种情况，可是对我而言，只要是“价格没有定下来，就

让交诚意金”，我是十分反感的，认为“关门打狗”很过分!! 看到报纸上或城市的路边一些楼盘广告十分诱人，我也曾多次去电咨询，而一旦当对方说房价还没有定下来的时候，通常我会断然挂断电话！——价格都不确定，卖什么东西呀?!

7. 就买卖而言，价格太高买家不要、价格太低卖家不干，所以对于一个没有价格、价格不确定的东西，根本就算不得是在“挂卖”——那你去招惹它干啥？他来招惹你，你躲开呀!

8. 遗憾的是，有不少人是愿意呢！还有那么多那么疯狂，就好像追求对象一样的不计条件、束手就擒!

9. 房子真的有那么俏吗？——我的意思是说，一旦你交了诚意金，而价格由他来定，那么，该房子大概也就不那么俏了！为什么？道理很简单，如果你不在乎价格的话，哪里的好房子（商品房）你买不到呢？（当然，封建、垄断、带有政治色彩、非市场化的房子例外。）

案例阅读：《7千套房收1.8万份排号费　上上城疑圈钱2亿》

管理新概念：社会诚信指数

1. 当你去泰国旅游，导游会告诉你：买东西讲价钱的时候，请不要像在国内那样，把卖家的报价一下子砍掉一半！她说：在泰国，卖家的报价一般你杀价10%～20%是可以接受的，如果你一去就砍他一半，他会认为你不信任他、冒犯他，甚至会发生不愉快的事情。

2. 但愿这个导游不是在蒙我们!!

泽尧据此提出：

社会诚信指数＝实际成交价÷商家报价

也就是说：一群人、一个社会，其诚信的程度可以用其商场里面的实际成交价与商家报价之间的比例来确定。

当乱报价、能蒙则蒙成为习惯——然后大幅度杀价、乱杀价成为习惯——人与人的交易成本就会比较高，而老实人还在那里“不好意思砍价”，杀价2%还觉得难为情或者还觉得很赚，各位看看这是不是中国社会的现状?!

泽尧，姑且建立这个概念，供专业人士及爱思考的人们参考!! 也可姑且算是泽尧对中国社会商业诚信混乱的变相牢骚吧!

延伸文献阅读：

1. 保险产品宣传易误导消费者保底7%并非收益7%
2. 多家省级电视台长期播出涉嫌欺诈猜谜节目
3. 《蒋介石的“不立文字”“专立文字”骗术》（作者：李敖）

胆量级别与生存方式

胆量、勤奋与人生选择

胆量 勤奋	小（体力、脑力、勤劳致富）	中（赌钱、机遇、人脉致富）	大（赌命、玩命、拼命致富）
懒惰（懒人懒办法）	游民、乞丐	扒手、小偷、赌徒	毒贩、杀手、线人
勤奋（熟能生巧）	农民、工人、职员、一线主管	公务员、业务员、职业经理人	军人、警察、特工、情报人员、投资家
工作狂（勤劳出智慧）	专家、学者、大碗	企业家、实业家、个体户、商贩	奸商、政客、军阀、政治家、革命家

案例：一夜暴富之道——胆量级别与生存方式，你选哪一种？

男子约女友开房将其捅死血满床　自杀怕疼报警

1. 赌钱人生：股民、麻将桌上的赌友、赌棍。

2. 赌命人生：贩毒者、贪官污吏、军人警察、间谍、地下工作者、巨额行贿受贿者。

3. 体力劳动的人生：农民、工人、司机、搬运工、建筑工人。

4. 脑力劳动的人生：知识分子、专家、学者。

怕疼？他真是不适合做这个营生!!

胆小者失去很多机会

1. 胆小、过于保守，一方面，让你加大了做事情的很多原本不必要的成本。

2. 同时，有一些可能做的事情、可能发财的机会，由于你胆小而失去了。

3. 胆小者可以用知识、经验——最后，判断力、认识水平做补充。

4. 别人看来的胆大，对他自己而言，可能其实是一种判断、一种别人看不见的机会。

勤劳与狼性

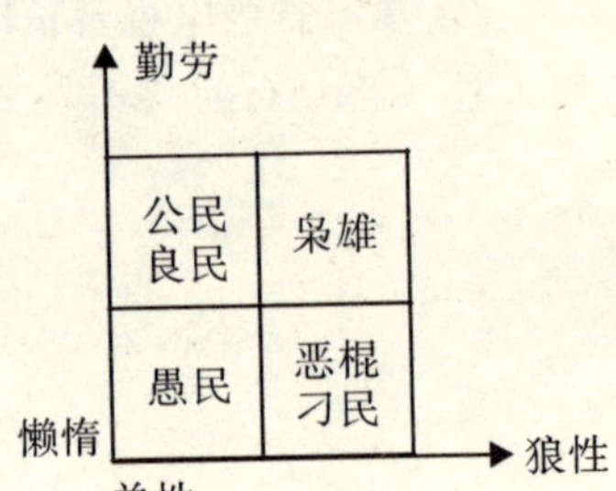

勤劳的工人、农民以及知识分子往往没有狼性，而是属于羊性，于是成为良民、公民、人民。

勤劳而具有狼性的人，则可能成为枭雄、奸雄。

有狼性而又懒惰的人，则多半成为恶民、刁民、盗贼以及欺蒙拐骗之辈。

又懒惰又有羊性之人，则是不长进的愚民。

人类斗争的三种“境界”

体力斗争：凭体格，力量力气，巧为辅智力为辅，如吕布、张飞、关羽。

智力斗争：凭智力，头脑，巧为主，如诸葛亮，如炒股。

智慧较量：凭创新。

斯诺登回应俄美女间谍求婚：愿不顾一切和你结婚

“十分般配”一个是女间谍，一个是男特工（情报局人员），在胆量级别上讲，都是“有胆”的人啊！所以非常匹配。

两个胆大的人，两个亡命天涯的人，冒着生命危险求生存，还有爱！令人欣慰！你敢那样活着吗？

查普曼（左）与斯诺登

格斗场——不搞生产、搞分配

何谓“太平盛世”

1. 没有军阀混战、没有民族战争、没有不学无术的人、没有打手、没有武斗、没有暴动，部队开销降到最低；（反差在于：为什么人们还是那么热衷于武器、搏斗、战争题材电影?）

2. 人们的主要精力不是花在分配上，不是花在准备战争上；而是用在生产上、用在科学研究上；（反差在于：为什么还有人反对、漠视、歧视人文学科；为什么还有高级知识人士只是认为自然科学才是绝对重要，而对人文学科不以为然?）

3. 分配不是靠人治、靠某个人的判断、他说了就算，而是靠工作业绩说话、靠事实说话；（反差在于：为什么人们还是那么喜欢感动，喜欢树立领导个人权威，说到领袖就感激涕零或五体投地?）

4. 人们的主要精力不是花在走关系上，不是花在到领导家串门上，而是用在自己的学习上、工作上；（反差在于：为什么官员没有一个锁定的关键业绩指标体系?

为什么数据不能透明、接受监督?)

5. 人们不需要精明、不需要人际敏感性，而只需要聪明、只需要踏实做事，就可以得到应得的回报;

6. 没有人愿意拿自己的生命去打赌、去求生存，人们没有必要去参军、没有必要天天磨刀霍霍、制造炸弹、枪械——武器，不必天天想着怎么去“搞定”“干掉”对方。

也许，你会说:“李泽尧，你真会做梦!”

来，我告诉你，这不是做梦!

(1) 当社会养老保险到位以后(见“广东力推‘全民全面保障’被征地农民将纳入社保”“胡锦涛主持政治局集体学习时强调——社保体系加快覆盖全民”)，或许愿意铤而走险、拿生命作赌注去谋自己的前程的人(唐代诗人曹松《己亥岁》诗曰:泽国江山入战图，生民何计乐樵苏。凭君莫话封侯事，一将功成万骨枯。其“一将功成万骨枯”，客观真实地反映了有史以来，所有威名显赫的将军们的成功之路)会减少。

(2) 竞争上升为冲突、冲突演化为战争，乃是因为竞争、博弈的双方无法达成“平衡”“共赢”所造成，而制度管理正式要在这双方之间找到平衡点、结合部。

1. 何谓标准——清楚表达、共同理解。

2. 何谓学习型组织——把局部、个人的新体验、新经验变成大家的共有经验。

3. 何谓系统思考——自发尤其自觉地进行经验汇集，建立共享工作模板——形成标准的过程。

4. 何谓制度:双方妥协、折中、寻求共赢的结果!

5. 其中最大的挑战和难点在于:双方心智、能力的均衡。

不要把格斗场开在伤得着大众的地方

1. 资本市场、融资融卷、股票期货，这些东西每天给它那么大的空间波动，短线投资者就像赌徒一样废寝忘食，这没有关系，但是，一旦大起大落会波及“实体经济”——比如银行的衍生工具参与其中、银行的巨额资金又去“理财”，那就很容易被“感染”——等于是把大众百姓的钱、国计民生的血液纳入赌场了!

2. 对于什么“国际投行”(实际上是“国际赌徒”)，中国的金融体系必须要有防火墙，否则难免步日本后尘。

3. 一些人天天在谈“资本运作”，他们把企业家拉到一起，鼓励他们“包装上市”，告诉他们，“资本运作”才是最高层次的赚钱方法，实业有什么搞头?

4. 一位朋友说得好:“资本市场”就是一种新的“分配机制”、一个“新的格斗场”、新的“再分配环节”。

5. 金融金融，就是资金的融通、资金的流动嘛!犯得着花人类那么多资源、那么多精力吗?华尔街在美国金融危机中的失控，那就是“格斗场里面的厮杀，刀剑飞向了普通民众”的结果。抑或叫做“流弹伤人”。

6. 也许，“格斗”是一种乐趣，赌博是一种人生，就像斗牛场、竞技馆、体育馆一样，但是，我们应该用一个围栏或围墙把格斗场围起来，免得伤及旁边的居民、大众。

7. 2007年全民都去银行“理财”的时候，就代表说我们的“围墙”被拆除了，近几年全民都在参与房价上涨的狂潮的时候，代表我们的“围墙”原来是没有的。

8. 我们的中央银行、我们的政府，有责任把这道“围墙”建立起来，把“赌博”、“格斗”“资本运作”限定在“格斗场”围墙之内，以免伤及无辜。

案例阅读：

1.《远离股市：中国股市19年户均亏损超四万》

2. 远离股市：现阶段的中国股市是赌场

案例:《吴长江重回雷士无果　施耐德内部人士：随便后退就是死》

见报道《吴长江重回雷士无果　施耐德内部人士：随便后退就是死》：

要点如下：

1. 螳螂捕蝉、黄雀在后，这就是资本运作（圈钱）的结果？——始料不及吧？何必当初?！——请结合重庆家富富侨的案例来阅读。

2. 抑或：零和游戏、死活之争！——退潮之后，才知道谁在裸泳！

3. 一段时间以来某些专家鼓吹资本运作，大谈看不起做实业、搞生产的人，实业不好！——前车之鉴、后事之师！

4. 量入为出、社会需要建设性！——关联阅读：《足浴大王郭家富被公安监视居住　民间借贷或超4000万》

肉食动物与草食动物：社会生态与生存法则

引子：《雷人教师称：爱看书的老师一辈子当不了领导》

见报道《雷人教师称：爱看书的老师一辈子当不了领导》有感：

1. 在“领导赏识”比什么都重要的环境之下，“爱看书”是一种错误——因为，一旦把读书当成爱好以后，人就会“玩书丧志”，忘记其目的所在！不妨看看那些能够往上爬的人，无不是“学而优则仕”——把读书、文凭、学历当成手段，为我所用！何况“爱看书”会耽误时间——耽误与领导沟通的时间，而且“爱看书”的人往往会太自我、太自发、太迂腐，甚至不把领导放在眼里！

2. 另一方面，不读书是一种悲哀——因为不读书总归缺少底气、上不了台面，就算勉为其难，人们也会说你是“暴发户”“土包子”。

3. 平心而论：不读书不行、爱看书好像也不行……才一小时前，一位大学教授处长在电话中说他正在给他的四个侄儿讲“人要奋斗”，我跟他说的就是“是啊，二十五岁、二十八岁以前埋头多读点书一定没有错！三十岁以后，或许也要学会推销自己。”

4. 不过，“爱看书”通常被人们所推崇，为什么呢？(1) 如果他年纪小，父母以及他人从他那里看到希望，对小年轻而言读书应该比较有前途；(2) 如果他年纪跟自己一般大，爱读书的人，往往“沉湎书本”甚至与世无争，对他人的威胁就小，大家也就不必忌讳他、可以和谐相处。(3) 读书人往往比较把书里面的东西当真，这种人虽然有时有点卖弄、冒酸水，但是往往有正义感，不太会投机钻营，所以不会像那些“不学无术”“投机钻营”之辈令人嫉恨。

报道原文：《雷人教师称：爱看书的老师一辈子当不了领导》

人类中的草食动物与肉食动物，你是哪一种？

朋友，你是草食动物，还是肉食动物呢？请核对一下、照照镜子！！

草食动物	肉食动物
猪马牛羊	豺狼虎豹
工人、农民、技术员	公务员、业务员
聪明、智商、IQ	精明、情商、EQ
搞事是技术	搞人是艺术
吃草、吃素	吃肉、吃人
厚道、就事论事	奸诈、兵不厌诈

为了吃饭不要命——如果打仗，你怕死吗？

1. 人类为什么会发生战争？打仗那个东西，把人往死里去整，为什么还有人要去？

2. 就个人而言，主要因为：脾气！火气！——对于某些人来讲，面子、尊严——重要到可以不要命：我们的小说、舆论宣传不就是这样宣传的吗？视死如归、死得光荣！

3. 对一个组织而言，则有分工——那，为什么你不去，他要去呢？为什么士兵要冲在前面？——命令、督战队、枪口指着你！不对，还有：正义感、牺牲精神、奉献精神、殉情、殉身。

4. 当然也不是这么简单！看看黑社会：想加入的人得先杀一个人、犯一个案子在身上，然后他的同伙才放心！——至少，你应该不是警察的“线人”、卧底！

5. 组织的两个要素是：一个是对内的凝聚力，一个是对外的战斗力！就像一个铁团——组织、团队要有凝聚力！——利益捆绑、精神一致、理想一致，还有，背叛的后果！

6. 忠诚度、牺牲精神、奉献精神，都被打造成是一种美好的词汇！——而人是精神的动物，精神是他的行动的指令系统！其精神在某种外在不得已的客观环境下，可以完全违背身体的生存法则行事！

7. 正所谓意志力！

8. 很多人不愿意打仗、不愿意为了利益搞到死去活来——可是，那为什么还有人要当兵呢？

9. 如果当兵就遇到打仗，对某些人来说，可能只能说是“运气不好”！

10. 可是，你看看成天到晚的电视剧，很多当兵的可是“跃跃欲试”、想打仗的很呢！

11. 是啊：报效祖国、养兵千日用之一时、奉献啊！

12. 或许：国家的概念还存在，强大的美国在那里时不时让你有点烦，你不想打，行吗？

13. 还有一些不学无术的人，他可能就是不喜欢“一份付出一分收获”，他就是喜欢“枪杆子里面出饭钱”、喜欢做打手、喜欢不搞生产、直接参与分配，你怎么办？

14. 人类做三件事情：生产、分配、玩耍——玩耍不讲它了，分配的名堂就很多了：喜欢“枪杆子里面出饭钱”的人怎么可能欣赏“一份付出一分收获”呢？一些会走关系的人，也有同样爱好，你怎么办？他不搞乱分配，怎么能够“浑水摸鱼”呢？

15. 如何搞乱分配呢？就是乱整咯！老子一个人说了算、暗箱操作、不要制度、拒绝法制、倡导人治、宣扬人之初性本善、塑造圣贤形象、掩盖事实真相、不接受群众监督，等等。

16. 小到企业、大到国家，类似于中国式制度管理及中国式绩效考核里面的东西，的确“是必需的”。

管理者学习案例精选：善用“临时工”——以毒攻毒、以暴制暴

“延安城管局回应“城管暴踩商户头部”：系临时工”

1. “临时工”是一个很熟悉的字眼，网友说得好“为什么每次政府部门出了这种事就说是临时工”。

2. 可是泽尧就疑惑了：生活中我们看到的临时工哪是这个样子？哪有这等脾气？请问：他们是一般的临时工吗？

3. 从这里泽尧引申出一种管理的“艺术”：**以毒攻毒、以暴制暴**——就是要招聘“临时工”，而且不是一般良民型的临时工，而是要招聘“社会闲杂人员”——也就是那些生活没有着落的人、甚至地痞流氓。为什么呢？你要知道：只有那些没有退路的人，才会“奋不顾身”与“敌人”干啊!!

4. 你想想，要是遇到刁民闹事儿，你让“正式编制”的人去执法，能行吗？有吃有喝有保障，他值得“为你”卖命干活儿、不要命做事吗？而，那些随时可以叫他走人、没有退路的“临时工”，只要你有一点点示意，他还不得跑快点?!——这可不是管理的艺术、不正是管理的艺术吗？带兵就要带这样的兵，这叫做“令行禁止”、这样当官多爽啊！

5. 很多人是没有看懂这个“艺术”、这一招儿的！可不是吗？你看看：有网友

说“就不明白了怎么总是临时工？干吗要招用临时工？临时工也可以执法吗？全国行政事业单位有多少临时工？和谐社会又一怪胎——临时工！”

6．有更多的人是看到错误的角度上去了：有网友说“临时工对于政府来说，实在太重要了。背了无数的黑锅！”“临时工真多呀！一被曝光就成临时工了？明显的政府不作为。”他看到的是“背黑锅”“政府不作为”。可是泽尧看到的恰恰是有所作为以及当地管理者的敬业精神（我要是他的领导，应该会很欣慰啊）：既然让正式编制的人去做事辛苦、很难，那就让临时工去冲锋陷阵吧！对临时工而言，不冲不行、未必是黑锅啊!!

7．注意：本文有两个焦点——第一个焦点是，相对“正式工”而言，没有退路的“临时工”才会“你指向哪里、他冲向哪里”；第二个焦点是，若是遇到“刁民”，贪生怕死的“正式工”甚至连一般意义上的“临时工”也都是不堪使用的，而只有“特殊的临时工”如“社会闲杂人员”甚至地痞流氓做临时工，才是有“杀伤力”的。

8．这样，你就不难理解：“为什么每次政府部门出了这种事就说是临时工”，泽尧从管理学的角度告诉你，那是一种艺术！

流氓者不屑学习、弱智者怀疑学习

1．对流氓而言，学习是舍近求远、迂腐之道，抢、偷、占就是了，去学习干什么？

2．对弱智而言，学习是事倍功半、效率低下，经验、操作就够了。猴子掰苞谷，得到新的丢了旧的。

3．对混日子而言，学习好辛苦、浪费精神，日子就这样过就是了。

结论：流氓者不屑学习、弱智者怀疑学习。

生产型思维 & 分配型思维

有的人“生来命苦”，为什么？因为人类有两种基因：

一个是生理基因，一个是文化基因。生理基因由生命遗传而得，文化基因由家庭文化、生活经历、接受教育情况、个人生理结构差异背景下的接受与改良而形成。

有的人为自己的直率感到自豪，有的人为自己的心思缜密而骄傲。

有的人为自己的真诚而沾沾自喜，有的人为自己的机关算尽而自我欣赏。

有的人胆小怕事，有的人胆大妄为。有的人小富即安，有的人不断进取（贪得无厌）。

请见下表所列“生产型思维 & 分配型思维”：或许你会找到自己的“基因”，然后知道自己为什么有作为或者没有作为的其中一个重要的源头。

生产型思维 & 分配型思维

厚道、老实、鲁莽	精明、奸诈、圆滑
客观	以我为中心

（续表）

正直：以事为本	忠诚：利益集团
实事求是、科学依据——理性	利益导向、斗争需要——党性

正直的人为什么混不好？——问题出在：他就不是“混”的人。

信不信由你——人生命运与目光的六个维度

大约在1995年，当时在国外，忽然有一天，我看到自己的照片大为震惊——明显一副传统知识分子的模样——温良恭俭让的气息，自己不过三十几，可怎么看起来没有生气、没有霸气、没有杀气呢？结合当时发生的几件事情，我一下子意识到：喔，不能这样，我得让我的目光强一点、有杀伤力一点！于是，后来在一个地方照相的时候，我就特别注意我的目光——狠狠地、专注地、有神地，然后拍下来了。寄给一位成都的女子后电话中她告诉我“你的照片看起来目光有点凶呃！”我说“那就对了，我正在修炼，要的就是这个效果！”

“修炼”就不只是照相的时候“狠狠地、专注地、有神地”那么简单了！我当时写过两篇日记：《稍微自私一点》《稍微势利一点》（见作者《中国人生存谋略》一书），还有，在工作上“要强一点”，对别人的评价“在不在乎之外在乎一点”（“跳出”之外再“投入”一点！）等等。后来在广东地区更加接触了各色人等，比如在网上贼喊捉贼、自称“赖账者的克星”的赖账者，比如人称“任何与他合作的人最后都会被他吃一口”的俨然君子模样的“君子”（阅本书《筹码理论》、“商业生存与商业头脑”等可见其影子），还有《广州日报》等书报杂志介绍的社会万象，都应该会改变我们的心态、眼光。

简单说来，人的目光有如下表所示的维度：

明亮度	活力度、眼睛大小、生命力、精力强度、视野开阔度、开朗度
深刻度	涵养度、思想深度、联想广度、情绪延伸、复杂度、隐晦度
尖锐度	智慧度、目光是否聚焦、简明度、捕捉问题本质的准确度、思考力
自信度	坦然面对、自我接受、立足自身、后方稳定
灵活度	知否进退、执着与否、喜怒笑骂、自控能力、从善如流否
凶狠度	厚道不能自拔抑或霸气没有底限？不按牌理出牌？

以上表格的内容是初步的，有待完善和调整。但是希望读者从中可以自己去学会分析自己或他人目光的各种元素和含义，然后就会逐渐明朗。总之，眼神是心态的轨迹，从眼睛那里可以看到一个人的很多，其中的关键在于自我的修炼与超越——请结合“强者逻辑”单元的内容来理解。

参考阅读：秀才的管理瓶颈何在

1. 心太软——真诚、厚道、忘记立场和角色。

2. 就事论事、执着真理——忘记人心变化。

3. 重视工作忽视人——人际敏感性不足、死心眼、不管他人感受。

4. 缺少：现实、精明——手段不到位、刚而不柔。

5. 文弱、斯文——缺少强势心态和霸气。

6. 拘泥于局部和技术细节——忽视市场需要。

7. 自我价值感强、憨厚——人格牵涉与捆绑。

狼性——强盗逻辑

暗示与暗示的跳出：A+B 原理

A 时间有 A 事件，B 时间有 B 事情，当对方在 B 时间有求于你的时候，A 事件的真实性就可能值得怀疑。反之，当对方在 A 时间有求于你的时候，对方给你的在 B 时间的承诺就可能有假。

什么叫诱饵呢？很多骗局是把未来——那个靠不住的未来作为诱饵来换取你现在的付出的。

一件事情，一旦有了对方——人的意志的参与的时候，这件事情的真实性就不再可靠了。人的意志的能力就是能去创造，能去设局，让你掉到陷阱里面去。

用未来作为诱饵去让别人在现在为他付出和做事，已经成为很多精明狡猾之辈的老板的一种常见手段。

利益扰乱人心——说“可以”就是“不可以”

他来电向你要“×××”，并问你报价标准如何？你说若干若干，对方说：“可以，这个标准可以、没问题”。然后，你把他要的“×××”给了他。

其实，这种轻易得来的“可以”常常只是意味着“不可以”而已。

前后两个事件 A 和 B，为了得到 A，他会有意无意去轻易承诺 B，以解“燃眉之急”。他心里甚至会怪你：谁叫你拿 A 事相要挟，B 事件是我不得已而承诺的，到时反悔也是没办法的事。

案　例

张先生来同我说合作办公司的事，谈得有声有色，并叫我按照我在交谈中谈到的 A 方案拟订，他说在三个方案中他认为 A 方案最好，简直就是煞有介事的样子。在谈话快结束的时候，张先生忽然若无其事地同我谈到另一件“小事”要代为办理。只是到了这个时候，我才突然意识到，我近来所研究的“精明之道”及“财商理论”确实有用——我提醒自己：前面他所谈办公司的事多半是靠不住的了。后来的事实证明张先生所谈的办公司的事其实只是一种冲动和沟通的诱饵而已。

这便是逻辑了：当现在的 A 事件和将来的 B 事件同时出现的时候，你一定要有警觉说：未来的 B 事件可能只是诱饵而已。

诈毛与机敏

有一种小鸟，毛色非常美艳，蓝绿之中夹杂有七彩色，在我家乡重庆，人们叫它“打鱼雀”。这种鸟非常警觉，人在很远之处稍有举动，它便不见而知，回避你的攻击。比如你在隐蔽处以石子投掷，别的鸟常常是石子落地才受惊飞避，而该鸟却能在石头降落在它的所在区域前知道“来犯之物”而提前飞避。由于它是所知的唯一具有此种好似现代军用雷达的功能和本事的鸟，因此我家乡的人对她有着特别的关注，建立了一个“诈毛”的概念：人们说该鸟有“诈毛。”

当一个人非常警觉，对他人的陷阱和欺诈相当有预知判断能力的时候，人们就会说“此人有诈毛。”

所以，所谓诈毛就是那只小鸟或人类所具有的，对于可能的危险提前知道的能力。

在你能承受的范围内：宁可人负我，不可我负人

信用额度的概念可以现实地解决诚信的问题：在你可以接受的范围内去诚信，风险就可以控制在你的承受能力范围内了。而其中客观存在的若干百分比的不诚信者就将成为损耗部分而从你的利润里面去扣除。

于是可见，你仍然可以“宁可人负我，不可我负人”。

一位朋友曾谈到：“别人一般都很信我，只是我自己倒未必信任他。为什么？因为我真的是把‘宁可人负我，不可我负人’当做座右铭的。什么意思？就是我自己绝对不做对不起别人的事，而别人如果想做对不起我的事，则也很难超出我的承受力，因为我有信用额度的概念。比如朋友向我借钱，我能答应的全额，也就是我能承受的他不还我的额度。”

大概这也是在某些缺少诚信的商业环境里的生存之道吧。

显然，这样一些观念对我们企业里面从事市场营销等外部商业性工作的职业经理人而言，应该是基本而必要的！

精明做老板

拾级而上——人性智慧台阶及事业进阶公式

以中国式情商的眼光看来，人性有十大台阶，而且此十大台阶与一个人的职位有一一对应的关系，见下表列出了其中八大台阶的职位情况：

愚蠢	傻乎	憨厚	厚道	聪明	精明	狡猾	奸诈
乞丐	马仔	苦力	科员	主科	科长	副处	正处
愚人		老实人		人精			

人性台阶的爬升可以通过核心元素的修炼得以实现，如下表所示：

天赋 + 目的性 = 聪明	你可曾见得邻家七八岁时聪明伶俐的孩子，到二十来岁时两眼无神、了无生气，何也？缺少目的性、梦想和追求，混长了十几年
聪明 + 现实性 = 精明	一些专家型、技术型的聪明人何以误入歧途、不得正果，那是因为他缺少现实性、不识时务、不了解社会的变化、为抓住关键变量
精明 + 进攻性 = 狡猾	限于精明的人只能做个科长，防备有余、进攻不足，眼光局限在圈内、未能放眼圈外，唯加之以全局性和进攻性方能更上一层楼
狡猾 + 包装 = 奸诈	狡猾只能做个副处，因为肆无忌惮、外显的进攻性注定了他不能坐上尊位。唯包装可以让人道貌岸然、俨然君子模样被人推崇、端坐台上
奸诈 + 天道 = 智者	融会贯通、领悟到哲学的高度，替天行道、顺乎时势，平凡中见伟大、从容中见尊严，唯野性未脱、私心犹存，此为智者
智者 + 人道 = 贤人	慈悲心怀、服务人类、面对魔高一尺他竟可以道高一丈，能屈能伸、大道天成、大智若愚，此为贤人。其中佼佼者即为圣贤、圣人也

人生导师

年轻的时候失去的很多机会，回头看来，如果当初有个年长者提醒一下，就可以抓住，而其中的误区则应该可以避免，所以，人生导师很重要。

泽尧普度众生：一个人如何变得精明

我深信，人类的平等不是建立在想象和观念的“平等”之下，而是建立在心智和实力的对等之上。我知道我无法把精明的人教得厚道，于是我反其道而行之，把厚道的人教得精明——这其实是在打造大同社会、为共产主义理想做出实际的努力——

1. 要有点自私心，有为自我考虑的出发点。
2. 要有点目的性，有上进心，有目标。
3. 有点虚荣心，有面子观念，人际关系敏感度。
4. 知道人心的变化。
5. 知道他人有自私心，并学会尊重他人的自私心。
6. 对他人的自私心有明确的认识和敏感度。
7. 理解他人的面子，众人场合给予他人以面子。
8. 对人情世故有比较深的理解。
9. 有一定的预见性，将别人产生二心的任何可能性排除、扼杀于萌芽之中。
10. 懂得趋利避害。
11. 透彻理解合作与利用为一纸的两面。
12. 能屈能伸，懂得自己的目的性，同时也懂得自己的工具性，能够把自己当作工作去实现自己的目的。
13. 有弹性，懂得“曲线救国”的道理。

14. 有得有失，知道自己要什么，然后可以有所放弃，以集中力量，换取目的的实现。

15. 精明者有自知之明。

16. 多疑、不轻信，具有狐狸的警觉。

17. 目的性强，不浪费精神，也不浪费资源。

18. 不为道德、面子所累和束缚，可以轻松脱下道德，世俗、面子等面具，不要时懂得金蟑脱壳，断臂求生。

19. 不会人云亦云，不会过于看重他人的评价，有主见，因为是目的至上。

20. 有个性，能够承受孤独。

21. 在他人出招之前便有所准备。

22. 不会蛮干，不会舍弃自己的目标与人决斗。

23. 不会与人争辩空洞的理论，因为他自己现实的标准。

24. 不相信乌托邦、不相信理想主义。

25. 非常冷静、能排除任何对目的、功利的干扰。

26. 能准确把握人与人利益的分界点。

27. 不会把人想得太好，只会把人想得太坏。

28. 不会盲目乐观，能从反面思考问题。

29. 谨慎、防微杜渐，不给人以可乘之机。

30. 总能找到自己利益与他人利益，公众利益的平衡点。

31. 常有两手准备，有退路，进可攻退可守。

32. 勤于思考、乐于操心、而很多厚道憨厚之辈则常把问题简单化。

33. 在各种复杂、冲突的关系里面，总能找到自己利益的立足点。

34. 最为重要的还有一点：以上所有的方法、心态修炼一定只能为正义服务，否则会有恶果。

35. 最后，要能从我做起、从面前的事情做起，愿意拿出自己5%的时间、精力乃至金钱为正义及社会进步服务。

我曾对我的学生说过：

我知道，我没有能力把精明的人教得厚道起来，于是我选择把厚道的人们教到精明的地步。这，正是“普度众生”之义——为实现人类真正的平等做出应有的贡献。

我也曾对我的学生说过：

我教你精明，不是要你去欺负厚道的人，而是要你去制衡那些精明而邪恶的人。这正如少林教你武功不是要你去欺负无功夫的人，而是要你去制衡那些有功夫而乱来的人一样。

我还曾对我的学生说过：

你打不过他、你不敢打他，而你说“你因为善良所以不打他”，这能算是“善良”？

所以，如果你想做一个真正善良的人，你就得先学会打（有能力打）。

——当你打得过他、敢打他而后不打他的时候，人们才会竖起大拇指说：你真的很善良!!

同样的，

你不懂得精明，你只是憨厚，然后你说你厚道，那也不完全是真的，因为你除了憨厚和厚道没有选择，还算不得真厚道。

所以，如果你想做一个真正厚道的人，你就得跟我学习精明之道。

——在懂得精明之后还有厚道之心、厚道之为，那才是真正的厚道之人!!

案例：不要那么旁若无人——人际敏感性

到上海来工作已经四年了，我今天有机会重回原来工作的单位实在难得。这家企业是台资公司，管理非常严，恰巧老总又不在，约好的总经理助理张先生在一楼会议室接待了我。谈话中，产品开发工程师王先生走过来了——他是老员工，我离开前曾和他共事了两三年。于是我们三人坐在那个会议里聊起来。

令人尴尬的事发生了：这位王工程师非常自我，对他自己及他老婆，以及他老婆调单位的事，聊起来非常有兴致。问题的关键是，来前约好的总经理助理在接待我，我不能让他太受冷落，可现在的情况是，这位工程师成了谈话的主角。这件事令我非常感慨：一个人为什么抓不住重点？你老婆调单位那些事别人真的有兴趣听吗？为什么你不知道放下自己——把自己在环境中进行恰当的定位，找到自己的恰当的位置——从而留点空间给别人？你为什么如此缺少人际敏感性？

1. 跳出自我才是出路——不识庐山真面目，只缘身在此山中——你的命运就是这么自发地、毫无所觉地把它的主导权拱手放弃？

2. 人际敏感性——说你该说的，说你适合说的，说别人愿意听的，说别人有效率和大家都有效率的事情，不要让别人的时间停留在你的自我欣赏上。

3. 没有人际敏感性，就不会尊重别人的效率。

4. 没有跳出，不能打破自发，也就不能改进自己的效率。

5. 像王先生这样的工程师还有很多——他们的优点是非常真实，真实到了憨厚、厚道的程度。就天伦人格见《意识心理学》而言，他们是完好无损的，别人似乎没有权利去改变他。但从人伦人格的角度就不同了——其缺点是太自发，太没有长进，太不懂得尊重别人的效率，也无法改进自己的效率。仔细想想，真是一个人的悲哀。

6. 我们对此一类朋友的忠告是：走出自发，走出自我，培养人际敏感性，走出憨厚和厚道，多一分精明。

什么叫人际敏感性

1. 你让他人自在了吗？——你是自发的还是自觉的？
2. 你让他人有面子还是没有面子呢？
3. 事情重要还是人的合作更重要？

4. 你的观点就一定代表事实吗？

5. 某个看法被否定就代表你没有面子吗？

人际敏感性的基础——把握人心的变化

利益划分，责任划分——关心的分水岭问题：

1. 人走茶凉；
2. 你把钱放进他的腰包以后，他的心态就发生变化了；
3. 拷文件的故事：他求你变成你求他；
4. 精明和机智之举是：就地结账，也是款货两讫；
5. 洗澡间封闭不严，春光外泄，让人起不良心念；
6. 贵重物品不善加收藏，结果会让人眼红产生占有欲，进而引起偷盗之心；
7. 一个人购买保险之后会产生一种依赖心理或思想上的麻痹，以至于反而降低了他防范风险发生的努力行动；
8. 穿低胸上装或超短裙的女孩子，当然就会客观上引诱别人来多看你几眼。但偏偏有女孩既要穿低胸，又不要别人去看她，岂不怪哉。

第7单元　“道理”是不够的
——武力做后盾：李氏超级管理学

泽尧如是说：在一个没有是非的环境生存，你就别太讲是非，否则会很累、很郁闷！

“儒家只是‘小乘教’，充其量可以独善其身，法家才是‘大乘教’，方可以普度众生!”——历代帝王可都是用儒家思想，那又是为什么？那是让老百姓“独善其身”、画地为牢啊!! 他自己却不信什么儒家思想，他是在让老百姓信奉儒家思想而已!! 他自己信奉却是“实力至上、武装夺取……”

“李氏超级管理学”——你知道经理与主管有何本质区别吗？

经理与主管有何本质区别？——不可不知的“李氏超级管理学”

事与事之间的关系是逻辑、是技术，属于自然规律的范畴。人与事之间的关系主要是“以人为本”的利益和经济问题；人与人之间的关系则主要是分配问题——良性谈判、可以互相妥协时叫政治，不能妥协时则讲究武力。

四十不惑

年轻的时候我们以为他很笨，那么简单的制度都订不好，
老来才知道他很精明——原来他内心里不希望把制度订好。
四十不惑＝不受大众逻辑所蒙蔽

科班MBA：你“能文能武”吗？

一次我陪同姑妈幺婶去街心花园照相摊取相片，由于有些好好的底片没有洗印出来，便与摊主发生了小小的争执，因为重新洗印价格既贵又得再等时间，因而怪她不该如此。摊主的回答却是“照片是照相馆洗印的，要怪你就找相馆去。”我在旁边听得此言，很不以为然，向她指出说“我们是把钱交给你的，要找就找你，怎么要去找相馆呢?”你道她如何回答“你这个戴眼镜的读书人，只会咬文嚼字。……”于是我一边揭下眼镜一边告诉她：“我不戴眼镜可不可以？——读书人就可以让你随便一句话堵住嘴巴吗？要吵要骂我今天陪你到底，好不好?!”她顿时没再说话。

那位前任经理的情妇在我的部门时常常没有做部下人的本分，自己无理还常反口咬人，一次她这样说道“你还是大学老师，说话这样”大学老师怎么样？大学老师就一定要在流氓和无赖那里做谦谦君子吗？我对她说：“大学老师怎么样？我告诉你，大学老师也可以做流氓，你信不?”

一个社会需要警察，需要国家机器，需要扫垃圾的人，需要把那些混蛋扫到垃

圾筒里去，一个公司，一个部门的管理，其复杂性也就在这里：有些人会仗着些什么要无赖，他偏偏不同你就事论事，你没有一些“武”的甚至流氓的东西去“以毒攻毒”，你可能就会“搞不定”。

每当那位副总同我讲“要能文能武”“你是走文路的”时，我就会同他讲上面这个故事。

一方面我不认同别人说我是“走文路的”，因为我认为自己可以“能文能武”，我既然可以“要吵要骂陪你到底”，那么我就没有说自己“不会流氓”“不会霸道”。但另一方面，我从工厂管理实际的人和事里面却可以明显看到：

1. 确实有很多人会“武”不会“文”：比如他可能有些经验，会做，但他说不出所以然，他可能会以一些管理人的技巧，但他不懂得规划不懂得理论，他可能会做产品，但他不会玩电脑，他懂得做事但不擅长交往和沟通，这多半与其文化水平的高低有关。

2. 也确实有很多人会“文”不会“武”：比如他可能是大学生研究生，能写会算，但他与人交往太彬彬有礼太软弱谦让，他可能自己会做事，但却无法让一群人做事。

由此观之，“文”与“武”之别是现实地存在着的。现在的问题是，如何尽可能二者得兼？现在只谈养“武”的功夫：

1. 欲“能武”必先“养气”：年轻人血“气”方刚，就在于他的“气”比较足。

2. 所谓“气”，也就是为工作，为自己的观念“鞠躬尽瘁”“死而后已”的精神。你敢不敢与人抗争去坚持你的原则？你敢不敢为是非对错与人“拼杀”——甚至以被炒鱿鱼为代价。“大不了我不干嘛！”你有没有勇气说这句话呢？或者至少在心里有这么一个“底牌”和“筹码”。

3. 真正的“养气”，当然不会是“血气方刚”“意气用事”里的那种气。“血气方刚”里的那种“气”不计后果、自暴自弃，“死而后已”、有进无退，缺少积极负责的精神。真正的养气在于：“作最坏的打算，做最好的努力”这句简单的话做起来不容易。

4. “养气”中常见的困难是：也许你太“患得患失”；也许你因为“后方不稳”，人生的信心不足。

5. “养气”的最关键也最容易的方法是：长期以来凭实力求生存，不靠资格和面子吃饭，价值观念取向是以能力提升和经验积累为做人的后盾。

6. 个性坚强，学会忍受孤独，不期求别人的赞扬，不祈求别人的认同，“你不喜欢我，难道我就喜欢你吗？”

7. 自己及部下的工作条理性好，对自己及部下的事情有信心，对于所作所为敢做敢当，不怕“打开天窗说亮话”。

何谓打手？不分是非的武力

不分是非，违背起码的道德观念，只是为了利益。

什么叫打手？不分是非，狼狈为奸，利益指向哪里，他冲向那里。

违背事实，置眼前事实于不顾，颠倒黑白，原来只是为了利益。

一个社会为什么混乱，如果只是少部分人不分是非，少部分人不尊重事实，那么应该不是问题。

可是，如果负责的人，管理者，执政者，也是如此，那问题就严重了。

就像一个人有大脑，分手脚一样，手脚听从大脑指挥没错，如果大脑指挥手脚去握捏烙铁，伸进开水锅里去，造成手脚的伤害，而手脚竟然甘愿受死、死而无憾，那这就危险了。恐怖主义也就应运而生了！

超级管理学：管理＝F（道理、利益、市场或武力）

人类的“道理”会努力去折射“天道”，但是事实上，只有“道理＋利益＋武力”才构成真正的“天道”，如右图所示：

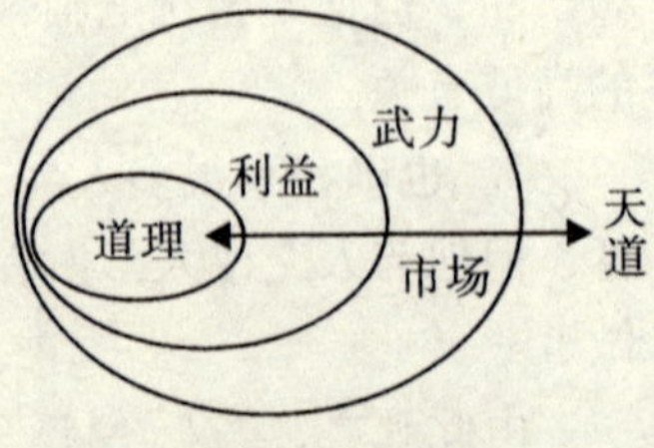

君子爱财取之有道

基于以上“道理＋利益＋武力＝天道”的链条，作者提出了“李氏超级管理学”。

按照“李氏超级管理学”的理论，老板、总经理、经理、主管这些职位不是随便叫的，这些帽子也不是可以随便扣的，它们都有其特定的含义。请见下图：

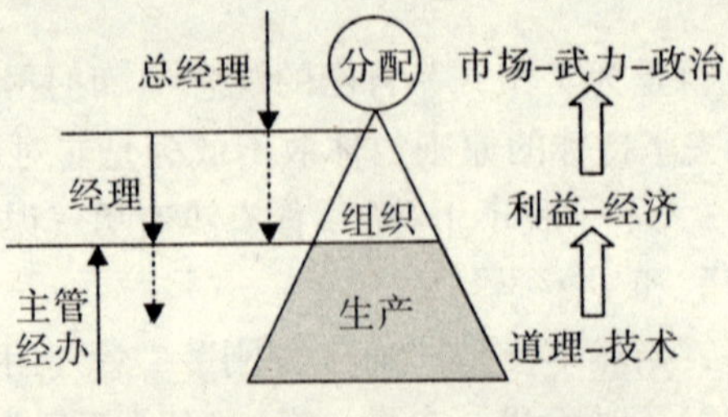

管理＝F（道理、利益、市场或武力）

1．主管自下而上，以技术为基础，要求经验和专业；

2．经理以上自上而下，表示具有共通性，可以存在“空降部队”；

3．经理要管理利益，与利益无关的“主管”不能被叫做经理；一些公司随便扣“帽子”，其实与管理的本质没有多大关系。

其中的要点是：主管、经理、老板的核心能力——

生产以技术为基础——主管搞定；

组织以利益为纽带——经理搞定；

分配以市场为原则（普通企业讲竞争、市场为原则；垄断企业讲政治、武力做后盾）——老板搞定。

管理的人、事要素

	事	人
事	事对事叫技术：道理、科学	人对事取利益（经济）：价值、利益、观念情感
人	人对事取利益（经济）：价值、利益、观念情感	人对人讲分配（市场或武力）政治手段：武装、斗争 经济手段：市场、竞争

管理一段——主管级：管理 = F（道理）

技术型主管、秀才型主管，常常会把“管理 = F［道理、利益、市场（或武力)]”中的后面两个要素给忘记掉，而只剩下一个“道理”变量，成为了：管理 = F（道理)，具体地讲：

1. 秀才型、忠良型管理者：讲道理、大众逻辑、正派、正统、呆板。
2. 技术型人才：凭技术、讲技术，依据问题本身的逻辑，而忽略人的因素。
3. 基层主管：管事情就好，不管人。
4. 适合理想型企业：纯正企业文化下另两个变量“利益、市场（或武力)”也会遵循“道理”而行。
5. 在善良人构成的团队，自己的几个部属都很厚道、善良实在——类似乌托邦的理想境界下，该类主管也可以如鱼得水。

何谓秀才？——凡事讲道理

忽略、漠视：

1. 利益——利益关系。
2. 武力、市场——道理和利益之外。

启示：管理不只是一个技术问题，也不只是一个艺术问题。

管理二段——经理级：管理 = F（道理、利益）

经理与主管有什么不同呢？难道只是叫法上的？善于利用利益和价值，而不只是用“工作、事情、任务、道理、技术”去管理部属。某种意义上讲，一个“经理”，应该有一定权限去管理部属的“利益”，否则就很难被叫作“经理”。

1. 利益驱动、符合人性——成熟管理者：学会笼络人心、获取群众基础。
2. 有组织能力、团队带动能力——组织以利益为纽带。
3. 把人设想成价值驱动、利益驱动，可以管理除流氓以外的所有人。

利益闹出来的“笑话”

男子被以奸杀罪执行死刑 9 年后疑似真凶现身，但家人奔走 4 年却不能平反昭雪。http://www.sina.com.cn 2009 年 08 月 04 日 14：35 南风窗

1. 或许，一部分人的利益、官位，比事情的真相来得更重要。

2. 既然错了，将错就错，大家相安无事多好，何必搞出一些纰漏来。

3. 至于冤假错案，那算什么呢？

4. 关键词：“公检法当事人多已升迁”。

管理三段——老板级：管理 = F（道理、利益、市场或武力）

站在社会、市场、历史的高度，借助“政治、经济、文化”的视角看管理，管理就是另外一回事了——这就是所谓“超级管理学”的概念。对于政治团体、垄断企业，可能需要类似强制力、武力的手段，而对一般企业而言，则需要“市场”这个关键变量。

——读书人胆小？胆小的人才读书。

——枪杆子里面出政权：爱拼才会赢！

1. 弱者折服于道理，成为厚道的人，中国历史上曾经或仍然构成群体中的多数。

2. 强者为利益而动，是中产阶级的雏形，这样的人未来将越来越多。

3. 强盗直接参与分配环节，从分配中取胜，此种人在弱者变成强者的过程中减少。

没有这样的观念、思想和策略准备，如何能够独当一面去做一个独立地区、分公司的总经理呢？

超级管理学下的“管理职能”

在引入了“超级管理学：管理 = F（道理、利益、市场或武力）”后，传统管理学的几大职能就不再只是一个“技术问题”了，见下表：

控制：武力问题、约束力、作用力——纪律、制度、秋后算账、筹码、得失忌讳、心理恐惧、权威、城府	领导：人情问题、情感影响、团队摩擦——热火朝天、团队氛围、同事反差、个人面子、领导情面、情感博弈
执行力	
计划：技术问题、按逻辑思考——手段科学到位、有效目标分解、预见性	组织：利益问题、按规则行事——责任和利益精细化、人际博弈、心态文化、武力

其中，计划是一个技术问题，按逻辑思考；组织是一个利益问题，按规则行事；领导涉及情感问题，运用人际思想情感影响；控制是一个契约问题或武力问题，遵循承诺和合同。

参考案例阅读：《老子手上有枪：特工保护奥巴马登长城携核按钮护驾》

惨烈：抗战中八百战士为了不当俘虏跳下滚滚黄河

1. 日本军国主义利益集团发动惨烈的战争，百姓被绑架参加进去；

2. 为了民族、国家，为了一口饭吃，为了一个理想，年轻的生命如“飞蛾扑火”；

3. 未来，社会保险上去、有了游戏规则无需用小命去换“三斗米”的时候，或许战争狂徒，及被绑架的以小命搏碗饭吃的人会不会减少呢？

全文阅读：http://blog.sina.com.cn/s/blog_5d1d06270100f29n.html

古代思想家的“半人半兽”论

善良的期待：教化——世界变好。

善良的人：教化——祈求世界变好。

现实的人：竞争——产生新的平衡点（制定新的游戏规则）。

意大利著名政治思想家马基雅维利在《论君主》宏著中说：“君主必须既懂得采用动物的方式又懂得采用人类的方式。一个君主要善于运用人与兽这两者的天性，如果只会运用其中一种天性，他的统治就不会长久。”

指的就是：一半“理性”一半“非理性”，一半“理智”，一半“野蛮”。

人类中的草食动物与肉食动物

管理运用：超级管理学展开

1. 弱者心态——社会文化（弱者逻辑）：管理 = F（情理）

1. 大众心态——社会文化（大众逻辑）：管理 = F（道理）

2. 企业管理——工商文明（强者逻辑）：管理 = F（道理、利益、市场）

3. 国家治理——超级管理学（存在就是合理、达尔文进化论）：管理 = F（道理、利益、武力）

4. 黑社会——原始文明（强盗逻辑）：管理 = F（利益、武力）

延伸阅读：为什么“红颜薄命”？

参考案例：《女主播何以能被官员“性侵”16 年?》

1. 女人漂亮本好事，但过分漂亮、十二分红颜，在某种环境下则可能是坏事！

2. “极品美女”是一种“稀缺资源”，本可以“引以为傲”、在男人面前“矜持”“待价而沽”。

3. 但是，在男人占有优势、在黑暗势力可以为所欲为的黑社会码头上，“极品美女”就会成为一种被人“抢夺”“霸占”的“稀缺资源”，就像“矿山”“土地”“码头”之被人抢夺一样！

4. 在流氓、大亨们抢夺这一“稀缺资源”的时候，“该女人”哪里还有自己的意志、自己的选择！?

5. 反而是：长相不是十分地好，一般男人虽是喜欢，但是还不足以让流氓、大亨们引起注意的时候，她反而是安全的——这些够不上流氓大亨的人们，没有资格“为所欲为”，所以，懂得尊重女人——于是，长相并不十二分好的女人，反而有福：被贫民家男人喜欢、爱慕、尊重、追求！然后倒反而可以“待价而沽”！

6. 换句话说，“极品美女”容易遭遇流氓大亨、黑恶势力者的追逐、抢夺，有如遇到疯狗，遇到不择手段的恶霸。这样的恶人，哪里还顾得了你女人的意志！

7. 其中的逻辑和道理是：“极品美女”因其“极品”、因其“天生丽质”而成为一种物品、一种资源，而不是被看做一个活生生的人，被人抢夺、被人霸占!!

8. 在我们不能抱怨黑恶势力、面对流氓大亨束手无策的封建时代，或许你就只能怪自己了：女人具有“天生丽质”是一种错误！

9. 简言之，在男人占有优势、黑暗势力可以为所欲为的黑社会码头上，“红颜薄命”是有其必然性的!!

第3篇

创业——创造价值、基业长青：企业的真相

“做了几十年的管理，听了老师的课才发现，自己只是一个工头而已!!”宁波一位高管在香港财经学院MBA班课堂上，当着全班同学对泽尧如此说道！其实，这不是第一回，也一定不是最后一回！

老板与职业经理有什么区别？为什么一些人做了几十年经理，却成不了老板？本篇会告诉你，那是因为，他的手上没有“配方”。

第1单元　不做工头做经理
——李氏核心能力理论：创造的真相

凭什么做老板、靠什么赚钱？——李氏“工头说”

做了十几年的管理，今天才发现：自己只是一个工头而已？

“做了几十年的管理，听了老师的课才发现，自己只是一个工头而已!!”宁波一位高级经理在香港财经学院MBA班课堂上，当着全班同学对泽尧如此说道!

其实，这不是第一回，也一定不是最后一回!

为什么?

因为，尽管不少的人听了很多管理课程、看了很多管理书籍，但是，他并没有被告知：到底管理者最重要的工作、最刀尖的部分价值在哪里、是什么!

他对自己“凭什么叫经理、与工头有什么不同?”并不了解。

很多老板在烦恼：“能做事的留不下，留下来的都是不会做事的”，本单元将告诉你：问题出在，他不了解“管理者的核心能力”是什么。

其实，企业的管控、授权如何不失控、如何避免分公司总经理拉着一帮人逃跑，其中的道理也是有着这个“管理者的核心能力”而延伸出来。

请读者静下心来——阅读：

问题：如果你是销售经理，你要怎么做?

如果你是销售经理，你的责任是——500万元销售目标，你有10个业务员——请问：你要如何把目标分解下去?

请读者不妨先放下本书，拿张纸出来列出你认为比较合理的做法!!

然后，跟下文对照，看看你的答案，对不对?!

可能的答案：

请读者看看，你的答案与下面的答案是否对得上?

1. 平均比较合理——每个人50万元。
2. 能者多劳——能力强的80万元、有人30万元。
3. 区域不同难度不同——根据负责区域确定。
4. 参照过往业绩——抓住“增长率”。
5. 不是拿500万元，而是800万元去分——就算部属打折，咱还可能超额完成！

6. 还有别的办法，请你补充！

你的答案与上面的某一条一样吗？

或者，有何不同？不同的本质是什么？

作者的答案：不做“工头”做“经理”

请不要以为，自己的答案有几条跟上面的对上了，就是对了！其实，前面的答案在某种意义上说，都是错的!!

为什么呢？你把大目标分解为小目标，500万元分解为50万元、80万元，无非是在做“加、减、乘、除”，算术运算而已——这样的动作，小学五年级的孩子就会做呀!!

这样分解，不叫经理，只能被叫做“工头”!!

那就让我们来看看什么叫经理吧！

请见下图：

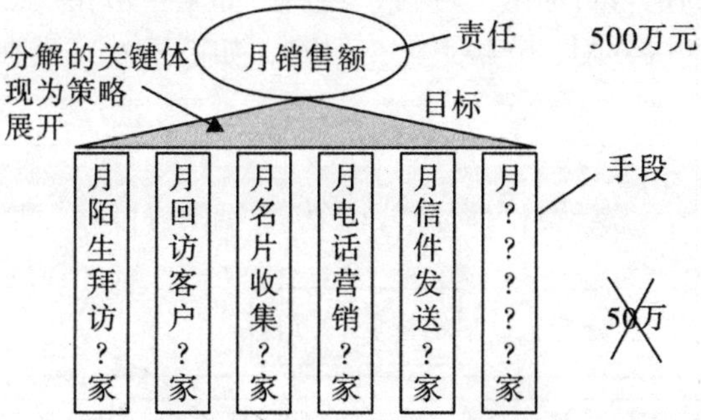

李泽尧：不做“工头”做“经理”

如上图所示，把500万元的目标分解为：

1. 有人专门发传真。
2. 有人专门上门拜访客户。
3. 有人专门收集客户信息比如E-mail。
4. 有人专门发邮件。

……

总之，不是把500万元分解为30万元、50万元、80万元就了事！

请读者注意了！——这里有一个概念，那就是：

把目标展开为手段——这叫策划!!

注意图中的三角形——金字塔区域，那就是管理者的存在意义：“策略展开”——把500万元销售目标分解、展开为具体要做的、部属能够做的事情！

什么叫策划？——把目标展开为手段！

类似地展开：什么叫计划——把结果反推为过程！

管理者做什么？被管理者做什么？请见下表：

管理者	被管理者
1. 设计手段，通过手段的完整性去让目标志在必得 2. 设计过程，通过过程的完整性去让结果志在必取	1. 执行上级分解下来的手段 2. 执行领导交代下来的过程

如下图所示：

把目标展开为手段：配方 = 完整性。

把目标展开为手段——手段的完整性构成目标。

把结果反推为过程——过程的完整性构成结果。

有知识一定有能力——知识的完整性构成能力。

能力——面对所要解决的问题，知识具有完整性。

那，以前我们怎么没有注意到“策划”这个概念？

我们之前学习管理，都知道“计划、组织、领导、控制”，知道“PDCA”，怎么就没有注意到“管理者的核心能力是策划和计划”呢？

请见下图：总的销售目标是 1 万台，然后，如果一般情况之下，死活也是要按照各个区域、不同区域分配、分解下去，但是，如图所示，现在有一个问题：缺口 2500 台怎么搞定呢？

案例：上海分公司 2000 年销售目标

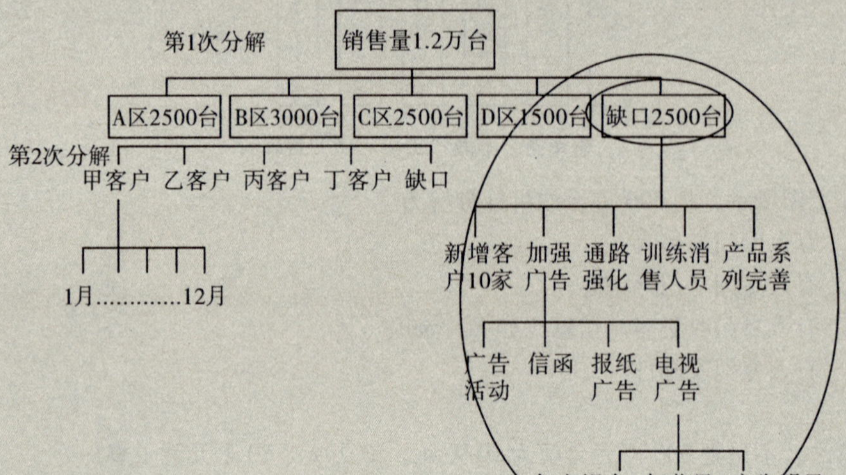

如上图所示的被椭圆形曲线圈起来的部分，就是策划——不只是数学上得加减乘除、不只是把大目标分解为小目标就完事，而是要“拿出对策”“打硬仗”——要做“策划”!!

如上图所示，椭圆形区域所展示的就是，缺口 2500 台怎么搞定的策略初步方案。

管理者的核心能力：策划 + 计划

1. 管理可以“无为之治”吗？泽尧告诉你：不可以！因为你必须要创造价值。

2. 为什么“能做事的人留不住，留下来的又是不能做事的人”？问题的关键在于你要能安排他去做他的能力所能够做的事情。

3. 管理者要做的一件重要工作就是：把结果反推为过程，把目标展开为手段——可是，过程做好是否就一定可以保证好的结果，手段做好就一定能够达成目标呢？其间的必然性就是管理者的核心能力！

4. 如何留住优秀员工？如何用人、留人？管理者的存在价值、存在意义何在？其关键在于管理者能在更高的层面上找到自己创造价值的空间。让部属做他自己能够做的事情，此所谓各得其所。

管理者的核心能力体现为：

1. 在时间上（横向）把结果反推为过程，在空间上（纵向）把目标展开为手段。

2. 有好的过程就一定有好的结果——即过程与结果之间的必然性，这就是所谓的 Know - How。

3. 可以达成目标的、具有完整性的手段——从而使手段与目标之间有了必然性的关系。

以上三点，正是管理者所掌握的 know - how （技术、专门技术、专业技能），就好像中药配方一样。

案例：宁波老板做法

前几年作者在复旦大学校园给一个 MBA 核心课程班讲课时，遇到的那个培训机构老板——一个宁波人就是这样做的：

业务员：上海下岗女职工——没有业务能力，不需要她搞定 5 万元或 50 万元，只需她有打电话的能力，老板认为足矣！

老板心目中认为：这些人月薪 3000 元可以留下来，然后，只要她们每天把该打的 150 个电话或者 100 个电话打完，就可以把 3000 元的大头，比如 70% = 2100 元拿到手。因为：老板心目中认为，这些人 2100 元也不会走。

剩下的 30% 与结果挂钩。

打电话的效果，好与不好，70%——主要在我老板手上，我老板去承担。

当然，业绩提成自然也就很低了，利润也就主要只是属于老板自己了。

简单的说：老板拿出 2100 元，所买到的是“半成品”——“打完该打的电话”！

而不是“成品”，不是直接的业务订单！

手下做作为过程的半成品

手下做作为过程的半成品，拿走基本工资构成成本，你自己对作为结果的成品负责，利润（或正或负）留给自己——你与他是买卖关系；

如果你对半成品的标准不确定、对过程没有标准，你和他事前没有标准，甚至谈不清工资待遇，而是摸着石头过河、一起“折腾”，那么你和他就是合作，他跟你就是合伙人，是团队，就可能要参与事后利润的分配。

案例运用：如何用人、留人

1. 经理人：策略展开创造价值——你的500万元目标，如果手下有能力搞定50万元，其要价一定不会低！只怕你付不起或舍不得付。

2. 你都不知道那50万元要怎样“死出来”，你就不能叫手下“死也要死出来”。

如何用人、留人：

1. 复杂问题简单化：流程、书面表达、学习型组织、万能工、互换性，核心秘密留在手中。

2. 让手下做他能做的、比较简单的事。

3. 只需要留下那些适合的员工。

结论：部属是“零件”：让手下做他能做的事、比较简单的事——这就是用人、留人之道。

所以，松下幸之助说：**用平常的人才，做伟大的事业！**

反之，如果违背上述原则，非要去用能力很强——能够帮你搞定50万元的员工，其结果往往就是：

为什么员工、部属总是不尽如人意？

1. 当你满意他的时候，大概就是他不满意你的时候了！

2. 孩子一旦长大，他就难免会“远走高飞”做父母的很矛盾，“一方面希望他快点长大，一方面又不希望他长大！”

3. 部属不成熟——形成对你的依赖（互补）。

能做事的留不下，留下来的都是不会做事的

业务员工作的过程你不会设计、不去干涉、参与，让他自谋发展、自生自灭，如果他做得好，技术全部是他自己的，策略、方法，全是他自己的，他对提成的要求就难免会比较高，否则他可能离职去单干。

换句话说，你的品牌、你的公司平台、你的项目选择……就得更有特色，更有自己的价值点。

若无基本工作标准的做法：基本工资照给（严格说叫照算），然后在业绩提成里面扣除。

其中的本质是：工资总额不变的情况之下，让奖金系数也就是业绩提成的比例提高。

管理者核心能力：策划与计划——李氏核心能力理论

杰克·韦尔奇说：“仅仅有一个宏伟的战略目标是不够的。决定成败的不是目标，而是措施。”

如何将目标和计划落实到部门及个人的具体的行动上，执行人的职责系统（KPI）：明确每个岗位的责、权、利，识别关键业绩（KPI），并提出一整套业绩标准——这些都是直线主管的工作。

有效管理者的组合效应

业务部的责任目标是营业额（月销售额），你是部门经理，那么，你的作用则在于有效地分解部门目标给部下——不是简单的除法或加减法，而是你的工作策略——把部门的责任目标分解为部下可以执行的下级工作目标，而且要可以测量、可以监控和检讨！这是自上而下的通过工作策略进行的目标分解。如果反方向去看，自下而上的则是组合功能——对部门人员起到一个组合效应：也就是说，你的作用就是让部门的绩效大于他们各自绩效的简单总和，所谓1+1大于2。

目标分解的关键，实际上体现为管理者的工作策略问题。

由此可见，上级目标的确定是企业战略问题，下级目标的确定（分解）是工作策略问题。在执行者而言，真正的困难在工作策略上，在不确定的工作过程的控制上。

如下图所示，经理人的职责是：策略展开+组合效应

经理人的职责：策略展开+组合效应

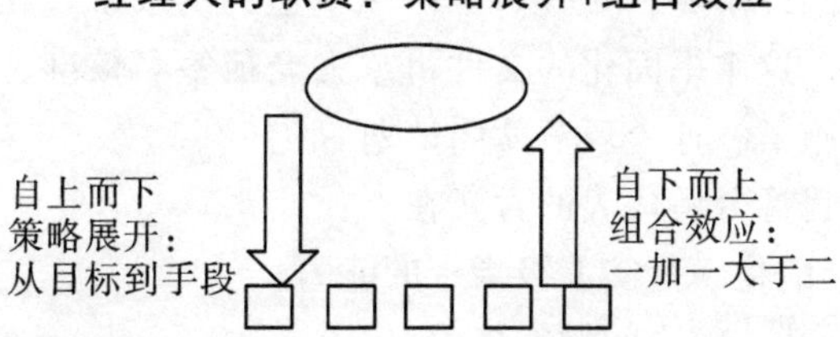

管理者是翻译者：
从抽象到具体；从总目标到小目标；从方针到事情

策划—计划—规划

策划	创新性：最低成本、最巧手段达成目标 技术性：目标志在必得、手段的完备性 点子—精心策划—奇谋—营销策划
计划	操作性：资源、人员、设备、时间、信息 行动计划—实施计划—生产计划
规划	整体性：空间上和谐、部分与整体协调 长远性：时间上具有前瞻性、持续性 “好好规划一下”—城市规划—区域规划

运用：党、政、工、团的考核

有人问："党、政、工、团如何考核?"我给他的回答是：例行工作参照本书"绩效管理"下"职能部门的考核——管理＝维持＋改进"一节，而"改进与立项"的考核要点如下：

1. 领导指示（概括、抽象、宏观）＋本人的创造力（解码能力）。
2. 具体工作项目（策略展开：明确、具体、落到实处）。
3. 标准（什么叫完成、什么叫好什么叫坏：可交付成果）。
4. 考核（依据、标准）。

其中的关键在于从第一步到第二步，即把"抽象的指示"分解展开为"具体要做——可以做到的几件事情"，这正是"策划"的含义！从第二步到第三步则是计划。

比如：年终大会上领导讲要以人为本或者什么部门要发挥什么作用，那么你这个部门经理就要去把这个"指示""精神"转换、解码成具体的要做的几件事情!!

1. 员工食堂安装空调，体现以人为本。
2. 员工宿舍区设置乒乓球台、提供文娱活动。
3. 去汶川地震感受重建。(顺便游览九寨沟?)
4. 去北京参观人民英雄纪念碑缅怀先烈。(借此到首都旅游?)
5. 增设麻将桌，让无聊的人们晚上不去鬼混?

或许你想到八件事，老板只是认可了其中六件事，或者你只是想到了四件事，领导还补充了两件事，总之，这个过程叫策划!!

然后，你去把那四件事弄一个预算——预期达到的效果、花多少钱、以后怎么运转等，书面化出来，这个书面化的文件再拿去老板签名核准，然后就可以从财务部支取钱款、付诸实施了。这个环节就叫计划。

由此可见，有效目标分解代表的含义在于：

1. 对上：领会、消化、落实上级指令的能力；
2. 本职：策略展开、解决问题的能力；
3. 对下：务实、干练、工作到位的能力；

启示：不要空谈为人民服务，而要实谈做哪几件事情!!

以上步骤适合于在管理上区别于日常"维持"性事项之外的、属于"改进、立项"的管理事项和内容的考核方法（见《有效管理十八项技能（白金版)》一书"第2项：绩效管理——把你的事变成他自己的事"关于"管理＝维持＋改进"中改进部分的考核)。

目标分解与解码能力

把结果反推为过程——计划、把目标分解为手段——策划，是管理者的两项核心能力。

"检查、跟踪和指导"还是老的概念，那就是所谓"PDCA"，对于主管来说，问题的关键在于两个：（1）按你的过程做了有没有结果；（2）有没有按你的过程做（跟踪、检查、稽核、赏罚）。前者是“学习型组织的”技术、核心竞争力的提升，后者是执行力，有没有落实切实执行。

所以ISO 9000强调两个要点：（1）第一，确认有没有系统、有没有一个相对合理——“有过程一定有结果”的系统；（2）第二，这个系统有没有在运行及得到实际执行。

案例：何谓“凝聚力”“战斗力”？

某银行干部问：“李老师，你讲课说指标是清楚明白的，就应该可以考核，那么，我们领导要求的‘战斗力’‘凝聚力’，这应该是很清楚的呀，请问该怎么考核？”

有意思！

我问他：“你能否告诉我，‘凝聚力’是什么？指什么？怎么体现？‘战斗力’又是什么意思？你这两个指标到底要做什么用？”

他说不清楚，旁边的同学提醒他：“你的概念就是模糊的！”

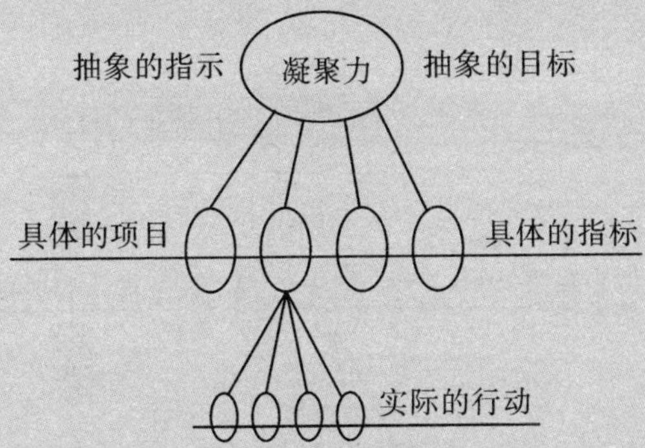

何谓“凝聚力”“战斗力”？

是啊，咱中国人就是喜欢、擅长抽象思维——在我们说到“战斗力”一词的时候，其实我们是希望“今年的业绩能够提升80%，什么的，等等”——但是，话说得这样清楚，似乎就没有了发挥、延展、变通的空间了，所以做领导的就讲一些比较抽象的概念——留给你一定的发挥空间、留下一个共同创造的余地！

我告诉他，接下去你要做的就是，把“战斗力”展开为具体的指标，然后去同领导沟通确认。有了具体的指标之后，你再把这些指标展开为具体、实际的行动方案！

解码能力与问题解决能力：目标一手段

解码能力，即让员工将高端的愿望，解码为工作的操作细节，解码为自己应该担负的工作责任的能力。如果解码能力不强，高端愿望就只是一个口号，只是一个目标，只是一个空洞的要求。

把责任落实下去

管理者要让订单没有完成的部分找到替罪羊。要找得出到底是谁造成你没完成这个订单，这样对下一次完成订单就有帮助了，每次完不成任务时，要找出原因，督促对方改进。他要不改进，长期这样，要有办法让他在公司待不住。所以我们要用数据说话。

一个外资企业的主管曾经对他的手下如是说：“在老板‘干掉’我之前，我要先把你们给‘干掉’。”

如果只是从字面上理解，或许这的确是不得已时的“烂招”；但是如果从责任的落实来看，则它其实是管理的一大“真谛”。

管理者的两种能力：策划与计划

请见下图：

何谓“策划”：把抽象的方针、目标分解、落实为具体的若干个项目或子项目。

何谓“计划”：把具体的项目、任务分解、落实为具体的若干行动方案及工作活动。

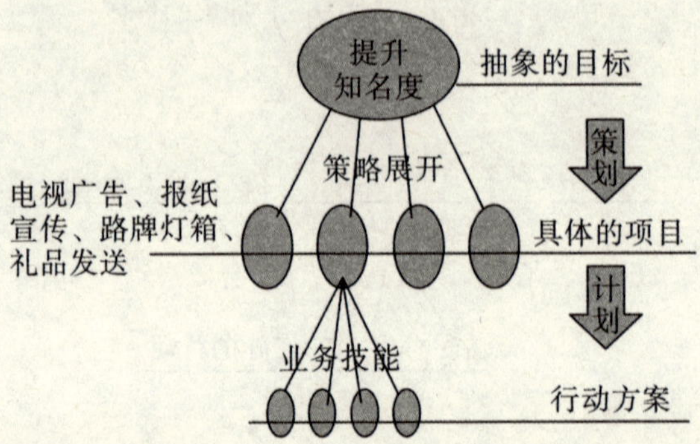

策划与计划对比

策划主要强调“策略展开的完整性：手段能够支持目标”。如下图：策划——纵向分解——目标＋手段：

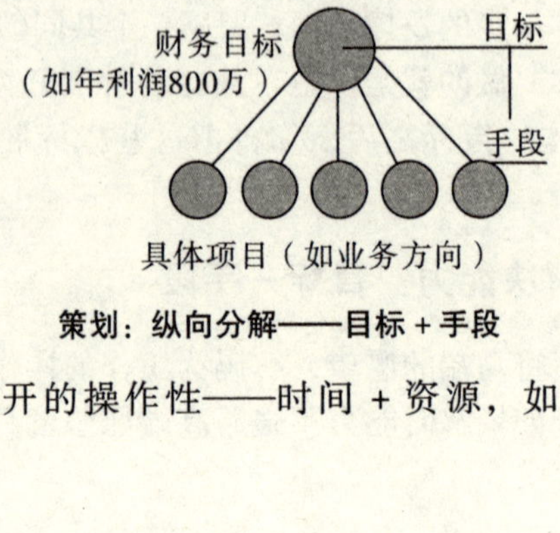

策划：纵向分解——目标＋手段

而计划强调策略展开的操作性——时间＋资源，如下图：计划——横向反推——结果＋过程：

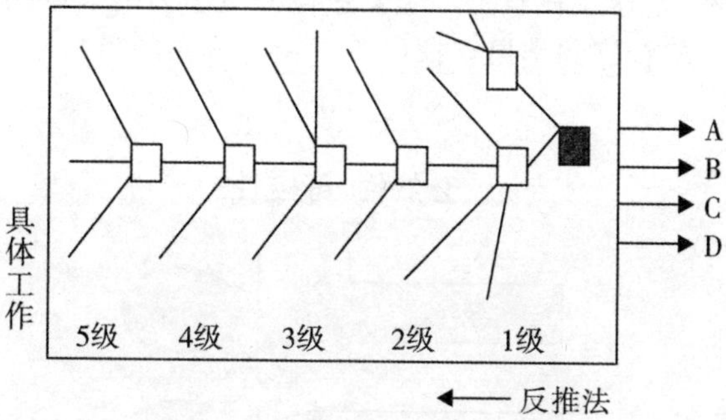

计划——横向反推——结果+过程

对比如下表：

策划	计划
外部动态信息：信息+常识+创新	内部静态信息、专业+知识+经验
完整性：手段支持目标	操作性：时间+资源
高端：项目支持利润	低端：工序支持成品
抽象目标到具体项目	具体项目到行动方案
战略策划、营销策划	生产计划、销售计划
总经理、副总经理	部门经理、主管
常出差参加行业会议、论坛	常读书、经验积累

如何做“策划”

1. 收集资料、参考同行、网络搜索。
2. 发散思考、顺藤摸瓜、脑力激荡。
3. 群体智慧、系统思考、不耻下问。
4. 合并同类项、结构化思维。
5. 可行性评估、实验、求证。
6. 成本分析、优选方案。
7. 付诸实施。

企业的核心竞争力在哪里？

在武汉演讲“有效管理十八项技能”时，有学员举手提问：“泽尧老师，你说管理的焦点是过程和结果，那么，企业的核心竞争力在哪里呀？”

大概，很多人都在追求“管理的最高境界”，你一个“过程和结果”就“完了”，总觉得无法满足人的“无限追求”“追求无限”之心。

可是，我告诉他：你可不要小看这个过程和结果呀！其中的文章深得很呢！

一家公司做10个项目有8个都成功，另一家公司做10个项目9个都失败，“有过程是否一定有结果”，这实在就是一个企业核心竞争力的关键啊!!

有好的过程就一定有好的结果！这可不是一件容易的事！

如下图所示：

必然性=可控性

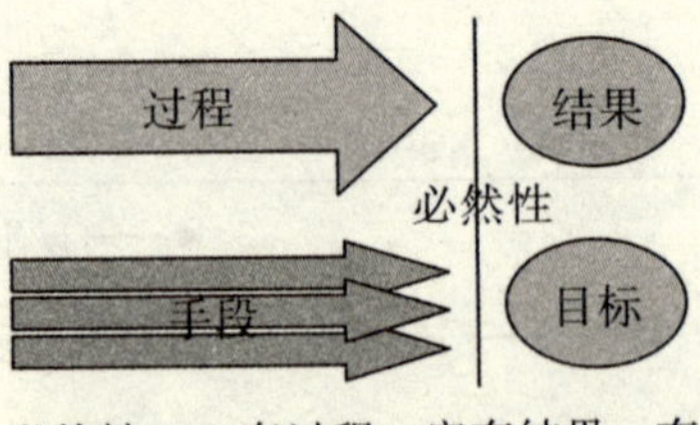

必然性——有过程一定有结果、有手段一定达成目标，这就是管理者的存在价值、管理的可控性!

必然性 = 可控性

所以然：过程与结果之间的必然性，手段与目标之间的必然性。这就是企业的核心竞争力!

延伸阅读：成功 = 系统 + 细节

1. 管理者的核心能力是策划 + 计划——策划和设计手段，计划和设计过程；
2. WBS 代表系统，每一个子项目代表细节；
3. 系统是管理者的责任，细节是管理者与被管理者共同的责任；
4. 过程的完整性让结果志在必取；手段的完整性让目标志在必得!
5. “细节决定成败”是片面的。“系统 + 细节”才能决定成败。

管理 = 过程 + 结果，只有工作的过程和结果才是公司与员工之间的“交集”和“接口”：管过程是合作关系、付基本工资，管结果叫代理拿佣金。

管理 = 自理 + 代理，管理者是组合者——是边角余料、是特殊要素、是关键要素的“补缺者”，作用是：组合效应、掌握有配方。

案例运用：问题与对策分析

问题 1：某省钢材协会会长的烦恼：业务员“飞单”，怎么办?

能拿回来订单的人，要价不菲，拉不回来订单的业务员，工资又白付出了。怎么办?

管理者必须做一件事情，那就是“复杂问题简单化”：把销售工作分解为A、B、C 三个级别，适人适任，大多数业务员做 C 级工作，小部分做 B 级工作，更少的人（或许就是业务总监本人）做 A 级工作。

其分解结构见下图，即“业务工作金字塔”：

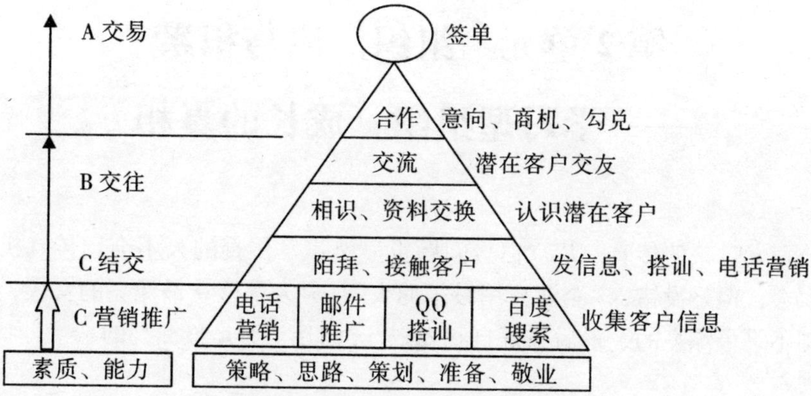

其中的A级工作涉及价格打折、回扣处理、私人感情的建立等，甚至在某些公司涉及潜规则及法律边缘。

问题2：总经理就是最大的业务员，怎么办？

一个区域总经理抱怨道：“手下十几个人，搞了半天，我自己是最大的业务员。”

1. 集团给的是提成比例。

2. 业务员不愿意拿出“自己的客户资源”。

3. 你只用提成去管理，他就一定会保留资源、保守秘密。

4. 因为：你没有对他的过程付钱，他就不会把过程数据给你——至少不愿意。换句话说，既然你对他有支付基本工资，那你就应该要设定过程工作标准——过程监测数据和过程性的、初步的客户数据。

5. 问题焦点：“最大业务员”——解决对策是：“分解”！请参照上节“业务工作金字塔”执行，具体操作表格详见本丛书之《管理的体系——TBC利润倍增计划》一书有关业务员工作标准及管理表格制定的内容。

问题3：四川某老总的困惑：过程好的结果不好、结果好的过程不好，怎么办？

1. 免检制度：连续三个月业绩达标或超标的，免检——对过程的管理的某些条款不作要求；

2. 业绩下滑，连续两个月业绩不达标的，取消此资格；

3. 道理很简单：有能力自己独立做好工作的，你就不需要管他的工作的过程；反过来，业绩结果做不好的，他就当然得听你告诉他怎么做！

第2单元　组织沉淀与积累

——学习型组织：成长的真相

某公司发过来的传真一片空白！问题很显然：发传真的人不会用传真机呗！或许这是误会，但是没错，“企业要用最笨的人”！男人都喜欢最漂亮的女人，可是娶回家的却不是最漂亮的，最后只好自我安慰，“姑且认为是最漂亮的！”

成长的起点：学习型组织

案例：课前确认事项

先看一下这个清单：

1. 您是否自带笔记本电脑，还是我们为您准备笔记本电脑。

2. 您的上课要求？课桌摆放、物品需要等：每人白纸3张。

我们已准备的上课物品包括：投影仪、白板、白板笔（黑色、红色）、手持麦克风、台式麦克风。

3. 您的食宿要求（您是否有忌口的食物，您喜欢的食物等）？

我们预定的房间为星级酒店的标准间（2张单人床，可上网）。

4. 您的往返行程：我们将会负责到机场接送您。

您是乘坐飞机成都—沈阳—成都还是火车，您的出发地和回程地点。

您是自行订票，还是由我们为您预订机票你们帮忙定。

5. 您的身份证号请告之，我们将为您预订机票。519004××××××××3

6. 您的课酬：税后×××××元（课后以现金付给您）。

7. 您上课所选用的教材：请您将书名、出版社告之广东经济出版社（李泽尧主编《执行力》《领导力》《商战力》）。

8. 您是否有已出版的书籍或光盘：请您将书名或光盘名称、出版社告之（北京大学出版社《跨国公司员工的八个行为习惯》）。

9. 您上课期间喝何种饮品：矿泉水、茶、咖啡或是其他饮品。

这个清单代表了一个培训机构跟讲师之间的合作事项。其中的要点在于：

1. 它是一个关于机构与讲师之间合作事项的汇总表。

2. 更关键的，它是这家培训机构之前工作经验的沉淀和总结。

不妨设想一下，要是没有这个清单，新来的人就得凭自己的经验，就可能会今天一个电话、明天又一个电话，去跟讲师“沟通”。而，有了这个清单，一次性就可以把相关的事情搞清楚、沟通到位！

这就是所谓的“学习型组织”的做法：

把某件事情、某个局部的、一时一事的做事的经验，写下来，并在后续工作中补充完善，变成是公司全体的、从今以后长久的做事的模板、规范、标准方法，从而提升组织效率。

而很显然的是，要是把上述清单转换为表格，将会更好：

工具名称	数量	检查重点	责任人
矿泉水（老师课堂饮用水）		质量、期限	
课桌摆放分组		人均到组	
湿巾	8个	质量	
餐巾纸	1包	质量	
王老吉润喉片	2盒	质量、期限	
激光笔 & 红外翻页器	1支	能否正常使用	
激光笔 & 红外翻页器电池	1组	电量	
手持麦克风	2个	能够正常使用	
台式麦克风	1个	能够正常使用	
白板	1个	干净、牢固	
红、黑、蓝白板笔	各1个	使用程度	
A4 白纸	3张/人	正常使用	
A1 大白纸	2张/组	正常使用	
音乐：（会前、会中、休息、会后）	1盘	正常使用	
笔记本电脑	1台	正常使用、电量、幻灯连接	
4米长点源	1个	插头是否有松动	
投影仪	1个	干净、连接、正常使用	
学员 PPT 教材课件（印刷）	人手1份	多5套备用	
培训现场评估表		多5张备用	

启示：学习型组织做法——沉淀与积累

这就是“学习型组织”——即“模板方法”的关键要点：

1. 写下来——书面化、形成载体：第一次就把工作做对。
2. 表格化、模式化——简单明了：结构化表达一目了然。
3. 沿袭使用——重复使用（复制）：在参照使用中修订、补充，下一次成本为零，减少口头很多废话。

何谓“资深经理”？——学习型个人：社会需要建设性人才

所谓“资深经理”，固然包括其丰富的人生经验、感悟以及哲学提炼，但是，“以事为本”的行业和专业经验自然也是必不可少的，具体地说，就是：

1. 聚焦某个行业的、围绕你的行业和专业，拥有数以百计的、各类项目的WBS模板。

2. 人情世故、组织生存、职业化、经验、方法、智慧。

3. 行业里面小有名气。

所以泽尧对职业人士的建议是：

你可以跳槽，但是不可以轻易换行！——要积累你的行业、专业的WBS工具箱！！敬请期待泽尧新作《百万年薪做经理》。

有关WBS的知识，请阅读本丛书之《管理的艺术——TBC员工驱动策略》一书或百度“李泽尧+WBS”搜索阅读。

超值分享：视频《学习的意义》（李泽尧讲授）

案例运用：跨部门困扰如何排除？

我部门作为公司的服务部门，服务对象有销售、生产、技术等部门。目前的问题是我部门虽对自己对外的工作做了一个标准流程要求，也发送给相关部门，但还是经常遇到其他部门因人员更替频繁带给我们的这个重复性工作的强度，特别是销售部门，人员变化频繁，新人来了之后，主管直接让找我们办事，我们不断地需要给他们的新人做出工作流程解释。长此以往，我部门人员的耐心和正常工作都受到了考验，请问这种情况我可以拒绝他们吗？如何拒绝？

泽尧：写下来，汇集成册，新人来了，就给他一个册子。头一次来温柔一点、配合他一下，一个星期之后，你就按照规矩做！这不算欺负他吧？别人不是喜欢欺负新人吗？

案例运用：成都驾驶教练：你都没有教齐全，骂人干什么？

学过驾驶的人们、尤其你可能会注意到不少女性驾驶学员，由于方向感差一点，经常被那位脾气暴躁的师傅骂得不知所措！

鉴于不只是学员痛苦，而那位师傅也是“怒气冲冲”“伤肝伤脾”，于是泽尧曾经试图给那位师傅提供建议：

1. 汽车驾驶之“场地考试”有几个步骤，形诸文字、画出图形。

2. 新学员刚来先看看这几个步骤——图示指南。

3. 然后再上车演练——务必全部动作走一遍，而不是忘记教会学员某个环节而骂人。

4. 让学员回家后再继续看看，第二天来的时候，事前再回顾一下才上车。

5. 上车前默记于心、上车的时候就比较不会“手忙脚乱”。
6. 以上动作循环往复，教练大可不必“没有教完整就骂人”！
7. 学员也就不会觉得冤枉。

——复杂问题简单化，这就是技术啊！

何谓能力：酒店预订问题百出

按道理，四星级、五星级酒店应该具有很好的管理才对，他们的经理人也应该是很有料的才对。可是事实未必如此，更何况低级一点的酒店。比如：签约客户预约酒店房间，作者就经常遇到其中的漏洞：他们竟然没有能够区分客户预订房间时，到底预订的是什么!!

比如：

1. 是入住者自己付费还是签约客户公司代为付费？
2. 付费标准是只包括房间费，还是包括了冰箱里面的酒水消费？
3. 酒店有无义务代签约客户为入住者提供其他更全面的有偿服务？
4. 抑或，只是预订房间，连房费都要入住者自己掏腰包？

其实，一家酒店以及所有的酒店，其会遇到的各种情况最多大概也就十来种吧？为什么不能够区分开来？为什么没有一个一览表列出来？为什么不把入住者所享受的“礼遇”分出个 A－B－C－D－E 五个级别？为什么不能在签约客户预订房间的时候让他书面或口头确认“入住者的礼遇级别”？

何谓系统思考：商铺购买决策要素

你也许会遇到非常积极、热情，甚至让你有点烦的房地产中介，他一个劲向你推荐商铺。可是遗憾的是，他所提供的信息常常不齐备、不完整——连起码的几个基本的购买决策的要素信息都没有：当你问他租金是多少的时候，似乎你还是在冒犯他、刁难他，真不知道他们经理有没有培训他？

请见下表——商铺购买决策要素一览表：

铺面

序号	地段	面积	层高	报价	单价	年租	平租	年报	年份	年头	餐饮	口岸	物管	联系人	可信度	评级	备注
1																	
2																	
3																	

如果房地产中介按照上表格式来提供铺面的信息，客户决策的信息就比较齐备，工作就比较算是一步做到位了（表格内容还可以更完善，这里只是提供了一个样板和思路）。

也许上表的要求的确是太完备、要求太高了。但是，你总不能在推荐二手商铺

时，连租金的信息、那个地段租金水平大致在哪里都没有概念，就跑去推荐给买家吧？

养成“写下来”的习惯——不是技术问题，而是习惯问题！

中小学教育专家经常讲：一个孩子未来读书能不能读出来，小学三年级基本上就可以看出个大概了。而且，很多教育专家提醒和强调说：孩子教育中最重要的就是，在小学三年级以前养成良好的学习习惯！

人与人之间智力固然有区别，但是“付诸行动”是任何人都必需的一个环节。姑且算作是：

成就＝“智力×行动”×环境

环境对谁都是一样，不考虑也罢。

“写下来”三个字，无论是对组织还是对个人，都是非常重要的。而且关键的是：它不是一个技术问题，而只是一个习惯问题！

请你养成好习惯：写下来!!

标准化——学习型组织与组织学习的成果

标准化——将工程所规定技术上和工程上的条件，转换成作业员天天所需要的作业标准。

这样的转换过程并不需要科技能力或高度的智慧能力，仅需要由管理部门拟订一个清晰的计划，依逻辑步骤展开下去即可：

1. 定型下来，保证不会走样。

2. 要求：描述、表达、清楚地界定。

这正是学习型组织的概念：将个人的、局部的、一时一事的新体验、新经验及知识纳入到企业主流、组织学习的“洪流”中去，并有一个载体把它沉淀下来、写下来、固化下来，变成大家的共有经验、成为后来人看得到的知识。如下图所示：

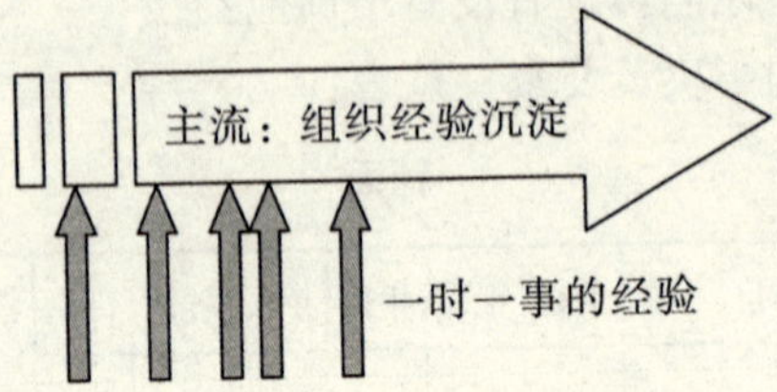

“标准”二字并不恐怖——学习型组织与标准化

1. 很多人一听到“标准”二字，就吓一跳，就感到“惭愧”和压力，就会感觉没有底气。

2. 其实，“标准”二字代表两层含义——一个是外在的标准、国家标准、国际标准、大家以及外人认定的标准——这一层含义，的确是让人感觉有压力的；

3. “标准”还有另一个含义非常重要，那就是区别于没有标准而言的标准，拿馒头制作来比喻：要是有一个模子，以每一次装满这个模子为限，那么其重量大概就算是有了标准了（虽然也有误差，但是不会太大，馒头嘛，要求不必那么高），如果还是一个成型的模子，那么做出来的馒头就连形状也都有了标准了。

4. 所以，“写下来”三个字，就是让你自己从没有标准到有标准。所以，标准二字也就不再令人望而生畏了！

企业标准化的价值——“业绩是硬道理”是良好企业文化的导轨

企业标准化管理、规范化管理的价值，在于可以降低劳动力、管理者的买入成本，减少对于权威、元老的依赖性，降低对被授权人的素质要求，体现的是公司作为一个生命体自身能力（组织能力）的积累，该生命体的生命原动力就是核心团队（利润分享者）的智慧和热情。

企业标准化同时还提高了管理者的控制力、降低了被管理者的创造性，降低了被管者的价值创造空间——这正是规范管理的阻力产生的根源。

也正是因为有这个阻力，有被管理者与管理者之间的“抢活做”的博弈，才使得规范化管理并非一劳永逸，同时也使企业更像一个生命体——需要享受事后利润的核心团队成员像生命原动力一样要扮演发动机的力量。

在非私人化企业里面这个发动机由于“集体领导”从而变成是一群人在产生这个作用。而在私人企业里，则可能只是老板一个人。

在非私人企业环境下，由于这种企业标准化产生的犹如势能和惯性一样的东西，使得核心成员可以“歇一口气”的情况下，企业仍然可以继续往前走，从而丧失危机感、会产生成员的性情和官僚性、封建性，论资排辈、多年媳妇熬成婆的情况便时有发生。

这，正是我们从一些国有企业、事业单位看到的景象：有时我们难以想象，他们为什么还这么忙碌，一天到晚开不完的会议，三天两头出差，甚至也加班。我们有时会问，是谁——是什么力量让他们、驱动他们这样不停地运转?!

人是活的，他们内部的一群人是活的，是在竞争上岗——投机钻营的，“爬上去有搞头啊”，位置越高，待遇越好呀！

似乎，国有企业，事业单位不也一样同私人企业一样有生命力、战斗力吗？其实不尽然，正如前面所述，私人企业老板直接追求利益最大化，其与企业的利益最大化是完全同向、完全一致的，可是国有企业、事业单位就不一样了：某个人利益的最大化与组织利益的最大化很容易产生错位——当其爬升、晋升、加薪的依据不完全是业绩、业绩不是“硬道理”的时候，这种错位就产生了。

这种错位接下去产生的就是形式主义、文山会话。

在这里也印证了泽尧的一句话：当业绩变成硬道理（一个企业从上到下），企业管理就会简单化，人际关系就会简单化，企业文化就会纯正化。看来，“唯利是图”“一分付出一分收获”，的确是企业的“人间正道”。

培训的意义：企业要用“最笨的人”

1. “创造性工作”优秀人才不仅是免费的，而且是高收益的，因为他创造的价值大于他所分配到的价值。

2．“非创造性工作”就不同了：一方面，不合格员工的代价是昂贵的，因为他带来的损失可能是不可估量的；另一方面，企业要用“尽可能笨的人”，底线是不误事儿；就像踩钢丝绳，这可是水平。

3．前者“优秀成才是免费的”用以提高利润，后者“企业要用最笨的人”可以降低成本。

4．培训的意义就在这里：对于非创造性的工作，企业可以把勉强堪用的人才、把刚好能用的人才、把培训一下就可以使用的人才，提高一下、训练一下，然后就可以使用、就可以在你的大环境下创造应有的价值。

5．很多年前，以及后来泽尧的著作都有说道：“用人一技之长，双方的价值才能最大化”，详见《有效管理十八项技能》。

6．很多谈管理的人，动辄就说“要用最优秀的人才”！其实可能是片面的，什么叫最优秀？性价比最重要，而不只是“性能”，你还得考虑成本。

7．民营企业老板最有切肤之痛：“优秀的人才”留不住!! 比如，综合素质好——他有五项优秀的素质，而你只用到他一两项素质，那就是浪费！早晚他都会跑。

8．以前国有企业“人浮于事”，一个经理边上，有三四个副经理“分他的饭吃”!! 外企主管与部属工资相差可能好几倍，而国企上下级只有20% ~30%，比你只差一点点，这个不是“上级”的上级，哪有资格、哪里愿意辅导、训练他？

9．上下级工资相差比较大的时候，培训、教练技术，就会有发挥空间了!! 主管可以放心、而又有信心去辅导部属。复杂问题简单化，主管的工作更有挑战性、主管也就更有成就感。详见之前泽尧有关“管理跨度”的文章。

10．其实，管理的问题最后就是：管理 = 过程 + 结果，你到底是跟他过程呢？还是要结果？你跟他要“过程”，他是打工仔，你跟他要“结果”，他是独立的“供应商”，你与他其实是买卖关系。而所谓“创造型人才”，则是你既不能跟他只是要过程，也不能跟他只是要结果，它既不是简单的打工仔，又不是独立的供应商，你必须跟他一起公事——研究、一起发挥创造力，这种人属于合伙人的范畴，甚至于应该享有股份。详见之前泽尧关于“股份的本质”的文章。

11．老板、管理者的价值就在于掌握“配方”，让部属帮你完成任务的一个子项目、一个分支工作，而配方在你自己手上。（详见泽尧“管理者的核心能力：策划与计划”）于是，为了降低成本，降低子项目的买入价，“企业要用最笨的人”才是企业赚钱的关键。

12．很多人喜欢忽悠老板“去用比自己优秀的人”，结果就可能乃至应该是“让贤”，把寨主的地位让给他，就像晁盖“让”给宋江一样？

13．其实是这样的：老板要用“某方面比自己优秀的人”，这样才符合泽尧的“管理者的核心能力：策划与计划”理论!! 关键，只有这样，这个世界才是和谐的!!

管理启示："复杂问题简单化是技术（管理者核心能力）"

1. 复杂问题简单化是管理者的责任——企业要用最笨的人。
2. 复杂问题简单化是公司的能力——用平常的人才，做伟大的事业。
3. 让同样能力的人，在你的公司里赚钱更容易、更多。

循序渐进、良性循环

案例：年终总结，很多业绩指标都没完成，老板大发雷霆

销售经理："老板你知道为什么吗？我们把产品送到客户那里去，还没有离开我们的客户，我就把手机关掉了，净是挨骂的电话，我们的设备质量之差是令人惊奇，我们延长一个月交货属于正常，老板这些事情你都知道，你让我怎么搞销售。

生产经理："这些都是事实，但你也知道我们今年 8 月份的时候停产 15 天不工作，为什么？没有原材料，你要我怎么来交货，我们原材料采购价格之高，质量之差，我几乎每天都给你打报告！

采购部经理：拿一张报告说老板这是我的辞职书，说："我辞职了，但我还要表明一下我为什么辞职，我干不了了，今年我干到这个程度完全是动用我个人的关系来维持的，为什么？因为财务部从来不给我现金，没有现金你还想要好的原材料，没有现金还想要准时交货？

财务部：我们不提供现金是事实，但问题是销售部产品卖不出去，没有回款，我们就是向银行贷款，人家一看我们的业务状况，谁贷给我们，你们不能让我去抢吧！

为什么在企业的很多问题，纠缠不清，纠来纠去，错的似乎是老板？

每个人都在避风港里，每个人都有合理的理由和借口！公司好的时候，大家都在享受，公司出问题时，却找不到责任人和原因！

而当我们和企业的员工们聊天时，也会经常听到如下的苦恼：

1. 为什么我拼命工作，领导却总是不满意？
2. 为什么辛苦了一年，公司对我的评价却是有苦劳、没功劳？
3. 为什么每天工作忙得不可开交，却看不到工作成绩，看不到自己成长，没有成就感？

一方面是老板抱怨员工做不好事，一方面是员工抱怨怎么做老板都不认可，那么到底是什么环节出问题了：是老板太挑剔？员工能力不强？还是两者缺乏沟通？……

（案例来源：网络）

案例分析：TBC 问题解决思路

1. 各个部门、各个环节要有标准、然后跟利益挂钩，成为制度（对事："标准＋规范"＊利益＝制度）和责任（对人：目标＋利益＝责任）。

2. 标准明确（即李氏八字真言："过程规范＋结果标准"）是技术问题，标准与利益挂钩是责任问题。

3. 如果"过程规范＋结果标准"符合"天道"（客观规律），代表"能力不是问题"；如果跟利益挂钩的程度达到他认同的效果，应该说"责任心"就不是问题。

4. 如果各部门、各环节已经按既定标准做到位了，那么问题就可能出在"过程与结果之间的必然性"有问题，也就是公司的策略、战略有问题。比如上例所说的"一群人个个都很辛苦，效果却不好"，谁之错？当然就是老板的错！

5. 按照泽尧的管理思想，从老板和管理者的角度来看，责任永远在自己身上，怪员工能力呀、态度啊、责任心吗？都是没有意义的！部门是你的、公司是你的，一切只能你自己承担！

6. 如果一个管理者、或老板的思维模式都是责怪部属"能力呀、态度啊、责任心呀，有问题"，那，你还能指望员工不是同样的，会责怪到他人身上？

7. "企业要用最笨的人""让同样能力的人在你这里容易把事情做好、收入比较高"——实在是管理者的责任。看来，"我不入地狱谁入地狱"，是管理者和老板不得已的事情。

8. 再回顾一下上述各部门主管"互相推诿""推卸责任"的例子，你必须知道：良性循环是关键，而良性循环的要点也就在于下面这几个要素：

（1）过程设计是否科学、是否能够指向所期望的结果？

（2）过程本身有没有得到有效执行。

（3）更高层面看，你的结果对上一级目标……最后公司的短期利润和长期业绩有没有帮助。

酝酿突破——李氏完整性原理

老板总经理，三五十岁了学习还有用吗？

古代寓言讲得很清楚：某人吃了五个馍馍丝毫未觉得饱，只是在吃到第六个、第七个的时候才开始有饱意，最后真正吃饱、吃不下了。然后他就在想：要是直接吃这后面两个，前面的五个不用吃、省下来该多好！

有人问我："35 岁了，要不要跳槽？"我告诉他"妹妹你大胆地往前走！"大学毕业二十几岁，到今天 35 岁，这就仿佛是吃馍馍，你才刚刚吃到第五个，为什么不接着吃第六个第七个？怎么可以不接着吃下去？

35岁，一切才刚开始，小鸟翅膀长硬了就要飞翔，这不是很正常吗？

当然，现在的问题倒反而是过去这些年你有没踏实工作，认真学习、吸收？你有多少本钱去“闯荡江湖”，这才是问题之关键，才是硬道理！

老板、总经理更是如此，你之所以到这个位置，说明你过去这些年非常用心，非常踏实，说明你前面的五个馍馍吃得很有效果，这个时候，你更应该踌躇满志——看着过去的积累，展望即将发生的突破，更应该是心花怒放，激动不已！怎么会说“三五十岁了，学习还有什么用”之语?!

请接着吃下去，第六个，第七个，突破更在这后面部分呀！

有知识不一定有能力？做培训的没有职业道德？

2010年北京某培训高峰论坛上，泽尧在讲台上问了在场人们一个问题：有知识不一定有能力？或者：有知识是不是一定有能力？

人们的回答是“不一定”，“有知识不一定有能力！”

之后，在很多培训场合，学员们的回答也是一样：“不一定”，“有知识不一定有能力！”

然后我告诉他们：如果做培训的人，竟然心里面认定“有知识不一定有能力！”那么，我只能说你是“没有职业道德的人”！

试想想：你天天做培训——天天教人来学知识，弄了半天，竟然“有知识不一定有能力！”请问你：“是不是很不负责任”——“管他有没有能力”，请问你“良心”何在？“职业道德”何在？

于是我告诉他们：来，让我来拯救你——让你做一个有良心、有职业道德的人！——我送给你两句话：第一句话“有知识就一定有能力”！如果你觉得有点勉强、自以为是的话，还有第二句话：“知识的完整性等于能力”——面对所要解决的问题，知识如果具有完整性，那就一定等于能力！

你是不是会认为这种说法太理性、太哲学，那么请看：这栋大楼，能不能建好，关键只在于我们对这栋大楼的知识是否完整——当你对大楼的知识具有完整性的时候，这栋大楼就能够建好！

同样，火箭能否上天、原子弹能否爆炸以及北京奥运会能否按时完成、如期举办，就在于一个“完整性”上面!!

如果当初，北京奥主委、中国外交部，忽然有一天告诉全世界的人说：“北京奥运会必须推迟一个星期举办”，请问：全世界的人要不要被“晕倒”!？会不会被“晕倒”!？

北京奥运会是一个够大的项目、北京奥运会开幕式也是一个够大的项目、北京奥运会开幕式上的第一个节目也是一个够大的项目！

请问：为什么北京奥运会可以如期举办，而我们一些公司的一个小项目、一个产品研发、一个订单生产，却常常延期？

知识的完整性、事前的规划和计划的完整性，是事情能否如期——按照我们预定的目标完成的关键！

所以，做培训的，一定要有一个基本信念，那就是：有知识一定有能力!!

没有这个信念，你去做培训，多半就是“没有良心”“没有职业道德”的人了!

其实，这“完整性”三个字可不简单!

大概人们都知道“可口可乐”是碳酸饮料，而其中的成分无非是糖、水……可是有谁知道里面到底有哪些东西——哪些成分呢？或许，可口可乐公司的一般高级主管也未必能够知道!!——因为，“配方”两个字不简单，那可是企业的商业“秘密”！——就像一服中药一样，配方是关键!! 原料无非是那么几十、百多种，可是组合却是一件神奇的事情!! 有没有药效，关键就在于一个配方——配方的完整性上面。

但是终究，可口可乐公司里面有人知道“可口可乐的配方”，所以有可口可乐公司的正常运营！中医院里面有人知道中药的配方，所以中医院才不至于门庭冷落!

所以，泽尧说“有知识一定有能力”“知识的完整性等于能力”——这两句话应该是我们培训行业的基本信念——也是我们培训从业人员的“道德底线”和“人格基础”!!

为什么很多培训机构的老总总是抱怨自己的业务人员“缺少推广知识、倡导学习的底气”，泽尧告诉他，或许就是因为缺少“有知识一定有能力”“知识的完整性等于能力”这样的基本职业信念!

超值分享：北京培训峰会上泽尧涉及“有知识就一定有能力”思想的演讲视频：

http://video.sina.com.cn/v/b/34904507-1562183207.html

坚持可知论——世界是可知的

世界是可知的——至少对于学习者而言、对培训讲师而言、对培训从业者而言，这应该是一种基本信念。

说不清、道不明的东西，你怎样去群体作业、产业化，原子弹怎么会爆炸？汽车怎么跑起来？

所以泽尧说“知识的完整性等于能力”。

在西部管理前沿 QQ 群里，有群友说：“解决一个问题，所学的知识要求全面，不能是半桶水，那样就完蛋了”。

泽尧回复说：“是的，那正是人们不断孜孜以求的东西——好在人类已经有很多成果了：飞机在飞、汽车在跑——你我天天有饭吃!!”

泽尧还有说：“东拉西扯的知识不能构成解决当前问题的‘能力’”。

“所以要聚焦——找到谈话的焦点、问题的焦点：所谓能力，总归要聚焦到‘当前的问题’上来。”“能力总归是从解决一个一个的问题开始的——泛泛而言的能力，就难免不知所云、不知所以。”

案例：《女子欲查自己名下房产遭拒官方称不能以人查房》

见报道：《女子欲查自己名下房产遭拒官方称不能以人查房》

点评：

这个国家、这个民族在这一个时刻，表现为愚昧!!

最大的愚昧恰恰在这里：官员不愚昧、大众也不愚昧，可偏偏愚昧却存在于二者之间，并能肆无忌惮!!

1. 一个人一时一事上的愚昧不代表是真的愚昧，因为谁都有大脑“短路”的时候。

2. 一个民族一个时代的愚昧也不代表是真的愚昧，因为社会有一个“发展的进程”。

3. 一群官员搞出一堆愚昧的政策也不能叫愚昧，因为素质官员有待提高、政府有待成长。

4. 可是，一群官员搞出一个或一堆他们自己都知道愚昧的政策，并且也知道大众会指斥其为愚昧的东西，这就是真的愚昧了——我倒不是认为这些官员愚昧，更不认为大众愚昧!! 但是你得承认——你所看的就是这样的事实啊：在事实上，这个国家、这个民族在这一个时刻，表现为愚昧!!

启示：群体智慧原理

1. 一个国家是否有竞争力终究是由该国国民的群体智慧、整体素质所决定。

2. 为什么有腐败存在，那就是这个国家、这个民族的智慧还不足以去消除这些负面东西。

3. 一个社会为什么有那么多的不科学、浪费、折腾存在，为什么某些部门办事没有效率，你可以归结为某些人不作为，某些人腐败，但最后应该归结为这个社会的自身智慧还有限，还不足以解决他们自己遇到的问题。

4. 一个公司、一个部门、一个组织，也都是如此。无论是能力还是愿力的问题，无论是科学还是民主的问题，无论是人的问题还是事的问题，也都是由这一群人的各自智慧组合在一起所决定的。

5. 当然，或许也存在二八定律：其中20%的智慧精英、觉悟人士，应该可以在这个群体智慧中发挥关键作用。

案例阅读：

《这帮网友太伟大！——网友称陕西安监局长名表超10块，其中1块价值20多万》

案例：民以食为天——国人“易粪相食”，谁之过？

有报道：《复旦研究生办食品安全网　称国人“易粪相食”》

其中有言：“所谓‘易粪相食’，就是每种食品的生产者都清楚自己制作的食品是垃圾，因此从来不吃，长此以往，每个人吃的都可能是垃圾。每次听到这些人沾沾自喜的口气时，我总是悲从中来——我做的鸡翅有问题，我不吃鸡翅，但是我会喝牛奶；我卖的牛奶有问题，我不喝牛奶，但是我吃鸡翅。无论愿意与否，在食品安全问题中，没有人是一座孤岛，没有人能够独善其身。”

请问：国人“易粪相食”，谁之过？怪政府？怪食品监督部门？泽尧以为“非也！”要怪就只好怪自己！详见下文：“李泽尧：群体智慧论”。

趣味阅读：《终于吃到了一只放心的鸡》——“饭桌上，太太告知大家，今天这只鸡少了一只腿。我心里终于一块石头落地：总算是吃到了一只放心的鸡啊！！——可不是，人家自己加工还愿意自己吃，表明问题不会很严重哦！好长时间以来，我对加工过的食品，不但不感冒，而且是害怕，我一再告诉太太，加工过的食品，能避免就尽量避免。”（全文地址：http://blog.sina.com.cn/s/blog_5d1d06270100o509.html）

引申：群体智慧论

一个民族的命运、一个国家的前途——民主也好、进步也好、腐败也好、GDP及增长率也好、政府的公信力缺失也好，其根本的原因和土壤，就是由这个国家人民的素质决定的，泽尧称之为群体智慧。

能不能形成群体智慧是关键。

按照二八定律，其中的20%是怎样的素质？有没有20%的人，是算得上真正明白点的人？

明白人只是元素，能不能构成分子，形成现实的力量，还需要结构、需要组织。

按照邓小平同志“让一部分人先富起来”的道理，知识分子能不能成为“先明白起来”的人呢？

没有单个人的进步，社会怎么进步？没有单个人的据理力争，哪有进步的动力？

暴风骤雨式的革命与“进步”往往是破坏性的——没有个体和个人的进步、没有至少20%的个人素质的提升，没有基础面的牢实，那是没有建设性——即便是一时的“形式上”的进步，最后只怕还会回到原点。渐进是基础、是量变，跨越式的进步也必须是以渐进式进步为基础的，这样才不会有过大的反复。

群体智慧由两个部分构成：单个的素质加上合理的结构。单个的素质比较好把握，合理的结构往往不在你我手里——顺其自然、天理常在。或许有点消极。

踏实地开启民智，力所能及地以身作则并据理力争，每一个个体的进步，渐进的积累，是我们的热情能够持续的基础。

这几年一些荒谬的思想开始泛滥，一些鬼怪故事开始有市场，一些博士级的知识分子对鬼怪故事津津乐道，个别讲师也开始相信鬼神，一些唯心主义的东西开始以灵修、风水、星座之类的形式出现，那是不利于社会进步的。

群体智慧的关键和基础是：共识的凝聚、常识的不可侵犯！

遗憾的是：有一些人常常在常识层面上不分是非，甚至故意颠倒黑白，大概只能说是他良知缺失、人品有问题！（参考阅读：龙楚象：周其凤的个性和北大的奴性）

只是，有良知的知识分子用不着太苦行僧，那么多打麻将的人们自得其乐，你又何必这么为难自己。国家、社会是大家的，不是你一个人的，用不着那么着急。

皇帝不急，太监急？

群体智慧论在这种情况之下，是不是可以让我们多一点“淡定”？

参考阅读：

1.《群体弱智化》案例之“奥巴马称法国为‘最重要盟友’引发英国不满”

2.《多劳多得曾经是错的？——“按劳分配”原则的正名之路》

与其说是“信仰”问题，不如说是“认识水平”问题

1. 很多人喜欢把中国的社会问题及有关中国人的问题，习惯性、人云亦云地归结为中国人的信仰问题，说什么“中国人缺少信仰”云云。然后，为一些这个那个的“宗教信仰”提供存在的理由和根据。

2. 我一直觉得不对劲——总觉得其中的理由、因果有点片面。

3. 看看身边那么多荒唐的思想、迷信的观念、封建的意识，这哪里是“价值观”的问题？哪里是“信仰”的问题？明明不过就是：文化水平、认识水平的问题！

4. 再看看：一些明显的、是非显而易见的乱来最后都没有个结果，没有个公道，没有个说法，哪里需要去谈什么信仰的问题呢！是非不分，与信仰有什么关系？——“欺蒙拐骗”之类，你伤害了别人，这与信仰有多大关系呢？被欺骗的人无能为力、忍气吞声，这与信仰有多大关系呢？这哪里是“价值观”的问题？哪里是“信仰”的问题？明明不过就是：“权力意识”“维权能力”的问题！

5. 没有起码的规矩、没有基本的游戏规则，谈价值观、谈信仰，未免把问题扯远了！

6. 不说远了：电视里面公然的骗人广告，你去投诉试一试？生活中遇到的欺蒙拐骗，你去维权，试一试？看看有没有结果就知道了！——这仅仅不过是一个简单的人所共知的是非问题，这跟信仰有关系吗？有必要谈到“信仰”的高度吗？

7. 乱来的，逮着了，大不了原价或加倍赔你又怎样，下次还继续！你要怎么去跟他谈信仰？

8. 总之，中国的问题，不是“信仰缺失”的问题，也不是所谓“主流价值”这么高深的问题，而仅仅是一个“要不要分是非、要不要有游戏规则的问题”，而其源头，则不过是一个大众的认识水平、权利意识、维权成本的问题。

9. 这是多么现实的、看得见摸得着的问题呀！何必要扯到“信仰”那么形而上的东西上去呢？

延伸百度阅读：《群体智慧挖掘技术——产生团队奇迹》

第3单元　利益对称与价值创造
——各得其所：企业治理的真相

任何人都将通过创造价值去获得利润分配权——这样的管理才是均衡的，这样的世界才是对称式的、多姿多彩的！

只有对手，没有敌人。你搞定了恋人，情敌就不存在了；你搞定了客户，对手就不存在了。

管理的最高境界是“无为而治”吗？——李氏价值创造理论

引例：晋商的身股——如何激发员工的自动自发

最近读到郭凡生先生（慧聪公司CEO，一家民营企业海外上市公司）的著作，看到其中引用《乔家大院》关于“晋商的财股、身股”的观念，从而介绍到他的有关“知识经济”的思想时吓了一跳——怎么同我的《创造力》一书里面的观点几乎一样！于是马上看看它的出版日期，“还好，同我的《创造力》一样都是2009年1月出版！”心里想“要是有人说我‘抄别人的东西’那就不好了！”

	资金	分红
财主（资金资本）	100%	30%
掌柜（人力资本）	0%	70%

从中知道：晋商在几百年前就有一种“游戏规则”，那就是：出钱的老板叫“财股”，做掌柜的现在被叫做总经理的人有“身股”（现在叫“干股”）。而且，令人难以置信的是：出钱的股东作为财股年终分红只得三成，而作为“打工仔”的“职业经理人”的身股分红却高达七成。

如果我的理解没有错的话，郭先生的书正是在说晋商的做法才是让掌柜真正变成是“为自己做事”的人！而这正是“激发员工的自动自发”的“诀窍”。

泽尧企业动力学理论应用：“因人设事”还是“因事设人”？

1．事业级的人，发动机级的人，事业部负责人级的人——都是企业或分公司的发动机，是动力的源头，这种人才往往可遇不可求，是事业发展的伙伴，是新业务发展的源头，显然，对这种人就只能是因人设事！——所谓因人设事，是用其所长，扬长避短。

2．另一种只是被用的人才，只是机器组成零件，而不是发动机和动力源头，这

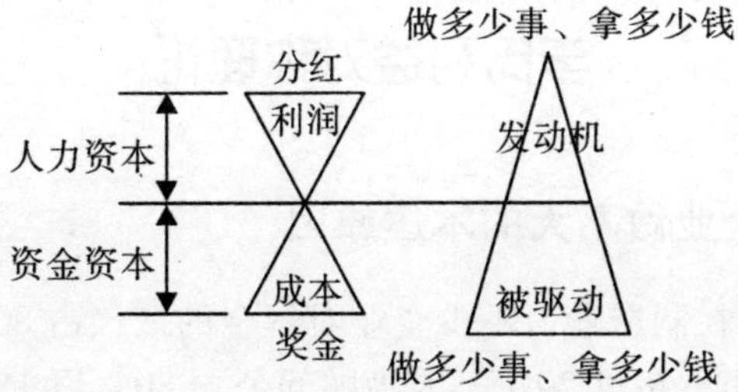

种人当然就只能是因事设人，因岗位和职能去找人，找恰当的人来做你安排给他的工作。

3. 刘备因为遇到诸葛亮故可成就一番事业，而如果他只是遇到一个阿斗，那么他哪里还能去构想三足鼎立的宏愿?！所以这叫因人设事。

4. 引入一个创业型的人才，李嘉诚的事业才有了多元化的可能，有了一个恰当的能够开拓新行业、新业务的人才的时候，多元化才有了现实性。

5. 因人设事的人才才是真正的人力资源和人力资本，而因事设人的人才常常只不过是资金资本而已。

6. 比较表如下：

发动机	被驱动
人力资本	资金资本
动力源头	组成零件
创造型人才	守业型人才，执行型人才
创业型人才	守业型人才
千里马	普通人才
因人而有事	因事而求人
因人设事	因事设人
人的极限决定企业的权限	公司的极限决定人才成长空间
帅才	将才
一将（帅）难求	千军易得
合作伙伴	追随者

最后提醒你一句：

千万别忘记了——在人类社会而言，这世界上的事情都是人去创意并实现的。

李氏利益对称理论

利益不对称：企业做不大的本质原因

如果我告诉你："在制造业，不少企业对资金的依赖占80%以上的比重，而顾问公司对资金的依赖却不超过20%，因为顾问公司80%以上依赖的是人力资本。"你同意吗？

以上问题我问过很多我的学员——企业中高层管理者，当然我会向他强调"80%和20%只是一种定性的描述"，"关键要表达的是二者的反差"，结论是：他们几乎没有人不同意。

于是，请见下表：

资本依赖	资金资本	人力资本
制造业	80%以上	20%以内
顾问公司	20%以内	80%以上

接下来我要向你推出的概念是：

"利益对称"——对应上表，在制造业，80%以上的利润分配给"资金资本"所有者，20%的利润分配给经营者（人力资本拥有者）；在顾问公司，反过来，20%以上的利润分配给"资金资本"所有者，80%的利润分配给经营者（人力资本拥有者）。

然后类推，与上表比例不对应的分配就是"利益不对称"了！比如，在制造业把80%以上的利润分配给经营者（人力资本拥有者），20%的利润分配给"资金资本"所有者；而在顾问公司，把80%以上的利润分配给"资金资本"所有者，20%的利润分配给经营者（人力资本拥有者）——这应该就是"利益不对称"了。

接下去的问题自然就是：各式各样的企业，我们怎么确定其对"资金资本"和"人力资本"的依赖性分别是多少呢？

这个问题有待进一步研究，但是却并不妨碍我们从中看到一些企业做不大的原因：

由于利益不对称，其企业会发生"不断裂变""不断跳槽"，最后"企业做不大"。

组织以利益为纽带。利益分配的问题不搞好，组织就很难做大。而利益对称是企业做大的根本——利益对称让相关人员"各得其所"，找到发展的阳关大道，事业的共享平台。

企业（岗位）新分类：创造性指数与可控性指数

各式各样的企业，我们怎么确定其对"资金资本"和"人力资本"的依赖性分别是多少呢？我们不妨建立两个概念："创造性指数"和"可控性指数"。按照泽尧

老师“管理＝可控性＋创造性”的理论来讲，有效、完善的管理应该是：创造性指

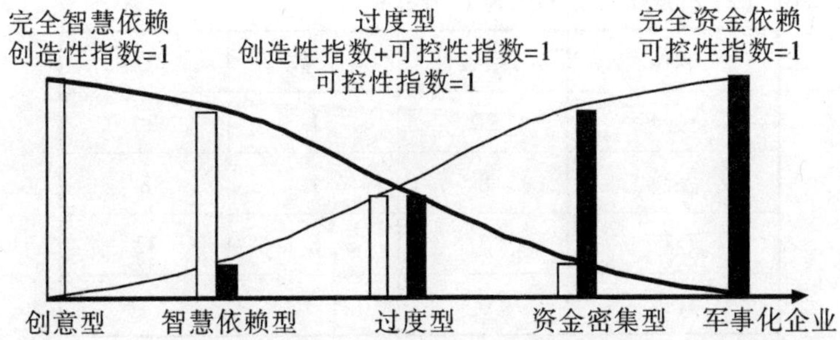

数＋可控性指数＝1，如下图所示，完全智慧依赖型（创意型）企业，其“创造性指数”＝1，完全资金依赖型企业（如军事化企业），其“可控性指数”＝1，其间为过度型企业，其中“智慧依赖型”如顾问公司其“创造性指数”大于“可控性指数”，资金密集型如制造业其“可控性指数”大于“创造性指数”。

类似地，我们也可以把任何一个企业里面的具体岗位按照“创造性指数”和“可控性指数”进行分类：纯粹创意型岗位，其创造性指数＝1，纯粹的执行型岗位，其可控性指数＝1。

对称式管理与非对称式管理

非对称式	对称式
利用：表面不谈“钱”实际想着钱	合作：可以敞开谈钱的问题
目标为管理者一方所有	目标为管理者和被管理者共同所有
客客气气、彬彬有礼	坦诚相见、打是亲骂是爱
剥削，单赢	双赢、共同进步
信息封锁	信息开放
双方永远处于博弈中：管理＝自理	为了共同目标一致对外：自理＝代理＋自理
集权	授权
老板、资本家	企业家

对称式管理：大家发财的平台、正道

大家共事，老板无须精明——企业家

非对称式管理：老板发财的机器

搞定他人，老板必须精明——老板

要创造性何用？——创造性与企业薪酬体系

有股份还是没有股份，是由工作的创造性系数决定的。

“管理创新”“创新管理”已成当前管理界的时髦词汇。我们可以不在乎它的时髦与否，但我们却无法回避创造性与企业薪酬体系的关系。看作者作为一个企业的

管理顾问为其制定的“利益共同体机制”，其大致原理如下：

创造性岗位（经营层）创造性水平系数：

职位	系数	人数	总分
总经理	20	1	20
副总	8	1	8
经理	2	6	12
其他	0		

说明：

1. 从表中所见，除总经理、副总、经理以外的人不考虑其创造性，为简单起见，企业的某些资深、有创造性的技术人才，可享有经理级待遇；其次亦可依新产品开发奖励办法办理。

2. 每年企业纯利润的40%为经营层人员分配，所余60%为之前企业的股东所有。

3. 经营层人员此项分红的40%以现金方式发放，所余60%滚入公司发展基金，从而成为公司股东。且5年内不得转让其股份。

从这里我们可以看到：第一，一个企业管理的工作是有创造性与非创造性之分的；第二，创造性工作部分除了基本工资之外，必须以纯利润分成的方式，方能激发其工作热情，保证创造性的工作业绩。——这一点，打工的人要知道，当老板的人更要知道！

谁需要被激励——谁激励谁？

质疑职业经理人的激励概念

企业以及企业的利润，是资本要素与人本要素合作创造的结果，凭什么就说资本激励职业经理人，而不是职业经理人激励资本家（来投资）呢？

是的，好的项目、好的企业运作，最后鼓励股东们来买股票，这就是职业经理对股东的激励。

高管合作模式与利益对称——“用人”“激励”用词不当

1. “激励”作为一种管理手段，我一直觉得不对称、欺人太甚——你激励他，那不是在操纵吗？

2. 作为劳动合同的绩效考核，本身就是一种非常市场化、商业化的一种行为，所以难免日本Sony公司会失败于绩效考核。

3. “人才市场”一词的背景就是市场化。

4. 在我们谈“行情工资”的时候，谈“工资竞争力”“竞争力薪酬”的时候，其假设前提就是双向选择——然后“随时离职”。

5. 在泽尧最初提出“利益对称”思想的时候，也还只是一维性地看问题，如下图所示：

6. 可是现在，泽尧发现两个维度：一个是外部评价、市场化角度，另一个是内部价值创造性。

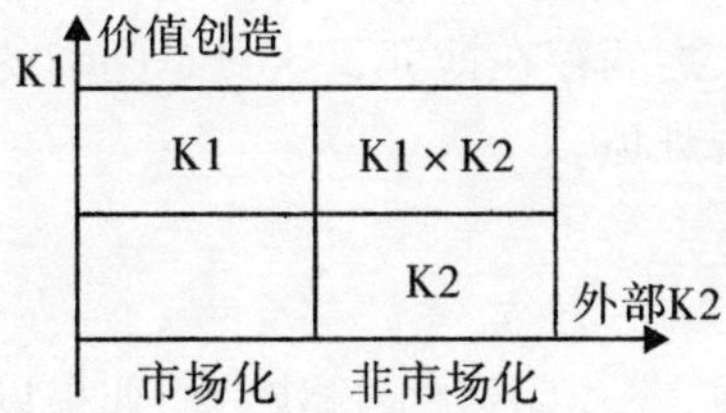

当我们认为：劳动力价格 = F（值价、市场行情）的时候，表示我们把人当商品来看待。

7. 谢天谢地，到了今天，我们大多数人终于接受了“人才市场”“劳动力买卖”这种做法了，可是当初我们却曾经觉得“总是有点不对劲”。

8. 人力资源部是人才采购部吗？是特殊商品采购工作吗？

9. 当我们使用价格一词的时候，表示我们已经在市场、商业化眼光之下看问题了。

10. 如果我们的思考背景是“白头偕老”，那么，就不必时时刻刻把“市场行情”挂在嘴边。

11. 管理：可控性 + 创造性

利润 =（可控性指数 + 创造性指数）利润基数

12. 如果利润是由创造性指数和可控性指数分享，如员工的工资或高管的薪酬由创造性指数决定，那么，市场行情扮演什么角色呢？

13. 如果撇开市场、聚焦于双方的合作、“共创双赢”，那么，谈行情还有什么意义呢？

14. 资金资本：拿钱就可以买到的人力是资金资本，是一口价“买断”了的。

依赖于创造性，事后才能看到利润的创造型人才，才叫人力资本。

15. 铁打的营盘部分，主要不是以外部市场行情，而是以内部价值创造来决定其利润分配。

以外部的市场行情“购买”到的“流水的兵”，很自然就会被认为与事后的利润没有关系。

16. 基本工资的含义：（1）缓冲区——减少工作测量工作量，降低绩效考核工作量，降低交易成本；（2）其他项；（3）事后承诺，有点像保证金、预付款性质。

17. 把基本工资理解为岗位工资、职务工资，还是很容易模糊焦点，而且容易理解为（联想到）资历、学历、工龄等“任职资格”上面去。

18. “基本工资对应基本工作”才是真正到位、科学合理、无懈可击的工资思想。人们会因此而马上联想到基本工作标准，基本工作量大小。

职业经理人把股东给卖了

表面看，美国华尔街金融风暴是次贷引起的，是金融衍生产品造成，而实际上可看成是职业经理把股东们给卖了！

深圳有一位民企老板，就极度反感职业经理人这个概念。或许他就是被卖过的人。

控制与反控制、人与人之间存在博弈，这只是问题的一方面。如果利益不对称这种博弈、腐败就一定在所难免。

资本+可控性=利润

资本-可控性=蚀本

资本以控制的身份出现，一定不会很愉快。而如果以董事长、决策人的身份存在，则回归了问题的本质——人力资本的利润分配依据。

延伸阅读：价值创造

生产、创造产生价值，交易、买卖产生价格。

内部是价值创造的过程，外部是价格谈判的过程。所以有内部价值和外部价格之别。

在管理上，绝对的授权与绝对的管控其实就变成了一回事：买卖关系——上下级的关系变成了买卖关系。只不过差别只在于：授权所买的是半成品，绝对的管控所购买的是“原材料”。

如下图所示：

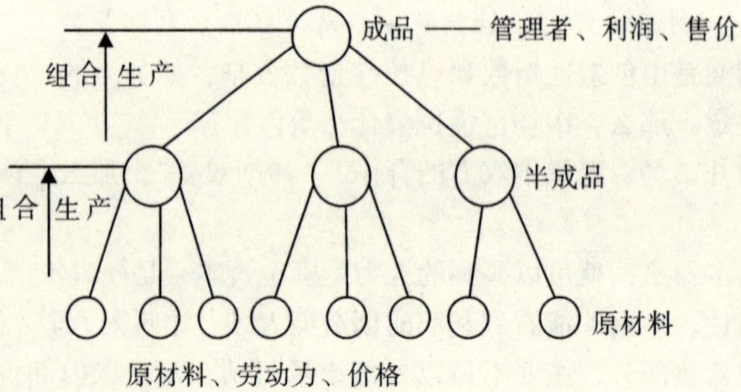

原材料、劳动力、价格

适当简化一下，有下图：

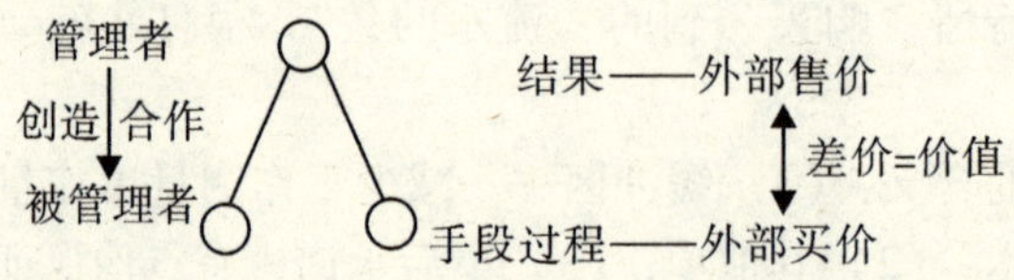

差价由管理者与被管理者分享。分享的依据和比例就是项目的配方及领导模式即过程与结果上的分工。

第4单元　不做老板做企业家
——共创价值：基业长青的真相

对员工而言，感情是一种奢侈品。员工去拍老板的马屁，然后得到一些机会、得到一些利益。或许还有点合乎逻辑。若反之，老板去拍员工的马屁，去对员工进行感情管理，则似乎是搞错了方向。就像国企干部、政府官员一样，只有业绩压力不大、位置稳定的时候，才有可能去接受手下拍马屁、才有可能去领略马屁的风景！

什么是艺术？把人搞晕就是艺术。谈判是艺术把对手搞晕，恋爱是艺术把对象搞晕，领导是艺术把部下搞晕……晕而后死是最高的艺术！

泽尧已经说过：什么叫领导艺术？就是精明人搞定憨厚者的方法！

创造价值——利润分配权合法的基础

大到企业、小到个人，“创造价值”才是根本。

从企业的角度看，“为什么央视广告的标王企业一定会死？”因为，片面、盲目追求“眼球效应”，其实是一种本末倒置。

从个人来看，“股份的本质是贡献度、创造力——是大家认可的贡献度、创造力。”否则，就会“不知进退”、勉为其难，结果是两相毁灭。

参考案例阅读：《雷士照明“兵变”创始人与资方之争重写游戏规则》

为什么央视广告的标王企业一定会死？

央视新闻联播前的那个广告由企业竞标产生，据说是中国广告费最高的。该栏目广告中标的企业被称为标王。

显然，这个每年一度的标王，都是舍得花钱打广告，舍得“出血”的企业。

“不入虎穴，焉得虎仔”——能够成为标王的企业，似乎都应该是财大气粗、“舍得孩子套得住狼”的企业。

可是，却有人说，央视的标王企业全都“死”了！

“全死”未必是真，但是“会死”，却有其必然性！

那么，为什么央视的标王企业一定会死呢？

在香港财经学院宁波MBA班的课堂上，一位老板问到如何做品牌的时候，泽尧告诉他：中国很多企业做品牌，靠的是一套广告秘方，可是本人却认为品牌是由品质决定，品质是因，品牌是果，因果不可以颠倒，有人说央视的标王企业一定会死，我想，那一定是因为，这些标王企业的老大搞错了因果。什么叫品牌，就是客户心目中对你的认可，这种认可，可由广告而来，也可以是由口碑而来。广告专家、营销大师拔苗助长，经由广告而来立竿见影。这本身似乎也无可厚非。

可是，一些老板，却从中尝到了甜头，他发现，品质——内部管理，都太斯文，太秀才——秀才造反，三年不成！而直接从广告入手效果多好！

这里面的问题就在于李泽尧的49比51原理——你是51分付出，49分收获呢？还是49分付出，51分收获？

一旦你尝到了49分付出，51分收获，认为直接进行广告轰炸，效果来得比较好，那么按照泽尧的观点，你就不是在建设品牌，而是在消费品牌！

“伟哥”对男人而言是补药吗？非也！

放弃品质，放松内部管理，一心要从品牌中捞取好处，那就无异于一个男人滥吃壮阳药物，会掏空自己的身体的。而那些标王企业，则无异于吃伟哥上瘾的男人，自然是必死无疑！

德阳北大民营经济学院总裁班的学员问老师怎么看脑白金？

我告诉全班学员：很多保健品为什么舍得打广告，乃是因为人民群众无法判定其质量的好坏，加上社会风气不正，虚假广告宣传，夸大功效的做法横行，而且，掏钱购买的人与真正的消费者错位——礼品，买来送人，反正我花了这么多钱，“意思”表达到位了，至于有没有效果，国立电视台的广告都说得那么好，剩下的问题（到底好不好）关我屁事！

在座的，如果你只是想赚钱，其实你也可以这样做。但是，作为一个有良知、不赚昧心钱的人而言，我觉得，这样的钱，不赚也罢。中国还是一个处于“初级阶段”的社会主义国家，所谓“君子爱财，取之有道”——这其中这个“道”，表面看，不违法，不被抓，就是“取之有道”了，但是作为有良知、不赚昧心钱的人而言，还是有差别的！也就是所谓一个企业家与一个老板的差别，也就是所谓的企业文化、价值观的差别：有的人走在犯法与不犯法的边界线、临界线上，以求经济效益最大化！

有的人除了法律，还有良知，还有自己的底线，不一定是什么钱都要赚的。要是中国社会没有那么多赚乱钱、乱赚钱的人，社会也不会这么混乱。

“八仙过海各显神通”，但是，无愧于良心还能赚到钱，岂不是更好吗？

做老板赚钱天经地义，但是，最好，“良心不要被狗吃了！”这是四川人说的哈！

“羊毛出在羊身上”，标王的巨额广告费，最后还不是要消费者买单！你的广告为消费者创造了什么价值呢？所以，广告就好像伟哥，广告之于企业，就好似壮阳药之对于男人，滥吃无益啊！

“出来混，总是要还的。”实实在在为客户创造价值，才是企业基业长青之道。

股份的本质——大家认可的贡献度、创造力

股份的本质是贡献度、创造力——是大家认可的贡献度、创造力。若与此不匹配，早晚会有问题，详见泽尧《创造力》一书。在草寇占山为王里，来一位有料、高一个档次的新人，开明的前任或会拜他为王（股份更多），道理就在这里。

做人做君子——大家爽才是真的爽：利益与价值创造匹配，才能各得其所，从而基业长青。

所以，股份确定有两个环节：一是大家评估认可的预期“未来贡献度”决定股份比例，二是前期已有价值决定“估值总额”，决定新人需多少钱买他的股份。

案例：到底谁不道德？

某省一顾问公司董事长很信任总经理，把公司全权给他打理，自己完全不过问。可是两年后，该总经理拉上核心成员另立门户去了。据悉该董事长一方面深悔自己用人不当，另一方面则谴责该“职业经理”没有职业道德。

我不认为他不可以谴责该“职业经理”缺少职业道德，但是终究他的作为会给人以“怨妇”的感觉！

另外，我也了解到，两年里该公司所请总经理是把80%以上利润上缴给老板的。

后来我仔细思考后发现这里面有一个问题存在：

假如本书前面所述“在制造业，不少企业对资金的依赖占80%以上的比重，而顾问公司对资金的依赖却不超过20%，因为顾问公司80%以上依赖的是人力资本”是人们可以认同和接受的，那么，该公司里面严重的“利益不对称”（80%以上利润上缴给老板，而不是经营者作为人力资本分享其80%利润），就远远不是“职业经理不道德”，而是“这个老板不地道了”！——是的，该老板就是“不地道”——我曾多次在总裁研修班上对学员如此讲过，没有听到过他们有什么疑义！为什么呢？

我告诉这些老板：如果老板不过问企业的事，对经营不发挥作用，老板就只有“资金资本”的角色，而无“人力资本”的作用了，这个时候，假如企业对资金的依赖度只有20%而对人力资本的依赖度达到80%，那么你老板就应该主动提出只拿20%的利润。换句话说，只有“利益对称”才能留住经营者。

回过头来看这个企业，我们就几乎要问“到底谁不道德”了！（当然，拉上一群人一起走肯定是不道德的。）

自理：董事长要“懂事”！

深圳某企业东莞分公司经理拉着一群人另立门户去了，其老板问我时，我告诉他：“你用两个星期时间思考和回答一个问题：你的总公司对各分公司有何存在意义——你总公司抓住了什么核心竞争力在手上？他们不离开你有什么好处、业务上得到了什么支持？你的公司是不是他‘发财’的平台？你们是不是共同‘发财’？”

的确，做老板的必须明白：

1. 总公司对分公司有何存在意义？

2. 利润（剩余价值）=资金成本（利息）+经营者回报+资金依赖及品牌平台（股东分红）。

3. 一旦“资金及品牌平台依赖”不存在，则“股东分红”就变得不“道德”了。

自理+代理：公司如何做大?

1. 努力搭建平台：让员工在你那里赚钱（注意：赚钱≠“发财”）利益对称。

2. 铁打的营盘、董事长要组装：不妨让员工只做流水的兵、做零部件。

3. 共同发财的平台（开放式，如农贸市场）、利润分享：平台越大，越能留住员工，尤其优秀的员工。

4. 老板、股东收益的基础：平台结构+系统功能+客户品牌+供销网路。

品牌惯性：老板继续分红的资格从哪里来?

1. 品牌有惯性也有阻力损耗。

2. 因为有其惯性，所以让老板获得继续分红的资格。

3. 因为阻力损耗，所以要通过接班人（CEO、职业经理）的创造力去持续作用企业才会有“基业长青”。

4. 接班人（CEO、职业经理）因为创造力获得参与分红的资格。

核心竞争力

无论是企业还是个人，其核心竞争力都是指其存在的价值的关键部分，其功能主要点是你安身立命的强项。下图所示的同心圆（纵向俯视是同心圆，横向平视则是金字塔结构）让我们深刻地意识到，在我们所做的很多工作中，有一些可能会落到比较外环的同心圆上，这就意味着我们做了太多的具体工作。对于问题终结者和责任终结者的高层人士——有效率的人士而言，这便意味着一种浪费。

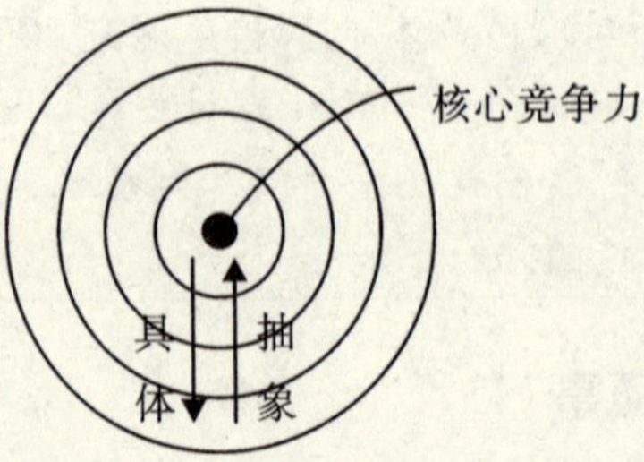

核心	核心竞争力、功能、存在价值	督导	抽象	
非核心	供应链产业链条、具体执行	执行	具体	

因此任何人不断检讨自己核心竞争力都会是提高自己效率的一条有效途径。

何谓工商文明

感情管理涉嫌邪教？——企业的选择：工商文明

1．一份付出一分收获，行情是其中的标准。

2．利益是看得见、靠得住的激励机制。

3．思想引导是必需的。

4．企业家不一定是宗教领袖：洗脑不是他的强项。

5．利益关系、商业合作是常态。

工商文明与等价交换：俗气？

1．“拿什么来奉献给你，我的爱人”之所以伟大，那是因为它提倡等价交换——求婚与戒指有什么关系呢？“俗气”（工商文明）而已！

2．“无怨无悔”“但求曾经拥有，不求天长地久”——说的是“一个愿打一个愿挨”，这就是工商文明；

3．“一份付出一分收获”“门当户对”讲的就是“等价交换”“工商文明”；

4．“癞蛤蟆想吃天鹅肉”不能搞成“不劳而获”——似乎文学家的使命就是打造天使和精神病。

工商文明：有效资源配置

1．哪里给钱最多表示哪里最需要；

2．“到祖国最需要的地方去！”这是我们神圣的使命；

3．有效利用社会资源——你必须为钱而做，不然就是浪费社会资源；

4．不因善小而不为、不因恶小而为之——营营众生（尤其商人）为蝇头小利忙忙碌碌，实则也是一种敬业精神，可悲可敬!!

案例：与钱挂钩就“恶心”了?!

周×：重赏抓贼莫成某些人生财之道

2009年9月17日　中国青年报

大家不用痛斥笔者的这些胡思乱想，须知“千元捉贼”若是成了行规，可能真的会沦为某些人的生财之道。到那时，身强力壮的体力劳动者也不用工作了，辞职回家捉贼就行；而捉到贼没奖励的警察也没动力了，还不如每天等着群众送贼上门。我们的社会，届时岂不乱套？

所谓“术业有专攻”，捉贼毕竟是警察的天职，群众虽然有义务提供帮助，但绝不能像福州公安局这样采取明码标价的做法来鼓励群众抓贼。这一来亵渎了群众的正义之心，二来也凭白增添了暴力的发生率，实在划不来。

评：

1.“重赏抓贼”就“亵渎了群众的正义之心”?——与钱挂钩就“恶心”、就“亵渎了……”?!

2. 那么，给劳动者付费、上班挣钱不也成了“亵渎”劳动者了!?

3.“重赏抓贼莫成某些人生财之道”，那么容易发财?

4.“凭白增添了暴力的发生率”?

5. 建议文章改题目为“重赏抓贼莫变成公安局推卸责任”倒有点意义。

资本不再稀缺，劳动者为王——何为人本主义?

一些企业做不大，不断“裂变”成小公司，为什么?

案例:《国民收入分配急需调整　劳动所得难比资本回报》

见报道《国民收入分配急需调整　劳动所得难比资本回报》

泽尧评点如下:

1. 如果是“资本主义时代”——“资金资本”是“老大”、尊奉资本拥有者为“大哥”的时代，当然是“劳动所得难比资本回报”咯!

2. 只有到了泽尧所说的“人本主义时代”——即“人力资本”大于“资金资本”的时候，才可能反过来。

3. 什么是“人本主义时代”呢，那就是“人力资本”成为主要的生产力，比如现在的高科技企业、创新型企业，详见作者著作《创造力》一书，或本书别的篇章。

资本不再稀缺，人本时代提前来到

1. 资本不再稀缺——有一些积蓄的人越来越多，除非重新来一个战争、来一次贫穷、来一次重新洗牌，否则，“中产阶级”将要崛起。

2. 或许，这正是小平同志所讲的“让一部分人先富起来”的含义吧!

3. 在我同一位教授沟通的时候谈到了企业的“总经理”，然后脱口而出提到“打工仔”几个字，该教授“顿了一下”，我说，在传统的“资本是老大”的情况之下，总经理也是“打工仔”呀!

4. 是的，目前有很多的“概念”比如忠诚度、干股、期权等，其实都是“资本是老大”——“资本主义”下的概念!

5. 而，人本主义则意味着：资金会去求人才——求“打工仔”，或许“风险投资”就是其中的一种苗头!

6. 在温州总裁班、连云港总裁班上，我都向老板们指出：“资金+可控性+创造性=利润”，而“资金-可控性=蚀本”!

7. 5年前，一套30万元的房子租金可以达到1500~2000元，回报达到5%~6%，而目前的租金回报不过2%~3%——资本不再稀缺，坐地收租的人好像越来越多了！——其必然结果就是：资本不再稀缺！

8．如果大家都去收租，谁来干活呢？少数人收租的社会又似乎很难维持下去。解决问题的方法就一个：中产阶级多起来，大多数人“自力更生”“自食其力”。这与“人本主义”“众生平等”也算是殊途同归了?!

资金资本只能买到“可控性”

1．资金资本只能买到“可控性”，人力资本的“创造性”部分要由利润去“购买”（结果导向的利益反馈）。

2．纯粹的资金资本只能拿银行利息，资金资本加上自理（自己的创造性，即对手下的可控性）才能分配利润。

3．任何人都将通过创造价值去获得利润分配权——价值创造、创造价值，是每一个人和组织提升自身竞争力和存在意义的基本途径。

如下图所示：老板、所有者必须有所创造才能作为“人力资本”而获得利润分配权。

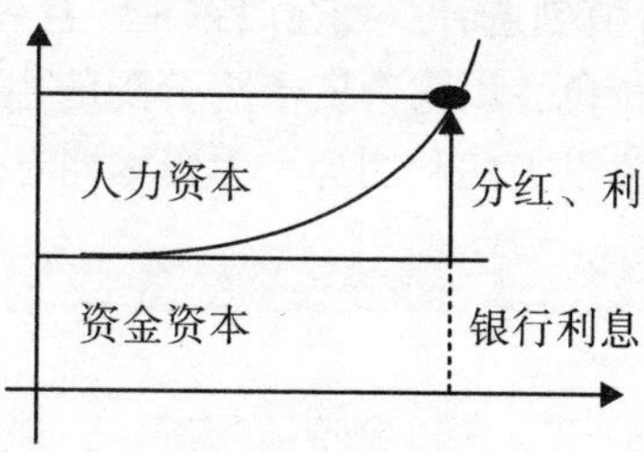

价值创造与利润分配：从资本主义到人本主义

1．原始资本主义——价值创造者：资本家＋工头。

利润的100%由资金资本独享，绝对的“利益不对称”——人力资本与资本家的合二为一，使得人们看不到人力资本的存在。工人被看作纯粹雇佣者和一锤子买卖的“资金资本”。

困扰：由于“利益不对称”，马克思的“剩余价值”理论很自然地就掀起了一场席卷全世界的无产阶级革命运动。

2．初级资本主义——价值创造者：家族所有者＋经营者。

人力资本的概念开始出现，经营者开始参加利润分配，具体表现为“年薪制”“干股”“分红”。比如目前的民营企业，80%以上的利润为资金资本所有者拥有，人力资本象征性参与利润分享。

困扰：仍具有严重的“利益不对称”——所有者与经营者之间存在博弈和“悖论”，经营者常常被谴责为腐败、没有“职业道德”。

3．高级资本主义——价值创造者：社会股东（资金资本）＋经营者（人力资本）。

人力资本不但全面参与分配，并同时参与分配规则制定，或许“马明哲”的日薪18万元是其雏形？

困扰：以“利益对称”为原则的作为人力资本的经营者与作为资金资本的股东的利润分配比重如何确定？“东风”“西风”谁压倒谁？看看美国金融风波，看看华尔街，职业经理或金融体系在客观上是否真的对股东负责了呢？

4. 原始人本主义——价值创造者：专家合伙（人力资本）。

资金资本退居次要，知识经济的雏形，人力资本为分配的主角，如律师事务所、麦肯锡的合伙制等。此类企业80%以上的利润为以专家为代表的人力资本所贡献和分配。

困扰：作坊性质、局限专家、老板与员工双重身份集于一身。

5. 初级人本主义——价值创造者：合伙制+精细化的绩效考核体系。

同上：资金资本退居次要，知识经济的雏形，人力资本为分配的主角，如律师事务所、麦肯锡的合伙制等。

困扰：1. 绩效考核、贡献评价困难。2. 目前该类企业仍然按照制造业进行分配（80%以上的利润为资金资本所有者拥有），其结果很自然地就是“不断裂变”“不断跳槽”“企业做不大”。

6. 高级人本主义——价值创造者：社会股东+经营者。

充分体现知识经济时代特色，以人力资本为分配的主体。企业80%以上的利润为人力资本所有者贡献，80%以上的利润为人力资本拥有。

困扰：待研究。

见下图：

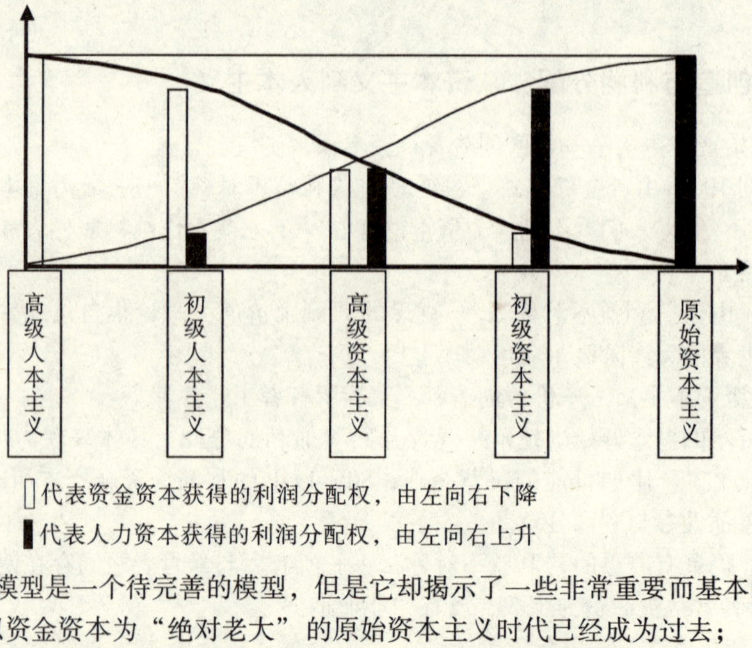

以上模型是一个待完善的模型，但是它却揭示了一些非常重要而基本的事实：

1. 以资金资本为“绝对老大”的原始资本主义时代已经成为过去；

2. 以人力资本为价值创造主体的人本主义时代已现曙光；

3. 利益对称——利润分配与价值创造的吻合是企业做大的根本；

4. 每一个阶段都有其“利益不对称”的困扰，解决了该困扰企业才会进步；

5. 人本主义并不是资本主义的对立面，人本主义时代也并非是取代资本主义时代才能存在，他们可以并存——至少在相当一段时间里是如此；

6. 企业和管理的“以人为本”不是一句空话，而是应该体现在利润分配比例上面；

7. 愿景管理、企业远景，最后要具体体现和落实到“利益对称”“利益共同体”上面。

与“资本主义”相提并论的“人本主义”

1. “人本主义”概念的产生应该已经是很久远的事了，可是迄今为止，都还主要是一种人文理念和哲学口号，而基本不含“经济色彩”。

2. 人们有成千上万遍地听说过“资本主义社会”，可是你有想到过“人本主义社会”这个概念吗？

3. 如果把“人本主义时代”与“资本主义时代”“资本主义国家”与“人本主义国家”“资本主义经济”与“人本主义经济”相提并论，大概你会觉得震惊。

4. 现在本书作者要向你呈现的是一个全新的画面：作者虽然不会认为“资本主义社会（时代）”会被“人本主义社会（时代）”所代替，但是，“人本主义经济”却会以与“资本主义经济”齐肩的姿态与“资本主义经济”叫板！

5. 作者相信，当“人本主义”成为一种经济形态，以“人本主义经济”的概念出现以后，“人本主义”思想才能真正找到了自己的生命力、真实性和落脚点。

6. 或许，本书的思想将把“人本主义”推到一个新的高度。

第5单元　管理可以“无为而治”吗?
——企业原动力的真相

无论风筝飞到多高、多远，如果你把拽住风筝的那根线捆在电线杆上，你就一定会发现，风筝会很快跌落地上；无论制度、组织怎样完善，企业管理没有一劳永逸——你还必须发出力量、创造价值、作为动力源！

管理者与价值创造

案例:《做168天董事长后下台　吴宗宪蚀380万辞职收场》

1. 有钱就可以做董事长，这是肯定的。赔上几百万元有什么关系呢，过一把“瘾”还是可以的。港台不是有“烧钱”二字吗？就当是真的拿到火上去烧也罢。

2. 前些年在广东，看到顾雏军先生在中国大地“叱咤风云”做“资本运作”的时候，当时在做咨询培训的泽尧就在纳闷：“收购也好、重组也罢”，要是拿过来几个企业不赚钱，看你怎么收场？后来的结果呢？人搞到牢里面去了。——特别声明一下：作者无意于暗示其案子的是是非非，而仅仅是表明“作者事前的疑问”!)

3. 总之：创造价值是关键。

案例阅读:《做168天董事长后下台　吴宗宪蚀380万辞职收场（图)》

“无为而治”不是企业管理之道

“无为而治”不是企业管理之道，而是封建帝王治国之道，为的是不作为、渎职，而仍然能够占有天下。

企业管理需要有所作为，税收逼着你必须有所作为！

封建帝王天天收着人民的血汗钱，当然最好就是“无为：不做事”“而治：照收苛捐杂税无误”为最好！

如果说员工在老板那里是打工仔，那么老板在官员那里也不过是打工仔而已吧？你告诉我：打工仔咋能无为呢？

是的，真正做事的打工仔以及做管理的总经理，是不能无为的！——人们要吃穿用、股东要分红、有人还要发财，打工仔以及做管理的人，咋能无为呢？

案例：盐城某老板——管理可以无为而治吗？

三聚氰胺事件时期，黄老板在石家庄逗留两个多月，公司的业务照样正常运行，心里面十分受用："好一个无为而治！""专家们讲的确实不错！"可是回公司后不到两个月，经理提出离职，然后，没过多久，另立门户去了！

问题的本质和关键在于：

任何人都将通过创造价值去获得利润分配权。

问题：老板与职业经理人之间是一个悖论吗

有学者说"所有者与经营者之间的委托代理是一种悖论关系"，还说"这是世界学术界公认的"。这同我平时讲给学员的不一样——我无数次地告诉学员："这世界本身没有悖论，如果有悖论，那也只是我们一些人的大脑里面有悖论"。我甚至要求这些企业干部把它记下来。

面对该学者的观点，我强调以下几点：

1. 这世界本身没有悖论。只是我们一些人的思想、大脑——逻辑有悖论。
2. 老板 + 职业经理人：（1）有博弈不代表就是悖论。（2）合作可以产生共赢。
3. 组织→更大目标：各得其所——比如制造业的2/8与顾问公司的8/2。
4. 股东权益/经营者权益 = f（可控性 + 创造性）。
5. 有错位（利益不对称）——但对准（利益对称）是可能的，当然也会是困难的——一家公司：无限做大难，但也可以做大。

我们可以肯定的是：

1. "利益不对称"必然导致博弈的存在，因为企业的成长、发展从根本上与他（不只是职业经理人，甚至对老板也一样——比如当人力资本的分红大于其"应得比重"的时候老板一方也会心理不平衡呢！）的应得利益不成比例。
2. 竞争处处存在，怎么唯独到了"所有者与经营者之间的委托代理"这里就把博弈看成是悖论了呢？

价值实现与剩余价值分配权

那么，是否在委托者和代理人之间就会永远存在利益错位和博弈悖论呢？作者认为不是的！具体地讲是这样的：委托者通过诸如财务审计、工作流程设置、部门分工与切割等，实现其对代理人的约束——即在其手的可控性从而获得自己对企业处理价值的实现，进而获得剩余价值分配权；而代理人则是通过其工作的自由度和可创造空间获得剩余价值的分配权。换句话说，不同的行业、不同的职位、不同的能力匹配（委托者与代理人之间的能力匹配）将具有不同程度的剩余价值分配比。比如制造业，代理人的剩余价值分配权可能很难超过30%，而高知识行业，如顾问行业，代理人的剩余价值分配权则可能高达80%以上。一些企业为什么做不大，高端人才不断流失，企业不断裂变成小公司，其中的一个重要原因就是企业老板（委托者）与职业经理（代理人）之间的剩余价值分配权比例不合适。

剩余价值与企业经营者

马克思研究资本家从剩余价值那里产生了剥削，看到了剥削——那其实是由于所有者和经营者没有分离开来的时候，我们把经营者的存在价值忽略了的缘故。

事实上，我们应该看到：

所有者	经营者
资本	高层人力
剩余价值	

上表中所有者出资本，经营者出高层人力。企业的剩余价值由他们两家去分：

所有者（投资人）分得应该比银行利息要高的利润的一部分。

经营者（高层人力）分得高薪和分红，以及股份。

当年的资本家集所有者和经营者于一身，于是我们忘了他付出心力和经营的事情。而只看到一帮工人除工资以外别无所获。从资本家作为经营者，同时资本家的资金丢在银行也有利息的角度去看，你怎么可以说那“剩余价值”全都是剥削呢?

实际上，作为所有者的投资人来说，他应该对经营者谢天谢地。是经营者给他提供获取比银行利息高的利润的机会。

在这里，我们把经营者定义为那些在一个企业里做有创造性工作的人们——那些做多少事拿多少钱的人们，而不是那些拿多少钱做多少事的人们。

试想：“拿多少钱做多少事”这多简单，到人才市场抓一大把回来就行。这样的人才，这样的劳动力，拿钱就可以买来，无非是价钱高、价钱低的问题，这同资本家（所有者）手上的资金、资本，以及由资本转换而得的原料、设备……有何区别呢?

于是，所有者和经营者之间应该是一种合作，一种平起平坐的关系。只要我保证了你的银行利息，我就起码应有一份工资，高出的部分我就有资格同你谈一个分配的比例，至于说到底怎么分配，那是个案的问题，也许是下表中的一种：

所有者	60%	70%	80%	90%	50%	40%
经营者	40%	30%	20%	10%	50%	60%

如果你的回报率比银行利息还低，那么你经营者就应该自我检讨了：你辜负了所有者的期望，你欠了所有者的资本债。

案例：“占领华尔街”？——美国人是不是醒悟得太慢了!!

按：“占领华尔街”？——美国人醒悟得太慢了!! 泽尧2009年1月出版的《创造力》一书就写道：“看看美国金融风波，看看华尔街，职业经理或金融体系在客观上是否真的对股东负责了呢？”近日泽尧在内蒙古和杭州的“总裁班”上讲：“华尔街的人把泡沫吹大之后，佣金拿到就好，后果让美国人、全世界的人去承担。”2010年5月8号泽尧又提醒中国人“李泽尧：不要把格斗场开在伤得着大众的地方”。

“占领华尔街”抗议者称将占领150座美国城市

当地时间10月5日，“占领华尔街”爆发最大规模游行，纽约的工会组织和高校学生也加入其中，游行队伍人数已经上万。图为游行开始前，抗议民众集会抗议　据新华网

详见“李泽尧《管理的真相——TBC商业掌控秘笈》案例阅读之：《“占领华尔街”抗议者称将占领150座美国城市》”　百度搜索可以看到此报道。

管理者可以无为而治吗

何谓“机制”——管理者可以“无为”而治吗

科学已经证明，这世界没有“永动机”，同样，管理也没有“一劳永逸”。所以，“神秘的机制”是不存在的。

完美主义者、宗教意识心理者以及制造神秘的“奸商式管理专家”，都会期盼一种神秘的“企业机制”，而我要告诉你“神秘”的机制不存在！

其实，机制是一种杠杆，机制是一种事半功倍的方法，就好像放风筝的人借风力把风筝送上蓝天飞翔一样。

对人，机制是调动人心、责任和利益精细化（详见本人《管理的体系——TBC利润倍增计划》一书）；对事，机制是流程、是制度。

以我之见，机制最后离不开人力的作用，离不开管理者、主导者的“发力”，就像我在《商战力》的封底所说“无论风筝飞到多高、多远，如果你把拽住风筝的那根线捆在电线杆上，你就一定会发现，风筝会很快跌落地上；无论制度、组织怎样完善，企业管理没有一劳永逸——你还必须发出力量、创造价值、作为动力源！——李泽尧语录”。

窃以为，不要把机制神化、不能把机制神化，以本人在《创造力》一书里面提到的观念——“资金资本必须与所有者的‘可控性’结合才构成所有者的利润分配权”，换句话说：“资金如果不和人的创造性劳动结合，它就无法产生利润——而只能拿资金成本即基准利息而已，也就不能成为资本。”所以有：“任何人都将通过创造价值去获得利润分配权”。

不妨用联想柳传志的“王者归来”为例子，从中应该可以看到，人们所追求的“无为而治”只是一种境界，一种效果最大化、杠杆作用最大化的境界，但是，“无为而治”是不可以的，看看华尔街，股东把钱给到那一群职业经理人，而体现股东除资金以外的作用力、“发力”的制度约束不到位，你看看他们是怎么把投资者的利益撂在一边的？

所以，“无为而治”只是一种方向、一种境界，一种驱动人们不断探索省力、省劲的方法的一种坐标参照，但是真正的“无为而治”是没有的，也是不可能、不可以的。因为，你不妨想想，纯粹的“无为而治”与“不劳而获”又有什么区别呢？——按照本人《创造力》一书所述的观点：纯粹的资金资本可以拿到基准利息或贷款利息，这是整个社会对于资金价值的承认，即所谓资金成本的概念；而只有人力资本——投资者必须通过自己的努力去约束、去寻找到能代表、不得不代表股东利益的董事长去对企业的运作创造价值、并约束职业经理从而才能指望拿到利润。所以，本人《创造力》一书指出：“任何人都将通过创造价值去获得利润分配权”。

最后，我要告诉你：“神秘”的机制不存在；一些老板说“老板是无法被培训出来的”也是在制造一种神秘——有些人几年前是老板，可是现在不是了，而另一些人过去不是老板，可是现在或未来是，你要怎么说他是“天生的”？“没有最好，只有更好”！逆水行舟不进则退，在“老板”位置上的请不要骄傲，不在老板位置上的请不要气馁！人生是一个积累和突破的过程。

“无为而治”的批判

不妨记住：

资金+可控性+创造性=利润；

资金-可控性=蚀本

作者以为，张瑞敏“如履薄冰”固然是太辛苦，但是，万科王石“打高尔夫、爬珠穆朗玛峰”也并非值得老板们效仿，要知道：“一年只需工作100天”——泽尧告诉你，另外的200天与失业有何不同？

下面的报道似有“挑拨离间”的嫌疑？但是，作为一个企业家，“用心经营”一定不会错！

王石郁亮微妙平衡破裂　百强之首万科路在何方?

中国经济网北京5月24日讯（记者段丹峰）近日公布的2012中国房地产上市公司百强榜单中，万科高居榜单之首；近日频繁曝出的质量诚信问题中，万科尤为引人注目；近日万科董事长王石和总裁郁亮作为房地产界两大风云人物的分歧传言，又开始见诸媒体。

尽管“淡出”万科已经两年，在哈佛游学的王石依旧备受关注。有分析师认为，万科今年以来爆发的一系列质量诚信事件，仅仅是“墨菲定律”夹裹下的万科所遭遇的诸多问题之一。与管理人才流失问题一样，尽管可以找到各类偶发性因素的托辞，但企业快速发展和规模膨胀到一定程度所带来的价值观念与内部管控的失衡才是更深层次的根源。

……

但外界均表示，这或许是王石与郁亮分歧之争的重要体现，之前和谐维持了21年的微妙平衡，正在被逐步打破。

延伸阅读：中国人的两大崇拜

1. 第一是崇拜古老：越古老，越有价值；越古老，越有料！看看金庸的小说，武林高手、绝世高手，都是白发苍苍！武术秘籍，都是上面、老一代传下来。说话，也是要借古人之力，比如道德经、论语，也是老师讲课提高人们注意力的一种方法。你看看，一部《易经》，让多少人神魂颠倒。几乎“连计算机，都是中国人发明的”了！

2. 第二是崇拜神秘：说不清楚的、无法说清楚的，就是有料，说得清楚的，就是没有料。这和人的好奇心有关。半遮半露、若隐若现，更具诱惑力呀！比如说话不用稿纸，人们就会认为你更有料。

延伸案例阅读：《女子将生意失败归咎于鼻子　2年整形3次导致畸形》

1. 只怕让他人伤心、耽误生意的不是那个鼻子，而是那个信神信鬼、丧失个性的人格

2. 信神信鬼、相信神秘，偏偏对身边的事情不以为然，在生活中常见。其实，那是宗教意识心理的反映，详见作者《创造力》一书。

《传说中的“不老仙丹”到底是个什么东西?》结果是有毒之物，是在是莫大的讽刺。

我做故我在——企业原动力：从我做起

对别人的不配合负责：凡事从自己身上找原因——“我做，故我在!”——我行动了，所以世界感受到了我的存在。“从我做起”不是道德说教与号召，而是生命存在的体现和证明！

案例：如何改变部属拖拖拉拉的习惯——有效跟踪，我从做起

有位老板娘抱怨："部属做事拖拖拉拉，非要跟他要两三遍，他才会做给你，泽尧老师，如何改变部属的坏习惯?"我告诉她："你先不要改变别人，还是先改变你自己吧!"

我先同他分析"为什么"——"在你交代部属去做的10件事情中，可能有那么一两件最后你没有跟他要结果，原因是：事情一急，你自己就去做了；或者让另一部属做了；或者时过境迁变得不需要了——总之，你最后没有跟他要结果。这个问题就严重了：他从中总结出经验，'我们老大嘛，她交代做的事情你千万不必急，你急着去做了她不要你不是白做?等到她向你要第二遍——表示真的要的时候，你再做给她不迟，等她要第三遍你给她就OK了，这样不会浪费自己的时间。再说了，她头脑不是很清楚，又不会骂你，怕什么?'"

所以我提醒她：主管头脑不清晰是手下拖拖拉拉的根源!!

可能的细节如下：

1. 言而无信——说要的东西临时不要了；
2. 说某日要的东西拖了几天才向他要；
3. 做好了没有表扬、做不好没有批评；
4. 不负责任——交代他做的东西一句"不要"就打发了，让手下承担误指挥的损失；
5. 当初迫不及待地要的东西最后不了了之（自己或交代别人做了）。

于是，我告诉她："你先不要说如何改变部属，请你先改变你自己"。

很多人都知道，领导交代我们做的事情不能忘记，所以要做个跟踪表；可是却常常不知道，我们交代给手下做的事情也需要——甚至更需要做一个跟踪表!

交代工作给部属时要做一个跟踪表。×月×日几点交代的、当时说好什么时候完成，要记在本子上，需了解情况时，可把手下找来："××，我当时跟你怎么讲的，你现在做得怎么样了?"手下看你头脑这么清楚，哪还敢耍花招?"要与不要分清楚"（5S管理之第一项"整理"的要义），这叫干练、精练、简练——要的找他要到底，不要——就算你改变主意，也要承认他做完了的部分、该肯定就肯定、该批评就得批评。

反之，要是部属认为你头脑不清晰，只怕等你周三找他要结果的时候，他会跟你说"领导，您说的不是周三要，你之前说的是周五要哦!"

问题关键在于：有效跟踪，从我做起——管理者头脑要清晰、说要的就一定要向他要到！所谓"君子一言，驷马难追"。

结论是：要改变他人，从改变自己开始。

从管理者自己身上找原因

一位老板抱怨他的中层干部没有执行力，我问他："只是抱怨于事无补，管理是一种作用力，你思考的方向应该是：你打算、你能够、你应该做点什么才能去改变这个状况？思考用什么方法、什么力量去作用于他们、去改变他们?” 我的建议是：

1. 想方设法提高自己的推动力（自己的学习思考和修炼，如读书、接受培训等）——进而让自己有手段和方法去让手下有执行力；

2. 自己或请老师去对干部进行培训；

3. 当从外面请老师的时候，不妨自己也跟着听课，所谓“陪太子念书”，让老师讲授的方法得到贯彻、立竿见影产生效果。

的确，管理是一种作用力，如果我们抱怨什么，那就请问我们能够做点什么?事情只能从我们自己开始。

同样的，任何一个中层干部，各级主管，你也不能去抱怨自己的手下没有执行力。如果你要抱怨，那就不如“从我做起”，看看自己可以做点什么去改变这些，因为：管理是一种作用力！

换个方向，任何一个中层干部，各级主管，你也不能去抱怨你的上司怎样怎样。同样的，如果你要抱怨，那就不如“从我做起”，看看自己可以做点什么去改变这些。

所以，有效管理的观念强调：凡事从我自己身上找原因、凡事讲手段和作用力。而不是像放广播一样，去抱怨或者去号召别人“应该”怎样怎样。

对自己负责。

因为我们是病猫，所以别人把我们当病猫对待。

如果我们不是病猫，谁又敢把我们当病猫对待！

凡事从自己身上找原因（从我做起）——改进自己。

一个能干的人、老练的人从这里开始。

案例：比亚迪学员——

李老师讲了两天课，好像所有的问题最后都是我们自己的问题？

1. 我是在给你们、而不是在给你们的领导上课。

2. 我同你们在一起不谈你们、而谈你们领导，于事无补——凡事从我做起。

案例：世人皆醉，唯我独醒——唯一没有责任的是鳄鱼！

在广西北海，有小学四名二年级学生翻越铁门和围墙，进入被法院查封歇业多时的“渔家庄”景点的鳄鱼池，用弹弓射击和木棍拨弄鳄鱼，其中一名学生被鳄鱼咬住衣服拖进池里失踪。

人们很“生气”——准备对鳄鱼“追究责任”、实施惩罚：或者枪毙，或者“无期”。其中的逻辑是“杀人偿命”。

有动物保护者说：“鳄鱼无罪，不能伤害鳄鱼”，有人疑惑：“难道鳄鱼的命比人命还贵?”

作者则问：我们“去跟鳄鱼一般见识”，有什么意义呢!?

鳄鱼只是按照牠自己的本能生活、小孩子在他眼中只是一块“嫩肉”而已。鳄鱼不懂得什么是“人道”，大概它只知道“鳄道”。鳄鱼从来没有“承诺”不吃人，牠也不知道人类“吃不得”。人类去“同鳄鱼一般见识”是没有意义的。唯一的办法：遵循自然规律——躲它远一点！所以，有学者评价鳄鱼吃人事件：唯一没有责任的是鳄鱼。

启示：把身边的人都看成是鳄鱼——芸芸众生、忙忙碌碌，他们都各自按照自己的模式、思想、理解力在忙碌、在生活、在牢骚或享受、在奋斗甚至放弃，而你，“世人皆醉，唯我独醒”“天上天下，唯我独尊”——如果你想做点什么那你就去做吧，牢骚、抱怨干什么呢？当然，如果你认为牢骚、抱怨也是一种解决问题的方法，那也行，但是，你的人格心性不可以埋没、迷失在那里面。

不要“领导赏识”而要“自我推销”

不少人未能得到“领导赏识”，常常不是由于他没有处理上下级关系的能力，而是由于他根本就听不惯“领导赏识”这个词。

对“领导赏识”的消极观念有：“人做事要踏实，那种假积极求领导赏识的做法不可取”“要他赏识做什么，竿正不怕影子斜”“那领导本来就很烂，我才不稀罕他的赏识呢!”

上列的消极观念似乎都有一定的“理由”（我用的是“理由”而不是“道理”，请务必注意），但实际上也都是消极偏颇的。为什么这样讲?

现在我们先不谈“领导”怎么样，“别人”怎么样，我们只谈自己。

在当今越来越商品化的社会里，在当今人才流动蔚然成风的环境里，我们是没有必要在一棵树上吊死的，我们之所以在目前所在的公司工作，是一个既成事实，而且，它就是我们自己的客观上的抉择！既然没有谁能把我和我的公司、我和我的“领导”强扭在一起，那么，我们就应该清楚原来我们其实是自由独立的人。于是，在生活工作中哪里还有什么“领导”，哪里还有什么“同事”，那“领导”和“同事”原本不过是我们所要去面对的生活的一部分而已!

既然我们必须也只能对自己的生活负全部的责任，那么，作为我们生活之一部分的“领导”和“同事”，我们当然也要对他们负起责任来，我们既然不能同生活相互推卸责任，我们也就当然不能同“领导”和“同事”去推卸责任。有了这样的对自己生活负责任的观念。回过去看当初的消极观念时，就会觉得很奇怪：“要他赏识做什么”，“竿正不怕影子斜”，这难道不是在推卸责任吗？“那种假积极求领导赏识的做法不可取”，这难道不是嫉妒同事得宠吗？“那领导本来就很烂”，这难道不是在把责任推给“领导”吗?

综上可见，对“领导赏识”的消极观念原来只不过是对生活的一种消极罢了，这当然是不可取的。

事实上，在当今商品社会里，中肯而积极的态度应该是以“推销自我”为核心的观念。如果我们认识到商品社会里个人的独立性，意识到“领导及同事”原不过是我们自己独立生活中的一部分，那么，我们何不持“推销自我”的观念去将我们在“领导赏识”上曾有过的困惑一扫而清呢？

商品经济让每一个人都成为独立面对市场的主体，于是，“顾客至上”“推销自我”便成为一个人求得生存和发展的生命线！一家商店如果无人问津，那么它只好关门，一家公司如果没有客户，那么它就只好倒闭，一个人如果不能推销自我，被环境他人所接纳而“无人问津”“没有客户”，那么，他的生存就会面临危机！

在这里我们当然不会去提倡“为五斗米折腰”而丧失人格的做法，但也必须强调一点的是：你可以拒绝和排斥某一个领导的“赏识”，但却无法拒绝和排斥所有领导的“赏识”，你可以不稀罕某一位顾客，但你却不能没有顾客。

是的，你不妨把“领导和同事”当作你的顾客去对待，这样，你将能更好地把握“推销自我”的含义和方法。

泽尧主谓宾理论——力量从我发出

作者对“领导赏识”与“自我推销”的主谓宾分析如下图：

领导	赏识	我
自我	推销	自己
主语 → 主格I 力量发出者	谓语	← 宾语 宾格me 作用力承受者

“领导赏识”与“自我推销”的“主谓宾分析”

在“领导赏识我”这种说法中，主语和主格——“力量发出者”是“领导”，而“我”只是宾语和宾格——是被动的“作用力承受者”。

而“自我推销”的说法就不一样了：“自我”是主语和主格——“我”是“力量发出者”、我是主动的。

所谓“客随主便”——那就是：既然你是坐在“客座”位置上面，那么你就不应该“喧宾夺主”，应该把主导权交给“主人”一方。

案例运用：跨部门沟通为什么那么辛苦

一个企业做得好、做不好，除了外部因素即所谓不可抗力以外，问题的源头基本上都应该从人身上去找——这也是“以人为本”啊。

比如：一些企业跨部门沟通为什么那么辛苦？用以人为本的思路分析可得到问题的源头就两个：

1. 本人无能；
2. 老大昏庸。

本人无能——部门主管自己无法在他的部门与另一个部门之间就具体的某件事情找出解决办法（合作的规则、交接的办法），或者没有能力去协调达成一致；

老大昏庸——或者就算找到了比较合理的游戏规则，“老大”——他的上司也不能主持公道、恰当裁判，最后没能让游戏规则建立起来。

要记得管理者的职责包括：职责划分、是非判断、游戏规则——固化、定型哟。

这就是：有效管理强调凡事从人身上找原因的观念！

延伸阅读：国骂 TMD 的由来：是妈妈的还是你自己的

案　例

某校高二学生，在他母亲每天送他去学校的时候，他都会提醒妈妈“离学校远一点”停车，他就要下车，为什么呢？因为他怕有同学看见妈妈开的那个在他看来“很低档次的××车”！为什么每天都要提醒呢？因为做妈妈的总是想多送一程、也好让儿子少走几步！

亲爱的读者朋友，大概你应该可以想象，这个儿子活得有多累!! 而那个妈妈，又是何等的无奈与伤心？

这是一个真实的故事——或许，根本就不是“故”事，只怕每天都还在我们的国家里上演（除非寒暑假)！

请问：这孩子的价值观出了什么问题？学生们的心理障碍有何等的严重？

看到报纸上关于在校大学生的攀比和财富比拼，让我想到自己为某省级企业准处级（即将赴任处级职务）干部管理培训班上课时讲的道理：“是妈妈的还是你自己的”。

我在白板上画出下图后，对学员——五十余位准处长说：“在座各位准处长，你们看看下图。

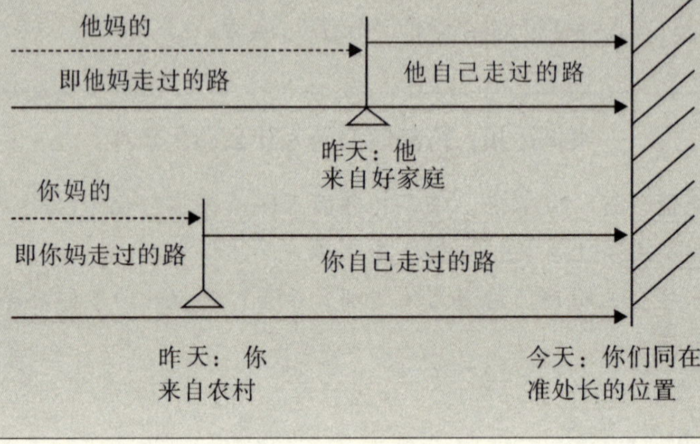

今天，你们同在准处长的位置上，走到同样的高度；可是昨天，你们各自的出发点可能完全不同，有的来自农村，有的来自城市，有的来自很有背景的家庭，有的来自贫穷落后没有地位的家庭，所以人生的道路可以分成两段：一段是你们少年时代以前的那些年头以及后来父母所能给你的帮助，另一段则完全是你们自己的打拼。前一段是父母给我们奠定的，只能算是‘妈妈的——即是父母帮我们的’。后一段才是我们自己的——才真正是‘我们自己走过的路’。

如果当初你们刚走到一起时，来自农村、来自家庭条件差的人还曾几何时感到自卑、胆怯的话，那么今天，你则应该为自己比别人走过了更远的路——属于自己的路，而感到欣慰甚至自豪！由此也可以看到，如果你当初的家庭背景相当不错，那么，你倒应该更加谦虚、更加以条件差的同事为榜样而自勉才对！”

看到学员们听得十分投入，并颇有折服的神情，作者继续发挥道：

你们知道中国的“国骂”是什么吗？

有人回答说：TMD 啊！

有人不明白。

有人补充说道：记得是鲁迅的文章里说过，中国的国骂就是“他妈的”。

没错啊——TMD，他妈的！

那你们知道为什么 TMD 是“国骂”吗？

学员们似有所悟，好像是在联想刚才作者讲给他们的观点，但又似乎一时不知要点如何、或如何表达。

“如果一个人没有自己的创造、创新、发展和成长的话，如果一个人不能走出一段自己的路的话，那么，他就充其量只能算是他妈妈的。当我们发现一个人不争气、没出息，做出来的事情令我们失望、令我们无奈而愤怒的话，我们就会说 TMD，那什么意思呢？他不争气、没有出息，你怪他有什么用？怪他妈妈就好了，全是‘他妈的’责任——或许只怪他妈妈当初没有搞计划生育、没有把他教好。”

作者如此诠释道。

那么，回到“在校大学生的攀比和财富比拼”的问题上，我们不妨看到：还未步入社会、还没有自己的创造、还找不到自己的价值的时候，学生们就不会想到去用自己的成就来比，而是拿父母的东西来比、拿别人（他妈）的东西来比。这就是问题的症结所在。扩大学生的生活空间、认识‘TMD’的来历、生活学习工作（比如义工、勤工俭学）的多元化发展空间的营造，让学生有成就比赛的空间、有自我价值实现的渠道，那么“他妈妈的”那部分的攀比自然就会黯然失色。

管理的本义：有目标有计划——把一个一个的项目做好

把恋爱当做一个项目来做

“请求并不等于冒犯，拒绝也不等于伤害。”“你有你请求的权利，他有他拒绝的权利。”这是泽尧1989年春天在西南交大月牙山下“怂恿”身边几位研究生大胆向前面的女孩子们发出邀请时说过的话。

很多女孩子喜欢谈“星座”、相信手相，而文学作品又常常说“恋爱讲的是缘分!”

可是，还有另外一些女孩子，她们却勇于创造、发挥“主观能动性”——

当她知道报读EMBA那里有很多优秀男青年的时候，她也跑去报读起EMBA来了；前些年当她知道有很多优秀男青年在考托福（TOEFL）、GRE将要去美国的时候，她也跑去考起了托福（TOEFL）、GRE来了——有人调侃说：“她们哪里是去读EMBA，分明是去找男朋友、物色老公；她哪里是去考托福（TOEFL）、GRE，明确的目的就是要找一个能够去美国的老公。”

这，就是作者有时在课堂上提醒女同学们的另一种生活方式和态度：“把恋爱当做一个项目来做”——有目标、有计划、“别”有用心!

如图所示，什么叫缘分呢？放弃人力、放弃创造——放弃“力所能及”，更不会“全力以赴”，任凭“天力”决定我们的命运，那就是相信缘分的含义了!

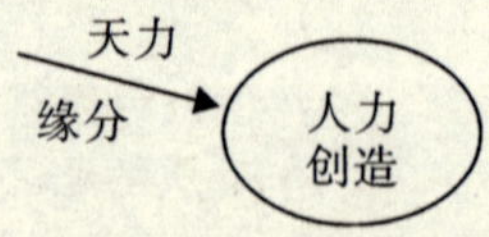

于是请问读者几个问题：1. 你相信“命”吗？2. 命运在谁的手上？3. 意志力有何作用？4. 人有自由意志吗？

缘分很美好——美在何处？

文学家常常鼓励人们按缘分行事，并把缘分描绘得美好无比——仔细想想也是：

缘分不过是不劳而获、狗屎运、瞎猫碰到死耗子!

所谓缘分，乃上天赐予、不劳而获，你我都很省心，何况，是非成败、你我也都不必承担任何责任、只管放宽心享用就是！唯所谓“事在人为”，却“机关算尽”“自作自受”，好坏都得自己承受——承受心理压力。

反面案例阅读：《科长制定玩弄女人年度计划　已与500多女性有染》

管理的本义：有目标、有计划

1. 有目标、有计划——志在必得。
2. 可控性——主观能动性在发挥作用。
3. 理性干预——事情之外、无形的手。
4. 管理者的存在价值——我做故我在!

力所能及+全力以赴

缘分、命运是懒惰者、无能者的托辞。

绩效考核+工作总结

1. 事前有标准（过程规范+结果标准）叫管理，做绩效考核。
2. 事前没标准（摸着石头过河）叫领导，做工作总结。
3. 绩效考核70%~80%，工作总结20%~30%以下。

4. 绩效考核可用奖金兑现，工作总结可用“奖状＋特别奖”兑现。

5. 绩效考核是法治；工作总结是人治！

6. 法制是轨道（固化例行工作），人治产生创造力。

掌控局面的策略

主导不等于干预：父母要给孩子足够的活动空间，但并不代表不对异常事件负有责任。管理是要达成预期目标，所以对全局工作的主导可以体现管理的基本宗旨。

1. 让你的干部理解主导的含义对其管理将有莫大帮助，因为主导是管理者做主管的灵魂点。

2. 用主导代替责任感才符合今天人们对于独立和个性化的时代需要。

3. 让你的干部找到主导的感觉，那么他就可以站在你的角度去思考问题。

4. 每一个人都在骨子里喜欢主导，当你发掘出他的主导意识的时候，将能量无比。

5. 我们非常震惊的是：主导的概念为什么还没有纳入西方管理学的思想体系里面去?!

有关“主导”的更多内容详见本丛书之《管理的艺术——TBC 员工驱动策略》一书。

身体是革命的本钱——欲望＋梦想：生命的真相

没有什么比兴趣更重要

身体是革命的本钱，没有什么比兴趣更重要。

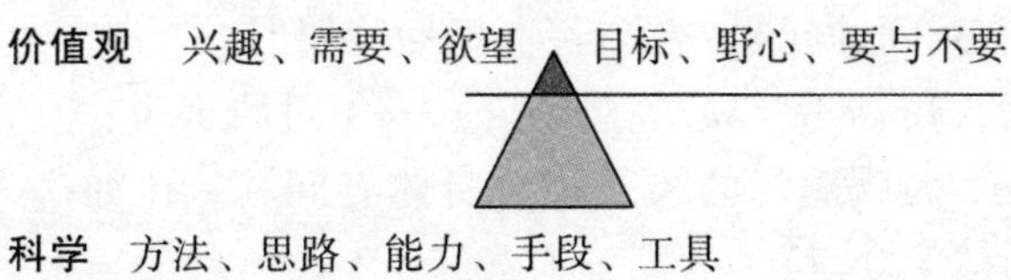

欲望，似乎一直是一个“罪恶”的词汇。自从“人权”二字在中国内地得到正名以来，人们终于可以大方地说出：“原来，欲望，是生命的源头；玩耍，就是人生的至高境界！”欲望枯竭，生命便接近落幕！梦想匮乏，一个人活着还有什么意义？

延伸阅读：

1.《英国医学杂志：男人每天看美女可以延寿4至5年》

2. 《科学家研究显示漂亮女性会让男性变笨》“只怕是‘酒不醉人人自醉’吧?!”

生命＝欲望＋梦想——进可攻、退可守

百事可乐：渴望就是力量。泽尧老师：欲望就是生命、梦想就是生活。渴望在力量就在！欲望在生命就在，梦想在热情就在。

很多人人生态度不够积极或比较消极，往往并不是因为他没有理想、没有梦想，倒反而是怪他只有梦想、没有现实、不接受现实。

约30年前，一位大学同学因为分配不理想，唉声叹气，竟然说“人活着真没有意思！”似乎已有自杀的迹象？泽尧回答他说：“活着没有意思？死了有没有意思啊？”还好，这位同学的回答是：“死了更没有意思！”于是，泽尧对他讲：“那就是咯！既然死了更没有意思，那就先活着噻！——人不是有七情六欲吗？你不妨先把这七情六欲尽可能满足得好一点再说！”

生命的含义&生命的意义

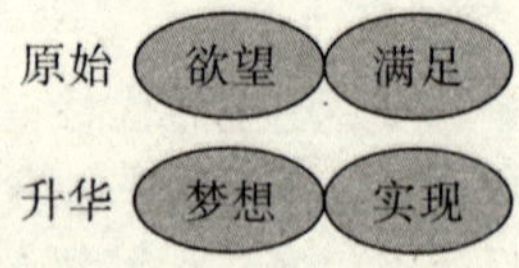

这就是“提得起、放得下”——“穷则独善其身，达则兼济天下”的人生观，不妨参照右图：

满桌子的美酒佳肴，如果你胃口不好，那么这一切对你还有什么意义呢？

美女当前，如果你肾虚，你也只能是萎靡不振，最后是大家都没有情绪！

有了这样的思想准备和心态，人就有可能常年保持积极的心态！

延伸阅读：

《女人“红杏出墙”的力学原理（女人出轨的16个作用力）》：

保持积极心态的十二个要点

“怎么才能一直保持一个奋发向上的心态”，是来自一个群友的提问，也是年轻学员、QQ群友最喜欢问的问题之一。泽尧的回答如下：

0. 多看励志读物、常喝“心灵鸡汤”——不过我得说：真正有追求的人是不需要喝“鸡汤”的，常喝鸡汤的人往往是身体有问题，比如病人、孕妇需要喝鸡汤。所以我把它叫“第0点”。

1. 强烈进取心、有梦想、有抱负——不会是“眼高手低”。

2. 身体健康、精力旺盛——良好的自我管理、要自律如按时休息。

3. 专心致志、专注一个专业：时间精力不要到处抛洒、挥霍。

4. 做自己感兴趣的事情、有优势的工作。

5. 找到社会需要、环境需要的目标——比较现实的目标。

6. 要有阶段目标，并看得到细小的进步——目标与能力相适应、适当给自己以奖励。

7. 舍得吃苦、小时候没有被娇生惯养、不会“贪生怕死”、不任性——能够自律、自律不难。

8. 自信乃至自负、偏执——执着、毅力和耐力（对自己的判断有信心，在别人看来就是“偏执狂”）。

9. 脑袋不笨、所付出的手段能够有效支持目标——目标也不是过高，能够找到指日可待的感觉。

10. 所设定目标与实际利益吻合、有现实意义，能得到环境、社会的正反馈，才不会感到枯燥、空洞。

11. 但是，你得知道：这个世界总有一半的人会混得不太好!! ——因为：好与坏是相对的!!

12. 脑袋笨、能力差、没有耐心、没有毅力、不舍得吃苦的人，难免做做马仔、跑跑龙套!!

情绪稳定的若干项“修炼”

1. 对于既成事实，接受不接受，都是一样的——于是，不如接受了吧，佛学叫做“大义凛然”“坦然面对”！所以有“阿弥陀佛”“存在就是合理”之说。但是，要注意：这里所说的“接受”，只是说在“心理上”的接受，并不代表你放弃接下来的“抗争”!!

2. 放弃任性——人类生气情绪的一个哲学本质就是人类的“妄自尊大”：“我想怎样就得怎样！”不遂我意的就会不开心、就会生气！如果知道在大自然面客观一点、明知一点、现实一点，甚至“恭敬不如从命”一点点，那么，任性的生气即可避免。

3. 当然，如果你只是把生气当作一种手段来用，那倒是无妨的——佛学说“生气不可怕，关键是要知道自己在生气”，就是这个意思。

4. 一些“灵修”的课程：比较强调心理和现实是两个“空间”、具有相对独立性——这在一方面，知道二者的区别有助于排解心理上、情绪上的困扰。但是另一方面，如果因此而放弃对外部、现实世界力所能及的改造，那么这种所谓的排解或许也就演变为“麻木、自我麻痹”——“借酒浇愁”，然后难免会“愁更愁”了！

5. 真正的明智在于“量力而行”——脾气与能力相适应！脾气大于能力，难免会处处力不从心、而后不顺心。能力大于脾气，则似乎难免有些“没有追求”“浪费人才”。

6. 对自己的情绪波动，一定要找到原因——根据泽尧的《意识心理学》，人的心理情绪总是有其现实背景的，这个背景其实就是意识的内容，包括潜意识和显意识。只有把问题的源头找到了，才能够“正本清源”，得到长久的、现实的情绪稳定的基础。

7. “人无法改变他自己没有意识到的东西”——加强“意识心理学”修炼（可参考泽尧本博客有关“投入与跳出”的方法或著作《创造力》一书），是一个人超越“情绪化反应”的开始。

8. “酒肉穿肠过、佛祖心中留”——既不可以满足于一些宗教式的自我麻醉，也不应该偏执于一些宗教式的狂热信仰。人毕竟是一个现实的生物体，虽然高级但是“动物性”是人性的载体，不能把人性与动物性割裂，不可“用人性去否认动物性”。

9. 要努力成为强者，确定现实的人生目标，尽力解决现实的问题，勤奋积累达致工作、学习、事业和生活的良性循环是关键。

10. “大隐隐于市”“酒肉穿肠过、佛祖心中留”“以出世之心做入世之事”才是“信佛”“灵修”的最高境界。

11. 任何回避现实世界矛盾冲突的想法，其实都不过是“独善其身”的“小乘教”教旨而已，都难免是“长痛不如短痛”、鸵鸟政策，最后甚至是自欺欺人而已。

12. “做人做君子、管人管小人”或许可以参考：“穷则独善其身、达则兼济天下”。“济”意味着“济弱锄强（管小人）。”

第6单元　商业头脑与利益人格
——商业的真相

企业的生命是订单，管理的灵魂是跟单。

“商机”在其外部而不在内部：创业的真相

商机的本质：社会大众的需要

德鲁克说：企业的价值在其外部而不在其内部。

可以简单明了地说：社会大众的需要即是商机。

无论你愿意不愿意，你都只能抱着“拿什么来奉献给你，我的爱人”的心态去做企业，才可能有持续的成功。

有关商机和商业项目的问题，作者在数年前亚加达职业经理人工商管理（MBA）课堂上曾经问过学员如下问题：

十年后的厕所是什么样子？

当前人们最需要的是什么——人们需要的到底是什么？

人们更需要的是什么？未来人们需要什么？

十年后的孩子们怎样玩耍？

十年后的人们怎样生活、怎样娱乐、怎样恋爱、怎样交往……

二十年后人们怎样度过晚年、怎样养老？

而你——请记住，要问你自己：“拿什么来奉献给你，我的爱人？”

——在此，作者不妨问你：你将怎样回答以上几个问题来界定自己的人生以及自己的企业?!

如下图所示，社会大众的需要可以分为：潜在需要和显在需要，前者是大家已经认识到并给予满足的需要，后者则是不为大家所认识，属于尚待发掘开发的需要。对应于前者的就是既有的商业战场，即所谓红海；对应于后者的便是新的商机之所

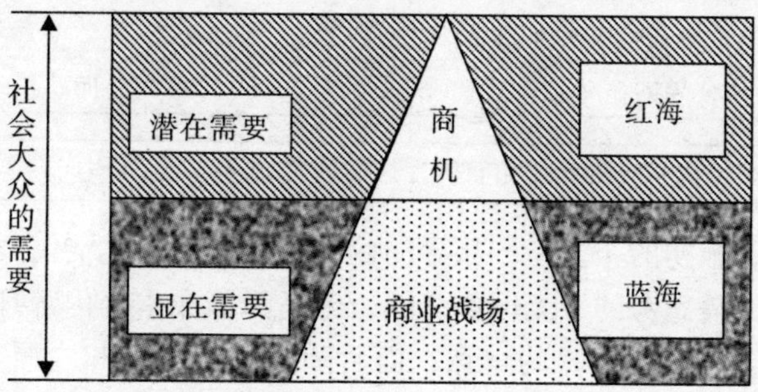

在，即所谓蓝海。

在既有的商业战场上“杀开一条血路”，就是所谓的“红海战略”，而从人类社会之潜在需要着手寻找商机，则是所谓“蓝海战略”了。

其实，“蓝海战略”在本质上并非是一种战略，而是一种寻找商机的思路和方法。只有在既有的商业战场上才有战略——“红海战略”才是真正的战略。这正如犹太法典所说“超越别人不是超越，超越自己才是超越。”

这也是本丛书把“商机”这一单元放在“企业战略”之前的原因和道理所在。换句话说，叱咤风云的商业精英当然应该是在社会经济生活的浪尖上搏击，最后成为商业潮流的领导者。

商机寓于变化之中

有人说过：这个世界唯一不变的就是“变”！

回顾过去，许多现在已经形成规模的行业，比如对冲基金、手提电话、燃气发电、生物技术、工厂直销、快递、微型车、雪地滑板、咖啡吧和录像机等，在三十年前，以上行业实际上都不存在。

“当今企业有多少是一百年前毫无所知的？”答案是：汽车、唱片、航空、石化、医疗保健、管理咨询等许多基本行业，当时都闻所未闻，或才刚开始萌芽。

即使是现今许多总值几十亿美元的庞大企业，三十年前还毫不起眼，像共同基金、手机、天然气发电厂、生物科技、折扣零售、包裹快递、厢形车、咖啡吧、家庭影视，仅只相隔三十年，市场已完全改观。

企业的本质：满足社会大众的需要

作者有一句“名言”：“企业的生命是订单”（见《跟单员培训金典》）——事实上，当我们越过层层中间供应商，或者反向来说是中间经销商，就会发现．订单代表的是社会需要。所以我要说：企业的本质就是要满足社会大众的需要——哪怕是某个时代、某个阶段扭曲乃至变态的需要，不然它就没有存在的意义！

下图表示的是企业商机的发掘思路同企业战略重点演变的大致轮廓：

社会供需链条——供应链

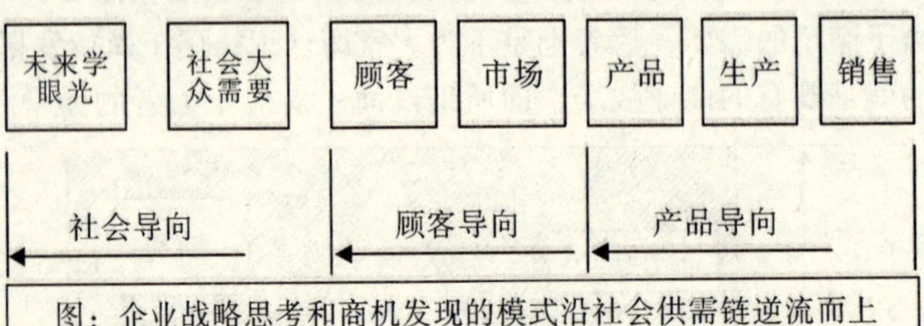

图：企业战略思考和商机发现的模式沿社会供需链逆流而上

在需求链上，最初的企业是产品导向的——似乎日常生活需要的产品是人所共知的、现成的、无需思考的、无可置疑的，于是降低成本等内部环节成为管理乃至战略（规模效应、薄利多销）的重点；而后随着产品的饱和、顾客需要的多样化，人们开始发现顾客变得挑剔、骄横，于是人们开始指向顾客、考虑顾客，强调顾客导向；而显然，用顾客导向来谈战略，其视野就未免太狭窄了，用顾客导向谈短期的战略以及营销的战术问题是可以的，而谈企业的长期战略乃至商机，那就有点谈不上了。

换句话说，企业战略思考和商机发现的模式正沿着社会供需链条逆流而上，似乎谁越往前，谁就更加能“占得先机”。而作为企业战略制高点的愿景、使命等，便自然不得不以满足社会的某种既有或将有的大众需要作为着眼点。

或许你一定会说，除了企业以外还有其他的组织也是为“满足社会大众的需要”而存在（因为我告诉你，人类社会的所有活动终究是为人类自身的需要而存在的），但是这并不妨碍企业把“满足社会大众的需要”作为自己发现商机和战略思考的指南，以及其所具有的启发性和指导性——因为事实上，企业正是人类社会实现大众需要的中坚力量和排头兵！——甚至连政府、科研单位、金融机构（融资）等，他们都应该是为企业服务的——他们的劳动大多最后要通过企业来实现其最终的产品和服务，企业是整个社会的一个大车间——为人类需要生产物质和精神产品！

热点关注：何谓投资——投资房产会不会被拐卖？

见报道《内地一线城市房价超纽约伦敦　收入不及发达国家1/10》有感

1. 如果投资房产看重的不是租金，而是“升值”或“保值”，那么本质上说来，他就不算是投资，而是“投机”——他期待的是资产价格波动（上涨）而获利。若着眼于租金（就不会发生‘有房无人住’），就表示进入了“再生产”环节，故可以认为是投资。

2. 如果购买股票，看重的不是分红而是“上涨”，那么基本上说来，他也不属于投资，而是“炒股”——投机而已。

3. 本来，如果购买股票是为了“分红”，那就是真的在投资了！但遗憾的是，在中国，“炒股炒成股东”就像“泡妞泡成老公”一样，已经被看成是悲剧了!! 为什么这样？经验——不，是事实——人们品尝到的是：过去十几元购买的股票，到头来，其一年的分红总和据说还不足以上交印花税、手续费等——人们已经从中国股市里发明了“负零和游戏”！有人用通俗的话讲，那就是：比打麻将还糟糕，几个朋友一起打麻将不需要交“板板钱”呢！

4. 把钱存银行？——在中国物价上涨指数CPI居高不下、加之还有“隐形CPI”的情况之下，手上有钱的人是恐慌的！因为他的“钱”——纸币，在不断被蒸发、稀释!! 经验——不，是事实——人们看到的是：过去几十年固定资产一直涨价，手上的钱、存银行的钱，贬值到一塌糊涂、欲哭无泪！

5. “明知不是伴，事急且相随”，房产，就似乎成了人们唯一的“救命稻草”!! 于是《内地一线城市房价超纽约伦敦　收入不及发达国家1/10》，就不奇怪了!!

6. 泽尧曾在“古今小说”里看到，“事急且相随”的小女子最后的结果是“被人拐卖”，但不知哪一天、会不会来一个什么“危机”，也把买房者给拐卖了？

案例全文阅读：《内地一线城市房价超纽约伦敦收入不及发达国家1/10》

延伸阅读：大陆一线大城市　电视渐成摆饰

百度搜索“李泽尧+大陆一线大城市”可以看到此报道，或点击：

“对手”在其内部而不在外部：守业的真相

或许你什么事都可以交代给部属、他人去做，但是，你不能不主导！

管理的层次与重点——干练与授权的基础

先看下图，我们看到管理的一条主线，那就是“目标——手段——活动”，或者“结果——工作分解——过程”：

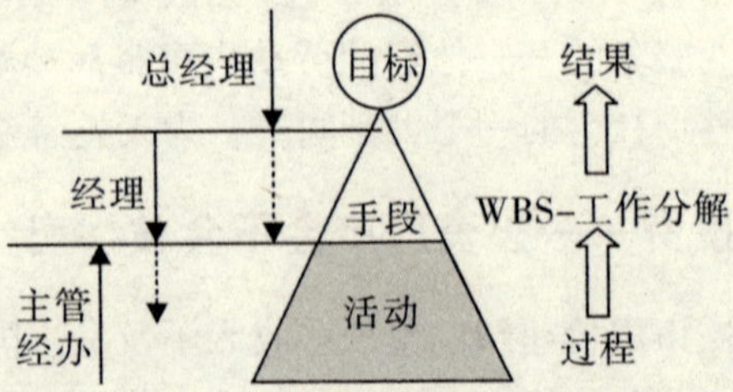

上图的观念是与传统管理学的“计划、组织、领导、控制”职能学说有所不同的，其所涉及的“目标——手段——活动”涉及了管理的内容、涉及了管理实务，即业务，学过《项目管理》的人知道，这正是《项目管理》突出地区别于传统管理的地方。

要点在于：

1. 确定项目目标、只问结果——董事长：目标要正确、明确；
2. 结果+手段——总经理、经理：目标分解、手段要科学、到位；
3. 过程——主管们的主战场：过程要专业、效率，需要有效主导。

李氏管理第1循环：投资回报循环——董事长价值创造

“投资回报循环”涉及“目标”和“投资资金”，由董事长主导，总经理只是协助。

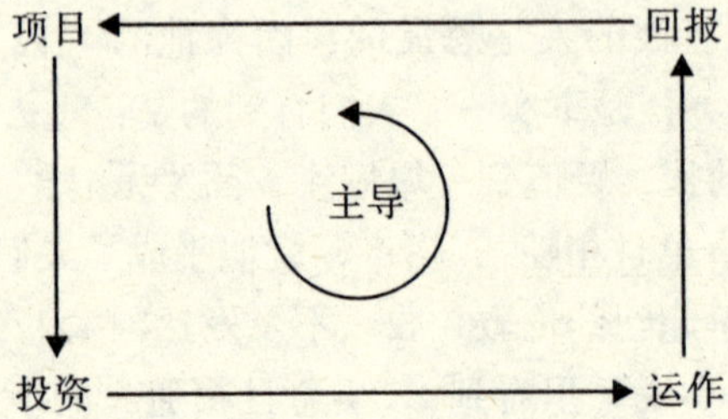

所谓“主导”，就是：“你可以不做具体事情，但是你不能不做事情。”——就像风筝一样，飞上天空凭借的是风力，但是如果你“不作为”的话，它是无法飞上

天去的。

李氏管理第 2 循环：管理实务循环——总经理价值创造

“管理实务循环”涉及“目标——手段——资源——任务——活动——过程——结果——业绩”，由总经理主导，各级经理、主管协助。

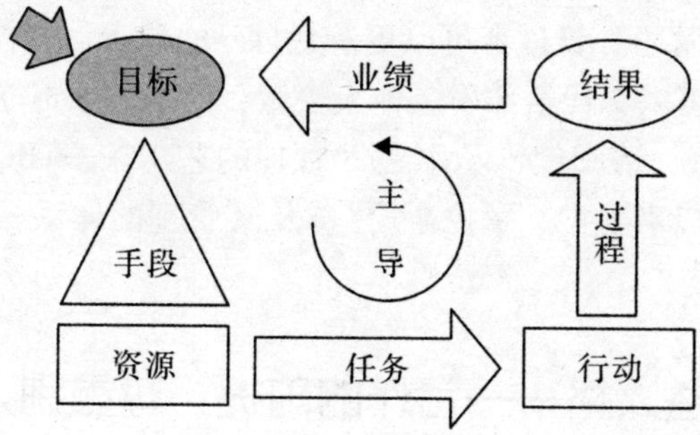

李氏管理第 3 循环：传统管理职能循环——管理实务的概括

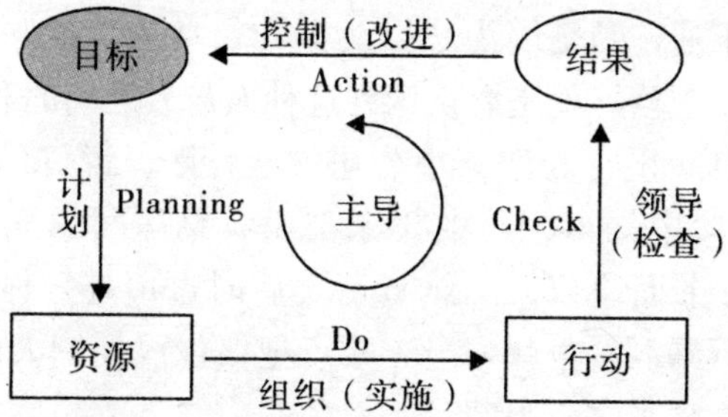

李氏管理循环：主导创造价值

将前面的三个循环合并起来，就得到了如下的“李氏管理循环”：

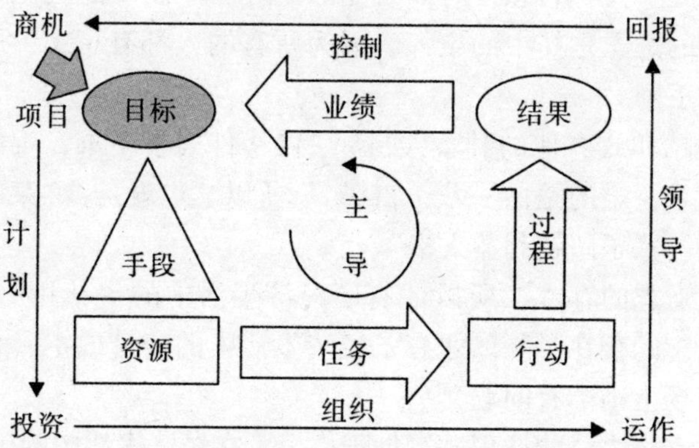

李氏管理循环的特点

1. 传统的管理职能学说只涉及管理的形式、框框，而李氏管理循环涉及管理内容。

2. 管理实务循环是关于管理内容的循环，隐隐然可以看到项目管理的影子，可以让管理者更加务实、干练、到位。

3. 李氏管理循环综合展示了不同管理层面的要点。

4. 通过“管理实务循环”管理者可以更清楚自己的职责、管控的要点。

5. 或许你什么事都可以交代给部属、他人去做，但是，你不能不主导！

有关“主导”的更多，请阅读本丛书之《管理的艺术——TBC 员工驱动策略》“第 1 篇 有效主导——以事为本、掌控全局”，及《管理的体系——TBC 利润倍增计划》全书。

商业头脑与利益人格——合作的前提：尊重别人的利益

生意心理学——创业者第一项修炼：利益人格与利益鸿沟

大锅饭为什么行不通，乃是因为“人为财死、鸟为食亡”，人与人之间有利益的鸿沟。生意人的第一项修炼就是要认识到这种人与人之间的利益鸿沟。

某会计人员业余时间里在为四家小公司做会计账，说好的报酬为每月 300 元，可是春节时朋友从她口中知道，其中 3 家都没有结账付款给她。朋友劝诫她说：“你同人合作一定要有书面协议，不然事情之后时过境迁，你凭什么去向他要钱？换言之，你这样会留下漏洞。也就相当于故意把钱包放到别人的面前去，你怎么可能叫他不眼红、不产生贪占之心呢？”

“人心隔肚皮”反映的是各自思想的独立性和难以捉摸性，而人与人之间的利益鸿沟，则反映了人与人之间人格的独立性，人的意志的独立性。

如果没有利益人格的独立性，那么经济法中、民事法律中就失去了其基本的利益划分单位和利益保护单元。人有意志，所以人能够主导一个小小的王国，在一个人这个个人王国里面，人的意志是其中的主人。因为所有的人都有意志，所以才有了人与人各自不同的个人王国。

大多数的人都无法超越和放弃他的利益人格。“做一件好事不难，难的是做一辈子好事。做一次雷锋不难，难的是做一辈子雷锋。”所以，也就是，“某时某刻超越利益人格不难，难的是一辈子超越利益人格”。

由于利益人格和个人意志的存在，所以才有了经济生活中的“信用”的存在；也由于利益人格和个人意志的存在，所以才有了经济生活中的交易成本（你的东西交给父母就没问题，但商场上则会有问题）。

对于个人意志和利益人格之清醒认识，有助于一个人在经济生活中的生存适应。传统学问里面很少谈到有关利益人格的概念，因为人们怕自己被陷于“倡导自私和自利”之嫌。利益人格的基本含义是：是你的便不是我的，是我的便不是你的。你有你的主见，我有我的安排。你有你的独立意志和个人王国，我有我的独立意志和个人王国。在我们从孩提时代开始后的成长过程中，我们常常在“我们”一词中忽略了“我”和“他”的不同，于是，利益人格和个人意志才有了被特别认识的必要。“亲兄弟，明算账”“大丈夫，财账分明”，这都是对利益人格和个人意志的正视和尊重。

企业、公司的最高机构就是股东会和董事会，企业、公司管理中的顶端问题就是“治理结构”。由此可见，利益关系是其中的最重要的关系。

利益边界

你会说：“这不是很多钱。”叫我不必太计较可以，你却为什么又那么计较呢？

既然我可以不计较，那么你也可以不计较啊。

既然你计较是一种权利，那么我计较也是一种权利。

最后解决问题是：利益分界，利益边界线。“丑话说在前面”“亲兄弟，明算账”，这才是大家轻松愉快，相互和谐相处之基线。

唯善良、厚道的人，却在别人那咄咄逼人的语言攻势下束手就擒——这正是我要写此段文字的原因。

利益主体、利益人格

利益人格使人与人之间成为众多的利益主体的山头，于是，山头与山头之间便有了利益的鸿沟，世界不再同一，不再平展，而多峰峦叠嶂。

利益人格作为发动机的人格特质，使得由人类构成的世界便有了无数多个“利益驱动单元”，每个利益主体都由不同的利益人格作发动机。

对于管理者，他手下的若干人员便成为一群“烈马”，于是，他就必有可能让这些马匹按他（或他的组织）的意志前行。

利益驱动与利益人格

表面看来，是利益驱动了人们，而实质上说来，则是那些有内在利益人格的人们的内在利益人格驱动着他自己。利益人格像发动机，驱动着人们向利益方向行进。这叫内因决定了外因：内因是利益人格，外因是利益。

案例：买家如何砍价？——斗智斗勇，买卖双方报价杀价的智慧

中国人会“乱报价”！报价500元的东西，可能25元他就乐意卖给你。有珠宝行老板在泽尧授课的一个董事长班上，当众承认玉石生意1元成本可以卖到40元。

狭路相逢勇者胜、智者胜！

你说该怎么杀价？

不懂得杀价，说好听一点，叫厚道，难听一点，则是被蒙。

大概，本文也适合卖家、商家阅读——因为，买卖双方的“博弈”、斗智，是一个巴掌拍不响的。

有人会说，生意已经很难做了，商场那么多，你还跟他们讲杀价，叫我们怎么活下去?

泽尧为什么要探讨杀价呢？乃是泽尧以为，在中国，搞生产的人所得利益太少，搞商业通路的赚钱太多。就算这个说法不成立，其实也没有关系——买家杀价，也是一种权力啊!

那么，作为买家，面对卖家的报价，到底该砍价多少？在砍价过程中，有哪些关键节点呢?

我们尝试来做个探讨——姑且算是“抛砖引玉”哈：

先说几个必须注意的一般性要点：

1. 很多商家会“信誓旦旦”地号称不讲价，可是你一旦在向门外走去的过程中，仿佛自言自语地说一句“价格太高”，然后漫不经心地问他“价格可以谈吗?”他就会露出狐狸尾巴，“你要是诚心买的话……”

2. 无论你还的价有多高，商家的表现都总是“不赚钱、赚很少钱”。

3. 无论你还的价有多高，商家私下有多开心，但是他都常常会表现得还不舍得卖的样子。

4. 即使你的还价高于他的预期，他也常常会回话说，再加多100元卖给你，给你一种“赚的钱也就在这个100元数量级上面而已”的感觉!

5. 他的这种说法，其实是一种“暗示策略”：你可能因此而以为，他连100元都看得起，应该没有赚什么钱了。

6. 再说，他也要面子，“你说多少，就卖多少，岂不是很没有面子?”——其实，泽尧只是在开玩笑，商家在乎的还真不是什么面子，而是你的心理：你还价多少、他就一口答应你可以，他的经验告诉他，这种情况，顾客往往不买了——顾客反而会以为他赚得太多了。

7. 只有，你站了起来（价格杀到一定程度之后，故意坐下，为“站起来”创造机会），或者向门口方向挪步，才会对商家造成压力，而你每挪一步、这些动作的每一个步骤，便也都是杀价的“筹码”!

8. 中国人会“乱报价”！报价500元的东西，可能25元他就乐意卖给你。你说该怎么杀价?

9. 不识货，不要假装识货——关键的是，买家会给你推荐另一款货！而陷阱恰恰就在这里：他会把进货价特别低的故意报高价，这种价差最大、利润最大的货品才是他最乐意卖出去的。而你可能以为，这一款高价的，被你杀价很成功，然后高高兴兴买回家，而实际上，他赚得最愉快。

10. 所以建议的做法是：盯住同一个款式、同一个品牌，或者同一种材质，不要被卖家“偷梁换柱”“以次充好”，把“价差最大”“成本最低”视为“性价比好”而买回家去。

11. 当然，如果你“愿意被蒙”，那就安慰自己吧：开心就好。

12. 所以，有一个参照点是可以做基准的：你喜欢、你认为值!! 这是一个很不错的基准。不然，杀价就可能永远没有满意的时候，因为你未必能够探到进货价。所以，杀价的另一个参照点就是：不管卖家赚多少，只管自己觉得值不值。

13. 贸易能够成立，也就在这里：卖家提供买家不擅长的货品——教授一天的演讲费用，足可以买到价值不菲的一套沙发，但是教授自己却难以想象，他一天的时间，能够做出一个什么样子的沙发!

“知己知彼百战百胜”，接下来，杀价过程中，有几个价格节点是值得注意的，现分析如下：

假定一个商店，一个月租金、水电、人工工资等成本是1万元，过去平均月售出数量为5件。心理目标是赚1万元。进货单价是1万元。

那么，其预期赚钱售价就应该是：14000元，因为：租金1万元+利润1万元=2万元；2万元除以5等于4000元。再加上进货价，就是14000元了。

于是我们有以下几个关键数据：

(1) 进货价：10000元——低于此价，商家是真的亏了。

(2) 月盈亏保本价：12000元——低于此价，商家就会认为不赚钱。

(3) 赚钱价格：14000元——达到此价，商家很开心。

显然，若是杀价到靠近10000元，砍价就算是很成功；若是成交价靠近12000元，砍价也算比较成功；若是成交在14000元以下，则是商家也认为比较“公允”的行情价；若是成交在14000元以上，则是买家在为商家发财做贡献。

砍价要点在于：

1. 只要你的报价高于10000元（低于12000元），商家就有可能卖给你——其中一种可能是：商家心态悲观，认为说只要能够减少损失——高于10000元，就可以为解决房租水电、人工工资做出贡献，也好啊，就像炒股票的人为什么愿意割肉的情形相同。另一种情况是，当月销售情况比较好、已经按照预期的赚钱价格卖出5件、该赚的钱已经赚到，接下来能够再赚多少就算多少。

——那么，买家要怎样才能杀价到这个位置呢?

策略要点就在于：用你的肢体语言、表现、口头语言告诉买家——

(1) 第一，自己不一定要买，不一定非买不可。

(2) 第二，这个卖场有商家数百家、上千家（比如成都八益家具城），我走到你这里来本来就是“缘分!”“赚多赚少，都是赚啊!”

(3) 第三，告诉他：“不赚白不赚”，高于进货价就可以卖给我啊!

(4) 身体语言上，“千万不要坐下来!”——除非一去就坐下来，千万不要谈了几句话以后逐渐变成“坐下来”。

(5) 心要“够狠”，第一次杀价到位，尽量避免第二次到他那里，才去杀价。

(6) 商家很精明：他会从你的身体语言，进店以后的表现、话语，判断你手上的“筹码”，若是你第二次去他那里，代表你喜欢的款式别的地方未必有!!

(7) 请示经理：营业员通常会用“请示经理”来为自己的降价找台阶。但是，你为什么就要信他呢?

(8) 你得承认，当你把价格杀到12000元以下时，商家。

2. 只要你的报价高于12000元，商家就会乐意卖给你。

(1) 如果你出价在12000元以上，说明你很厚道，为商家的持续经营做出了贡献。

(2) 这个世界或许因此而很和谐。

3. 只要你的报价高于14000元，商家就很开心卖给你。

(1) 你还价这么高，如果最后竟然没有成交，商家大概会心跳加速、十分痛心。

(2) 因为你为商家发财创造了机会。

第7单元　企业家并非天生

——老板的真相

引子：什么是王道？

1. 什么是王道？枪杆子里面出政权、丛林法则，或许就是王道，那是封建、一人独大的。

2. 企业有竞争——科学技术、核心技术就是王道，张瑞敏的如履薄冰就是王道——还有，闲情逸致之余像王石那样爬爬珠穆朗玛峰、成功之余吹牛的时候，就会有王道了。

3. 真像张瑞敏那样“如履薄冰”，也许就没有王道了。

4. 奴才心态、五体投地、匍匐在地、仰望他人，你就会看到王道！

5. 阴谋诡计、欺蒙拐骗、道貌岸然、造神成功，崇拜者面前你是王道！

6. 踏踏实实做好事情、人们认可你、社会需要你、你的生意好做，这就是王道？

7. 动辄喜欢王道，那是封建的思想在作怪。

8. 世界是多元的——钱要大家挣，不能你一个人整完了。所以，这个意义上讲没有绝对的王道。

9. 长江后浪推前浪，很多明星企业倒下了。王道在哪里？

10. 你告诉我什么是王道？

11. 毛泽东说“人间正道是沧桑”——李泽尧讲“人类三件事情：生产、分配、玩耍”。或许不搞生产搞分配是王道、不搞分配搞玩耍，才是真正的王道，详见李泽尧《人类三件事情》（百度搜索，活阅读李泽尧《中国式管理（操作版）》）。

老板的五个手指头——创业者五项修炼

老板成功离不开“五个指头”

我认为精明、现实、主见、敬业、创新这五大要素在民营企业老板的成功中占有绝对主导的地位，也可称为民企老板成功的五个指头。

不管是对个人还是对企业而言，它们都是最为核心、最为基本的五项修炼，请见下表：

五项修炼	基本含义
现实	现实的观念和指导思想，超越面子、超越冠冕堂皇、超越神话（走出乌托邦）； 现实的思维方式，运用现实的手段，超越过去、超越自我、超越传统束缚
精明	机敏的反应速度，细腻的触角、敏感和敏锐的思维 人际敏感性，局内精和局外明的完整性
主见	树立思维的坐标和参照系、建立所以然大厦、结构化与无限扩展性若干管理问题的主见
敬业	我不入地狱谁入地狱 自在不成人，成人不自在，人不一定是趋利避害的，超越懒惰、自主自发地工作、做到好而不是过得去、不是今朝有酒今朝醉满足现状
创新	超逻辑因子理论，人类创造力因子 奇招、高招、绝招

第一个指头：现实

这里最主要的就是把为我所用的目的性根植于现实环境中找到立足点、结合点。现实有两层含义，一是思考问题要现实，能考虑到客观现实和自身的优劣势，量力而行。能考虑到环境的接受度，循序渐进；二是处理问题的手段要现实，比如管理上，"权力等于选择"，有权力才会有选择，没有权力就没有选择。民营企业老板用人时为何会碰到元老问题，就是因为没有权力选择。老板不能选择手下，手下可以要挟老板。公司就成为几大元老，山头林立，军阀割据。一个企业仅有的一点资源和人力都不能结合起来，执行力又从何谈起？内耗很大，怎么能做强做大？广东一些民企做大后，老板请外人来搞规范化，但遭到内部很多人反对，他们有什么权力来反对呢？令不行禁不止。再如工资水平、各种社会关系的处理都涉及现实这个问题。

第二个指头：精明

一指大事不糊涂，小事也不糊涂；二指反应速度非常快，见到机会就会扑上去，抓住不放；三指为我所用，目的性强，不会为表面现象所迷惑，不会人云亦云，受大众逻辑所误导。但精明与聪明又不同，聪明是大脑，精明是头脑。聪明一般是指一种就事论事的能力，精明是指为我所用的一种能力。你不可以说大学生研究生不聪明，但你不得不承认个体户更精明。老板一般都是精明人，但精明也分大精明和小精明。为我所用不等于目光短视，为我所用而又目光不短视者是大精明。精明好比是人的食指，非常灵活。此外，精明要对天道有所把握，人道之外是大自然，大自然的规律就是天道。如果天道与人道不能吻合，成功就会只是一时，如能做到两者合一，则这老板非常厉害，是智者。这也是民营企业老板做大做强的一个非常重要的因素，个体户无法做大做强就是因为把握不了天道。在比较成功的广东民企老板中，无不透露出其精明特征。

第三个指头：主见

主见是不少民营老板普遍缺少的，也是许多成功老板表露出来的一大特征，特别是在广东地区。只有养成独立思考问题的习惯，保持持续学习，才能走出狭隘，走出自我。就是说过去的经验不能成为包袱，五年前的成功模式不能成为今天的成功模式，不能照搬。主见本身就带有一种创新，有着正反两面看。一些民企老板就是被人云亦云所害死的。主见也来自于自身的学习能力，求学精神，同时，学习是广义的，参加各种培训，行业的交往，都是学习。一个老板的时间是有限的，从主观层面来讲，要对自己的时间精力作安排，最好是内部管理占 1/3，外部战略占 1/3，学习思考占 1/3。

从客观意义上讲，MBA 教材能让人变得更精明和现实，比如其边际成本概念，就是让老板学会如何精打细算、决策、投资，从而产生效应。学会计算机会成本，即选择了这个就意味着放弃了另一个。类似于这样的概念和理论就把一个民企老板从骨子里打造得更精明和有主见。民企老板有经验但没有上升为理论和概念的话，就会束缚思考。而且其组建升华的能力是有限的，要从正反两方面，求诸多方面。特别是在决策时一般都要有三个方案供选择。

第四个指头：敬业

表面看敬业就是将要做的事情当成事业，很多老板都做到了，但醉心于它，以此为乐趣就很难了。有些老板只是为了赚钱，这就未必是敬业。深圳有一家做模架的民企，资产过亿。有一次我晚上九点到其公司，看到老板还在会议室给员工上课，就给身边一大二实习生说，看看别人身家过亿，此时此刻还在给员工上课。成功是什么？成功就是敬业乐业。我做过一家顺德民企的首席顾问，五六千人规模，其老板基本上都是工作到深夜一点。至于其家产，有人说有十几个亿、几十个亿，但我知道其每年产值应有十多个亿，而且做了十多年了，如果说是老板只想挥霍一下，绰绰有余了。

反过来不敬业不行，现在报纸上有一种误导，认为老板打高尔夫球才是最高境界。我们承认这的确是一种境界，但首先要明白，作为老板你一定是那个放风筝的人，无论何时何地你都要抓住那根线。若想到打高尔夫就可放松，那就错了。如果想到打高尔夫，但那根线还在自己手里，只是在尝试是否将线放远一点，不算不敬业，但局面一定要在掌控中。

还有一个层面就是所谓的敬业是指老板对企业要有存在价值，要产生能量，释放能量。厦门一民企老板在被职业人抛弃时，不少人为其打抱不平，谴责职业经理人，说老板这么信任你，全权让你打理，你还这样。我反过来问这老板：你有没有想过，在最后两年，你完全什么不管时，他把赚来的利润拱手送到你手上，那这两年你已在白吃他的钱了。老板要成功，就始终要成为企业的发动机，能量的释放者，老板要成为企业能量的龙头。

第五个指头：创新

这是企业竞争力的一个重要因素，要体现在行业、产品里。在产品里要取得竞争优势。创新意味着社会在进步，顾客的需求在变化，同行也跟上来了。没有创新，就没有高额利润，就等于死亡。精明的人会跟风，所以个体户经常到处打听、模仿，也能混一口饭吃。有创新才能做大，在一定程度上取得竞争优势。不同的时代所用的工具、媒介、渠道都不同，现在常用的 e－mall，在内地就不常用，但三年后呢？那就不一定。求新求变是主动的，适应环境是被动的。有时创新是被迫的，但相对于自己来说，是走出了自我。

创新的是思想，不识庐山真面目，只有新的知识概念才能站在更高的角度。现在有一种观念叫概念能力，老板只有具备提炼出概念的能力，才能对手下产生说服力，形成自己的思想体系。思考方法是有逻辑的，即使是超逻辑和反逻辑的，也是从逻辑这个因子出发的。“人类超逻辑因子”对一个人的创新、思维能力非常有帮助，比较适合民企老板。另外，同行资料信息的收集也很重要，需要专人负责。同时，内部创新机制要建立，研发人员要走出去多参加展会、研讨会，但这一切都要从企业现实出发，在力所能及的范围内进行。（原载《民营经济报》）

成功需要大拇指——现实

1．什么叫现实，对女孩子而言，不懂得妖娆而不妖娆，那是土气，懂得妖娆而不滥用妖娆才叫淑女。

2．对管理者而言，不懂得操纵而不操纵，那是憨厚，懂得操纵而不使用操纵才叫善良。——摘自李泽尧专著《有效管理十八项技能》

3．国际歌：这世界从来就没有救世主——只有你拿起武器，对手才有可能放下武器——看看朝鲜与美国；参考阅读本书：“筹码理论”。

大拇指是现实，靠实力伸出大拇指说道：“嗯，你才是老大！”

成功需要大拇指：现实

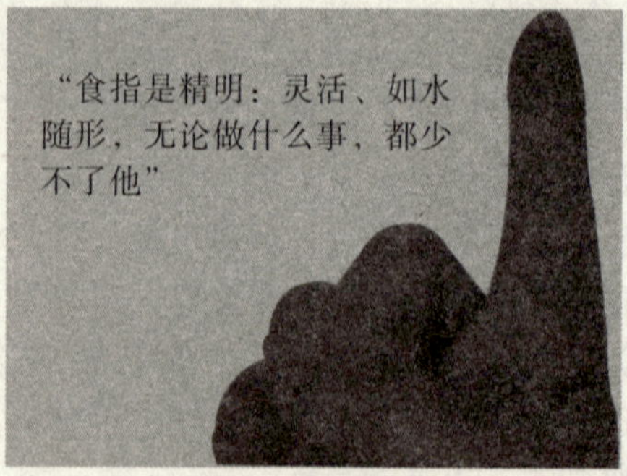

成功需要大拇指——精明

家家都在教育孩子：“小孩子不可以说假话”。

可是李老师却问学员：如果你们家孩子到了十八九岁还从未说过假话，你难道可以不着急？

你要去检查一下，万一他不会说假话怎么办？

是啊：

不会说假话而不说假话，那只能算是弱智。

只有当会说假话而不说假话的时候，你才可以说他是高尚。

于是，要做一个高尚的人，你必须得首先学会说假话。

我深信，人类的平等不是建立在想象和观念的“平等”之下，而是建立在心智和实力的对等之上。

成功需要食指——精明

1. 什么叫精明？人际敏感性、目的性、目标性、全局性加上细节性

2. 应变能力强、现实加上务实……

3. 详见延伸阅读与分享：

(1)《一个人如何才能变得精明?》

(2)《你会观察一个人的“气场”吗?》

(3) 超值分享:《中国人精明之道》－处长班－讲课录音－下载:

(4)《中国人聪明之道》PPT 下载：百度搜索“中国人聪明之道”

(5)《怎样看出一个人可不可交》

http://blog.sina.com.cn/s/blog_5d1d06270100pb3p.html

成功需要中指——主见

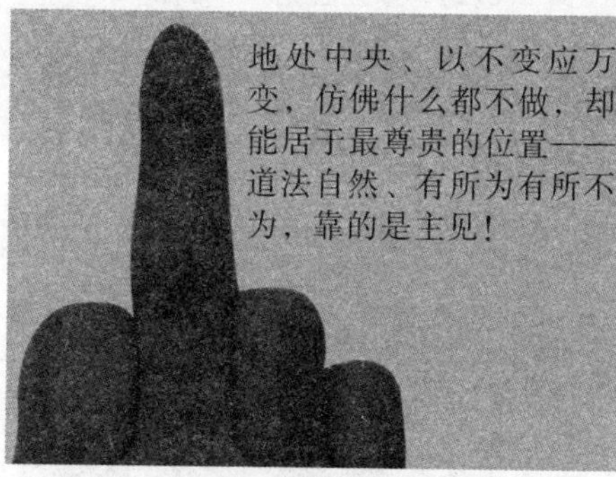

成功需要中指——主见

1. 个性而有悟性、预见性、哲学性、把握问题的本质。

2. 理性、确定感和基准感强、打桩——树立基本的坐标，然后有感而学——同心圆半径递增，不浪费、不做无用功、不人云亦云。

3. 知识来自实践——主见与感觉。

4. 一个人必须要树立一些基本的、基准性的、正确而现实的人生观，只有这样才能心情坦然、稳定，并拥有悟性。

5. 逻辑、良心与悟性——比如：“有知识没有能力，你叫他学知识干什么?”——逻辑不通、是非不分、势必底气不足。

6. 一些人概念模糊、是非不分的结果，竟然是最后把自己都搞糊涂了。

7. 修炼结构化、认识到“0、1 编码”——理性的基础。

8. 实事求是——问心无愧、为人不做“亏心事”——不一定是伤害到别人才有后果、有报复、报应。

9. 所谓：学问与做人!! 个性，才有基准，心正，才有“正能量”，基准感强才有悟性，体系博大才有理解力。

10. 从而，才有无限扩展、不走弯路之功效。

延伸阅读：

(1)《傻瓜炒股法——赚钱才是硬道理》。

(2)《股评的作用——就是要让你心上心下》。

成功需要无名指——敬业

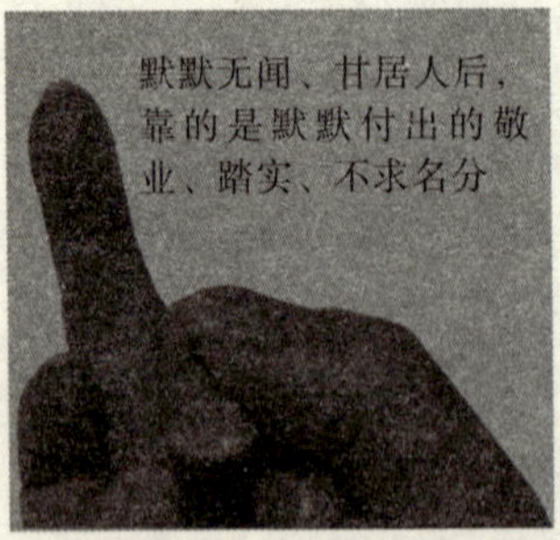

成功需要无名指——敬业

小偷不敬业会被逮住，骗子不敬业就会露馅。更何况是要做一番事业。

成功需要小指头——创新

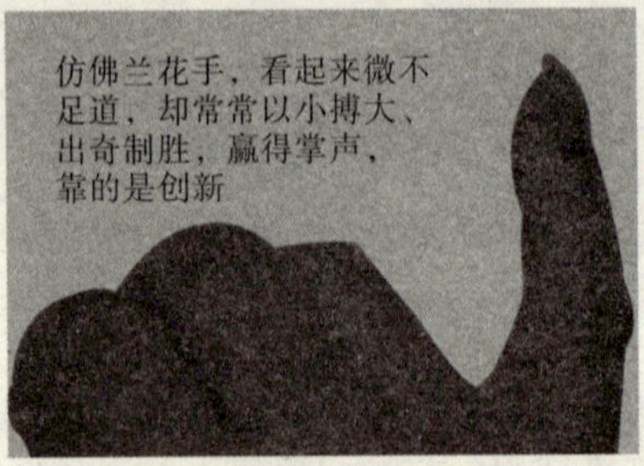

成功需要小指头——创新

伟人并非三头六臂，冠军，或许只需是超越那么一点点。

延伸案例阅读：《英国公司为提高业绩让员工集体全裸上班》“作者当然不是要推荐你去这么做，而是说：他怎么想得出来？”

每个人都可以通过这只手打造成功

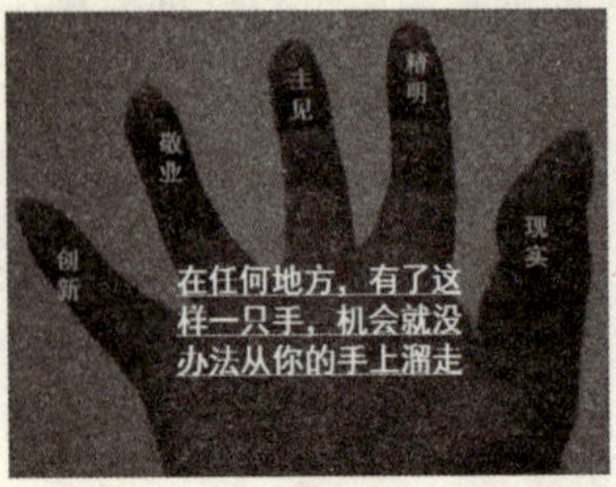

五指合拢就是一个拳头

五个指头合起来就是一个拳头——力量无穷，所向披靡!

五个优秀的手指头合起来，具有无穷的杀伤力！

参考阅读：《识人：眼睛是心灵的窗户，眼神是心态的轨迹》：“洞察人心，可以少走弯路、减少不必要的折腾”

引申阅读：敬业之——工作时间与事业成就

富士康董事长郭台铭说他每天工作 16 小时（百度搜索《郭台铭为股价鞠躬道歉　诉苦：每天拼 16 小时》其关键词即可阅读到），对想做老板的人来说，“工作时间”无疑是一个很重要的视角。

下表列出了一个职业人士人工作时间与事业成就、就职职位的关系，供读者参考：

上班 8H	实际工作	国企级别	外企级别	人生境遇
8H	4H	职工	职员	混一辈子了事，生存线上挣扎
	5H	员工		
	6H	主管		
	7H	经理	主管	职业
	8H			敬业、兴趣
	10H	副总	经理	
	12H	老总	副总	专业、特长、爱好
	14H		老总	
	16H	老板		钟爱、一辈子的追求、工作狂
	18H			
	20H			

老板成长之道

在路上：从青少年成长为老板的 8 条路径

序	类型	特征
1	自发型	初中小学未毕业，几十年如一日，多年从事某一行，天资不算聪颖但并不愚笨，义气而多有人脉，吃亏而后不失精明，瓜熟蒂落水到渠成，自发成为老板。此类老板往往从未离开家乡或某个行业、是一种自然生态
2	奋发型	高考差几分，曾经失落迷茫，然后奋发图强，以其天资聪颖，在某个行业有所造就，加之之前的失落，自卑与超越，誓要有所作为，一路上是个有心人
3	裂变性	在国企或民企打工、乃至做职业经理多年，占据有利部门或岗位，掌握大量市场及客户资源，难免一念之差，心动而行动，顺势而为，自立山头、占山为王、创业做老板

（续表）

序	类型	特征
4	偏执型	学业未完成或刚毕业，似乎中毒，一心梦想做公司，虽是九死一生，但毕竟“有志者事竟成”，有人梦想成真。此类人甚至从来没有做过打工仔，似乎天生是老板的料，但其实是九死一生，大浪淘沙
5	技术型	拥有一技之长或核心专利，开初只是出于保护自己的专利技术，后来一不小心技术入股，甚至占据企业核心地位，最后分道扬镳做老板
6	个体型	放弃打工生涯，原只是喜欢做个体户的自由，免受老板支使、不喜欢到点上班的束缚，开个门店做点小生意，也算是老板了，却也有人，哪曾想竟然慢慢做大，成为像模像样的老板
7	接班型	勤勤恳恳、职业化，一心爱上这个公司，当然也在这个公司看到希望，从来没有想过创业的压力，竟然不小心成了接班人
8	继承型	血缘关系、父子关系，大树底下好乘凉，富二代性质，有的将他祖业打折，也有的青出于蓝而胜于蓝，发扬光大
路径共性		泽尧常讲：“企业的生命是订单”，有了订单就有了企业，拥有订单就是老板。所以，人脉资源、从业经验、行业背景，等等，最后聚焦到“客户资源”是关键

参考阅读：《李嘉诚忆70年奋斗：14岁时同乡说我眼眸无神难成大器》

读书学习的十一个要点

1. 坚定信念：坚信“有能力走遍天下”——学习万岁、积累万岁、成长万岁、能力万岁。

2. 有感而学：结合既有经验展开，没有感受的东西不妨先放下，以便保护学习热情。

3. 学以致用：没有用的东西不妨先放下，不必在没有用的东西上耗费时间和精神；

4. 目标聚焦：要有长远和持续的成长目标，然后围绕目标去学习；

5. 投资学习：把学习当成最好的投资，不妨设想：一年花1000元买书，十年一万元投入，而你十年超常成长的价值难道是一万元可以计算和衡量的？

6. 浏览式阅读：少部分好书可以精读，多数（哪怕是买回家的书）不必勉强读完，1/3精读就可以——读书的用处在于：建立基本概念、开阔视野，书籍可以是手册，必要时可以查阅和细读；

7. 勾出重点：通过寻找和勾画书中重点，可以提高阅读速度，同时也便于回顾和浏览书中精华；

8. 阅读范围构成：经典书目+系统化、系列化书籍+杂志+报纸+网上阅读+实践；

9. 批判性阅读：读书要有个性，要有批判精神，更不能迷信权威，对所学知识和思想的吸收和采纳，应坚持“实证主义五项标准”：（1）现实的而不是幻想的；（2）有用的而不是无用的；（3）可靠的而不是可疑的；（4）确切的而不是含糊的；（5）肯定的而不是否定的。

10. 思考总结：养成写思想随笔的习惯，以便整理和深化自己的思想，在建立自己的基本知识框架结构的同时，提升思考力——进而提升口才、说服力和影响力。

11. 打开一扇窗：与“过来人”接触，但不可以迷信、放弃自我。

参考阅读：

泽尧著作《百万年薪做经理——让老板加薪的六个步骤》之“第3步　快速成长——中指高：淡泊明志、志存高远——专业+成才=内功、学习是硬道理”。

青年人快速提升能力的18个要点

1. 多多参与各种业务项目以及非业务活动：会则不难！参与的多了、做过了，见识、经验、理解力也就上去了。十处打锣九处在，如果脑袋不笨，能力怎么会不上去？

2. “戒之在色”，养精蓄锐，保证参与过程中精力充沛、状态良好，既能够最大限度观察、吸收，又能够表现出活力，被人信任、看重，从而获得主导的机会。避免、杜绝缺少激情、精力不集中，乃至对很多事情兴趣索然、两眼无神、萎靡不振！

3. 抓紧时间，挑战时间利用率：有的人一天里面的有效工作学习时间8小时，而有的人是10小时、12小时，乃至16小时！晚上10点以后还在工作的人，不成功都没有道理！

4. 善于抓住零碎时间，滴水成河。身边带本书、带上个笔记本，随时利用零碎时间。

5. Just try it，试试再说！何妨一试?！不要自我设限，勇于突破。百度搜索阅读“投入与跳出三种境界”或许有助于你。

6. 信奉泽尧所说的：“把工作当做考试”！“领导交代工作，就是领导给我们下订单”！对领导交办的大小事项，务必严阵以待，交出优异答卷。把小事做好，领导才会把大事交给你去做！

7. 记住：别人对你的看法，远远不只是凭你的“态度”，而是看你的“行动”！“过程”常常只能表明你的“态度”，“结果”才能真正证明你的“能力和行动”！

8. 对领导及同事交办的事情，要做笔记，列入跟踪表，条理性要好，提前或按时交差，并适当超出其预期。做一个值得信赖、负责任的人！

9. 谦虚使人进步！多向过来人学习请教，要有“拜师学艺”的心态，不妨愿意并实际向过来人交出学费（诸如请客、吃饭、恭敬）。

10. 真诚，让人信任，避免他人尤其年长者、过来人的反感、嫉恨。多做事、少做人，不要耍小精明。恭敬不如从命，多做少说，多思考就是了。

11. 面对任何人，要习惯于结果导向，关注你与他的界面，避免废话、绕弯子。

说话做事要干净利落：谈话、电话，语速要快一点，直截了当、结果导向，而不要拖泥带水，半天没有说到点子上。

12. 建立“主导意识”，在积极参与的基础上，努力把控活动主线、主导活动进程，成为核心人员，成为可将所参与项目引以为骄傲的过来人。请百度搜索阅读泽尧“主导”专题。

13. 勤于与人沟通，乐于参加聚会，定期不定期与客户、朋友联络，既是感情的交流、增进，也是信息获得的渠道。人脉在于积累，一回生二回熟，时间久了，信任乃至信赖就出来了。

14. 善于记录和总结：对重要的事情要做一点简单的笔记，回头可以观察、检讨、总结。参照泽尧“人生三个本理论”：要有工作日记本 + 读书笔记本 + 心灵对话本。

15. 注意收集、保存项目及活动的资料，以资他日借用。尽量把所做过的事情，都要当做未来成长的基础。不要只是一个无所用心的参与者，不可等到项目结束的时候弄到两手空空。

16. 选择与社会需要相结合的个人爱好和喜欢的事情去做，尤其在年轻的时候。只有年长之后，才谈得上按照自己的优势和强项去工作。

17. 学一点哲学、做一些对规律的总结思考，可以增强自己的融会贯通、举一反三的能力。泽尧向你推荐《创造力》一书。

18. 外在行为上，谦虚、恭敬、踏实、勤勉，一步一个脚印；内在心理上，有冲劲、有目标、有计划、有想法、直奔目标；最后的结果：鹏程万里、捷足先登！

参考阅读：百度搜索《年轻人容易犯的 14 个错误及其对策》

能力快速成长配方：一个人能力提升的十二个要点

1. 资讯——机会、机遇的源头，创意、项目的源头，梦想、目标的落地

2. 知识——资讯吸收与加工的工具，项目设计与实施的工具，梦想、目标落实的手段。

3. 资源——资金、资本、资源：实施项目的基础，推动项目的前提。

4. 人脉——资讯和资源的源头：获得批发价的基础，顺手取来、降低成本的方法。

5. 人品——人品是人脉的基础：“己所不欲勿施于人”，没有人愿意“吃亏”，真诚、热情、力所能及的豪爽。

6. 人缘——对有目标有计划的人而言，人脉是经营出来的，于是需要研究处事原则、沟通技巧、攻关手段。

7. 活力、行动力——体力、精力、专注、聚焦，有目标有计划，按时间计划行动。

8. 思考力——见泽尧“人生三个本理论”及泽尧著作《创造力》。

9. 梦想与目标——梦想是活力、行动力的源头，身体体能是行动力的燃油。人生阶段目标乃至终极目标的厘清可以作为时间分配的依据。

10. 时间分配——读书、看报、上网、电话、交往、应酬、娱乐，在一个星期一个月的周期里的分配，有如营养能力的配方，万分重要！

11. 积极心态——活到老学到老，习惯于点滴积累、积累与突破，泽尧常说的“知识的完整性等于能力”。

12. 不满足、走出自我、突破定式——天外有天、接受新事物、超越现状的意愿。

你为什么没有成为老板？

让一个人成为老板，需要的因素很多。

让一个人不能成为老板，只需要一个！

见过很多过来人，包括自己，又一年到头跟很多老板讲课，最近还有意识地访谈了身边各行各业的过来人，现在不妨来看看，我们自己为什么没有成为老板，或者一些做了老板的人为何又退了回来？——阿弥陀佛，存在就是合理啊，以下要点，或许可以帮助年轻人搬开老板路上的绊脚石：

1. 长期在一个大企业做分工很细的岗位，没有全局观、没有成就感，被大老板的资产规模吓倒，没有信心自己做老板。想做老板，想找到成就感，就必须至少要在大企业、小企业之间多切换——从大公司到小公司，你或许会惊奇地发现，竟然有那么稀里糊涂的人也可以做老板！

2. 太投入、埋头做事、不看方向，没有、甚至也不能把所在岗位的专业及产品与所在行业的市场和行情结合起来思考问题，因而一天到晚、一年到头，浑浑噩噩过来，没有领悟、学习到该学的东西。

3. 学历太高、条件太好，舍不得放下手上已经拥有的。不敢冒险、怕担风险，基本工资把你套牢。

4. 人生目标不清楚、不明确，一路走来，没心没肺、无所用心，不能像海绵一样吸纳。会做多做、能者多劳，有意无意之间，若干年过去，自己竟落得一个“打工仔的命”!？不妨网络搜索阅读“李泽尧 + 中国人精明之道”。

5. 没有在某一个行业、某一个专业上持之以恒，没有项目、产品的专业知识和技术性基础。就算有那么个一技之长，但也不是很精，没有做到卓越、没有做到能够冒出头去接轨市场的程度，没有跟市场对话的水平和本钱。

6. 天生体能并不算优异，但是却一路抛洒，没有把精气神一心用在事业上。人与人体能、智能固然不同，但是每个人却是有限量的，所以需要用“教养”或者“修养”去把有限的体能和智能箱漏斗一样引导到事业上。

7. 缺少个性、不会拒绝，成为交际应酬的奴隶、甚至疲于奔命，没有把它作为参考学习、获得资讯的途径。

8. 时间分配不合理，事业营养配方不科学，能力、知识、资讯、视野发展不丰满。

9. 没有行业、经验积累，鲁莽行事、不懂得瓜熟蒂落、水到渠成，勉为其难去尝试，但是却又动辄退却、轻言放弃。

10. 创业做事中，太厚道、太大方，以致忘记了量入为出，利润 = 行情价格 - 成本。做老板固然不一定就要刻薄，但是，量入为出，“行情价格 - 成本”还有些剩余却是前提。

11. 看问题看表面，把人云亦云的信息当做数据，不核实、不审视里面的漏洞，做起事情来，每每失败，最后打击自己的自信心。

12. 外行看热闹、内行看门道——别人做赚钱、自己做不赚钱，不知道秘密在哪里、不知道所谓“盈利模式”在哪边！

13. 并非所有人都一定要做老板，首先你自己手上的事情能不能做好、有没有做好？能不能算杰出？你可能说，你做老板的产品、市场，不是你现在所做的事情，那么，你为什么还要在这里浪费青春和时间？

14. 做不好的事情，就不要耽误、不要等待，先把你认为有机会做老板、将要在那个产品、那个行业做老板的事情，你去把它做好。这样，无论你是成功还是所谓的“失败”，对你、对社会，都是建设性的！这样，也就不存在“失败”二字！

15. 年轻的时候，可以按照兴趣、爱好去做你想做的，JUST TRY IT 不妨多尝试。对有志者而言，“折腾是硬道理”，不能那么安静、那么平稳，能力甚至是在出现问题然后解决问题中锻炼出来的——这些都可以作为一种积累、磨炼而存在。年纪大一点（比如 30 岁开始）就得思考（但可能还不一定明确）你的未来去向，但是你总得要知道自己在 35 ~ 38 岁之前一定要把自己磨炼、积累到什么一个程度——大多数男人是在 37 ~ 40 岁之间发生事业的转型和腾飞的——即便没有做老板，但也是鹤立鸡群、“印堂发亮”、睿智显现、工资倍增出现！

16. 或许：30 岁以前，靠学历找工作，35 岁以后，你就得靠经历找工作，40 岁以后呢，你就尽量让别人来找你工作！工资倍增就是很自然的事情了。

17. 一位红蜻蜓的市场人员在课堂上问泽尧“想做老板、想创业，我该如何完善自己？”我给他的回答是：“完善自己那是‘知识导向’‘产品导向’、秀才造反十年不成。确定方向后付诸行动，在实践中遇到问题去找答案、学知识，这才是‘市场导向、问题导向、结果导向’。人格完善没有止境，那是中国人传统文化里面的修身之说、那是内功。要在市场经济中摔打，还要有目的地出招、做老板，你就必须要注重外功——泽尧课堂上跟你们讲的是：知识的完整性等于能力——那就是要：聚焦你所需要解决的问题（追求目标的过程中自然会遇到各种问题），去有目的、有焦点地补充自己，而不是漫无边际地完善自己。”

18. 实施创业行动的时候，缺少基本的商业计划书，对一些必须回答、必须有数据说话的环节和要素——必须要胸有成竹的事项，却只是人云亦云、知其大概，经不起推敲不能互相印证，有的只是“信心满满”。不知道“商业计划书”才是真正“胸有成竹”，还以为那不过是形式。

19. 做起项目来没有进行系统思考和 WBS 设计，没有“锦囊妙计”在手，遇到异常束手无策或者处理不当——系统打造成功、细节导致失败。全局性与细节性一样重要。详阅泽尧“管理者、职业经理的核心能力：策划与计划”章节。

20. 做老板的过程可以看成是一个成长的过程，所以：内、外功的修炼与结合是必需的，不妨搜索阅读“泽尧＋一个人能力提升的12个要点”。

21. 对于初做老板的人，不妨搜索阅读“李泽尧＋李氏21条：初做老板如何防范资产被偷”。

22. 做老板的目的无非是提高生活的质量，于是你必须：阳光心态、积极人生——抓住每一天，天天有进步。不妨搜索阅读“李泽尧＋情绪稳定的若干项修炼”。

23. 三天打鱼两天晒网、麻将人生，不知收敛的话呢，做老板的事情大可以放到一边，不做也罢、不谈还好。

老板千千万，为什么没有你？

1. 不够厚道、不够豪爽，没有“狐朋狗友”、缺乏人脉资源；虚浮乃至虚假、不耿直、不仗义，没有人敢信任他。

2. 不愿意操心、不能精打细算，不节约不经济，入不敷出、没有利润；缺少心机、没有心计，小事大事常常是大而化之，造成不必要的浪费。

3. 以自我为中心，把“以客户为中心”当做委屈，不知道“全心全意为人民服务”，不接受“被人利用、作为工具”，不知道舍（工具性）得（目的性），而结果却是“跳不出为人作嫁”。

4. 太公平、太厚道，不够狠，不能偶尔狠一把，充斥着平民主义思想和“无产阶层”的价值观，结果就是一辈子“无产”，正所谓种瓜得瓜种豆得豆。

5. 不善交往、不喜欢交往，比如技术型人才，喜欢安静钻研、思考问题，结果是适合被别人安排、被人领导。

6. 不够专业、碰运气，做不好事情，就说是运气不好，没有去找到问题的源头；却不知“差的就是那么一点点”，盈亏只在于良性循环。

7. 一直在大公司工作，以为做老板是不可想象的事情，到小公司才发现，“那么笨的人竟然都可以做老板”，禁不住信心倍增！

8. 没有找准社会需求点，没有找到适合自己的产品或服务，一厢情愿，按想象去经营。

9. 未能潜下心来精研某一个行当，没有“几十年如一日”参与某一个行业。

10. 经验、知识不足，缺少基本的“经验模块”积累，没有能力整合资源。

11. 体能不足、精力不足，力不从心，比如一天的睡眠时间就比别人长很多。

12. 没有热情、人生就是打混，麻将就占去了一半时间，哪里知道别人打麻将只是手段。

13. 做事不到位，漏洞百出，没有认真做好过一件值得骄傲的事情，自信心都没有。

14. 玩耍至上，感情丰富，人文修养丰富，琴棋书画似乎样样皆通，人生路上流连忘返。

15. 麻将人生，麻木一辈子，看看成都重庆街头的茶馆、麻将馆、机麻馆就知道了。

16. 太学术，总是在证明自己“有料”，就像孙悟空，结果是“为人作嫁几时休!”

17. 不够执着，浅尝辄止，最后竟然就认为自己“被证明不是做老板的料”。

18. 不认为有必要做老板，几千元的月收入，天天想的是要去某地旅游。

19. 和谐就好，个个做老板、没有打工仔，这世界岂不乱了套?!

初做老板：如何防范公司资产被偷（李氏21条）

一、问题与案例：

有一个工厂，老板外出了，回来后，工厂的货和设备全被工人偷走了。连办公室的值钱东西都不在了，保安和工人合伙把老板给坑了，老板投下的资产，全在一个月内变成了空气了。

如何防止公司底下形成尾大不掉的帮派——帮派一旦做大，制度牵制有时会显得无力，比如仓库的掌握、进单、出单，如果他们一起做假。那就很难盘查资产了，有时靠职业操守、人品，有时挺有风险。万一他们不守规则，那么全都成烂局。制度我就感觉有时也挺悬，因为制度也是人去执行的，是犯罪成本和出事概率降低后，他们敢越围了，比如管理和保安都串通了，他们认为没有证人了。

二、泽尧简答如下：

按照泽尧著作《有效管理十八项技能（白金版)》里的“做人做君子、管人管小人”的理论，有：

1. 安插相对信任的人、关键环节有放心的人——甚至把亲戚、多年的朋友拉进来参与。

2. 制造他们之间的利益对立；发展合伙人、发展和培养亲信，注意笼络人心，学会看手下人的眼神。

3. 筹码——让有关责任人有被偷而有人损失很大：甚至使用保证金、担保金之类。

4. 核心的资源自己把握——采购、财务，涉及资金及重大价值的物品、重要材料，家人或亲戚掌管。

5. 按照“一个金库五把钥匙五个人掌管”的原理——必须五个人串通才能搞得定，避免一锅端。

6. 有收条、进料单、入库单等，进出库有书面交接流程，单据要审核，领料要签名。

7. 这样才能让责任清楚——落实到个人，谁的手上弄丢，谁就有责任——至少可以告他一个偷盗。

8. 要有库房、上锁、一环套一环——从一个人手上到另一个人手上先有审核、后有当事人签名。

9. 要有监控、稽核——稽核、查账要跟上：定期稽核、随时把现款提走。

10. 制度设定好——按照“管人管小人”，把人想象成是坏人一样来设计制度——明确告诉大家制度就是要管理坏人。

11. 防患于未然——做老板的，要有敏感性（对坏人坏事要敏感，学习曹操，适当地多疑）。

12. 奖罚分明、要有严肃的铁纪是必需的。

13. 一个老板做到“一群人偷盗、串通偷窃”的地步，大概：一个是自己太过孤立，一个是自己太过无知。

14. 或许是因为为人太刻薄，或许是因为太不知道人心向背，看来得学学《论语》、“三言一拍”。

15. 一个老板你可以节约成本，但未必要让员工觉得你刻薄。

16. 你的政策、制度，得到80%以上群众的基本认同，应该是不过分的要求。

17. 有了大多数员工的基本认可，又有制度流程，还有多少人可以——愿意冒“偷窃”之名去乱来呢？还有必要非跟偷窃之人合伙、串通不可吗？

18. 做老板的人一定要知道，做企业其实也是一群人在赚钱，不要老想一个人发财——你想一个人发财，最后谁能够与你一起发财呢？

19. 当员工发现跟你没有发财、共同发财——走正道儿的机会之后，也就是绝望之后，那就什么事情都会发生了。

20. 大批员工串通的情况只有两个：一个是老板人品不好，一个就是老板能力太烂。那也就只好当做交学费了吧！

——相关思想来自泽尧著作《有效管理十八项技能（白金版）》，更多做法见泽尧著作《中国式制度管理》。

结束篇

做得说不得
——关于真相的真相

管理者是美好世界的缔造者，而非享用者，所以必须要知道真相、懂得真相。而回避真相，则无异于掩耳盗铃、自欺欺人。

过年不好玩——管理者是美好世界的缔造者，而非享用者

1. 有一些管理学思想，受得了道德的绑架，讲的全是“应该”“应然”的学问。

2. 科学就是要面对真相：实事求是，就是要面对真相；真相就是要实事求是。

3. 真相很残酷：本书内容不会回避真相，哪怕是赤裸裸的、血淋淋的。

4. 当一个人作为管理者而存在的时候，他就主要不是美好世界的欣赏者，而是美好世界的构建者。这就是“人长大了，过年不好玩”的原因——那是必须的：你不但不能期待别人为你营造“过年好玩的氛围”，而且你必须站出来“去为家人、为孩子营造出过年好玩的氛围”。

5. 乌托邦的手段是打造不出一个乌托邦出来的。就算要打造一个乌托邦，你也得用现实的手段。

6. 泽尧认为：做人讲应该，管人讲手段。

7. “应该”代表了人们的梦想，真相才是眼前的现实。作为高级主管，不能回避真相，不能被梦想所蒙蔽。

8. 作为管理者，尤其高级管理者，切勿被“应该”绑架——本书有志于：拨云见日得真相！

9. 管理者是美好世界的缔造者，而非享用者，所以必须要知道真相、懂得真相。

真相让人郁闷——管理哲学之：然与应然

1. 把存在的（然）说出来，会有点像“皇帝的新衣”中的那个孩子，有人知

道而不说、不敢说。

2.“存在”里面包含了“人道”和“不人道”；东方人说“阿弥陀佛”、西方人说“存在就是合理”。而所谓合理，合的也是“天理”而非“人理”。

3. 很多人喜欢用“人道”去裁剪“存在”，结果剩下来的存在就是支离破碎！

4. 作者写书如果也用“人道”去裁剪“存在”，结果就是遮蔽“事实和真相”，会误导学习者。

5.“天道”与“人道”有不重叠区，不重叠的部分，就被“善良”的人给删掉了——不知道他是善意的谎言，还是为了讨好读者，总之结果是误导。

6. 大量的管理学书籍讲的是“应该”、“应然”，把主观的“价值追求”、“价值判断”与客观的管理方法、管理手段混为一谈，影响了管理的有效性。

7.“实事求是”很难做到！因为真相很残酷、很难看，所以有人喜欢“粉饰”。而，实话实说的人，不会被弱势群体者喜欢。因为，弱势群体需要抱团取暖，需要依赖和归宿。

8. 其实，强者是敢于面对现实、愿意知道真相的。但是，精明的强者以及强盗则害怕你讲出真相，为什么？因为他知道，真相一旦被揭穿、公之于众，他用以欺蒙弱势群体的“专利”就没有价值、不管用了！

9. 强盗与弱者之间合作愉快，奉献与获取之间，你情我愿。你把真相说出来，就无异于在二者之间挑拨离间、搬弄是非！所以，揭示真相的人，非常“令人讨厌”。

10. 这就是有些人、乖巧的人、识时务者、圆润的人喜欢用“应然”代替“然”、裁剪“然”的原因。目的就是“回避真相、遮蔽真相”。

11. 所以，泽尧在此声明一下：本书相关内容不代表是作者的“价值观”，不代表作者在提倡什么、在宣传什么，作者不认为就应该怎样怎样——不是一种“应然”；而是代表作者看到的、作者所以为的“真相”，只是一种对“然”的描述和表达。

台前与幕后之别——不知真相，何以成就“霸业”？

小孩子只知道台前不晓得幕后，所以叫做幼稚。有效管理者不可以不知道问题的本质，而对台前与幕后之别的了解，可以使管理者尽快成熟而把握管理的要点。表格所列为两个方向上的极端，当管理者理解了它以后，才可以在其间游刃有余。

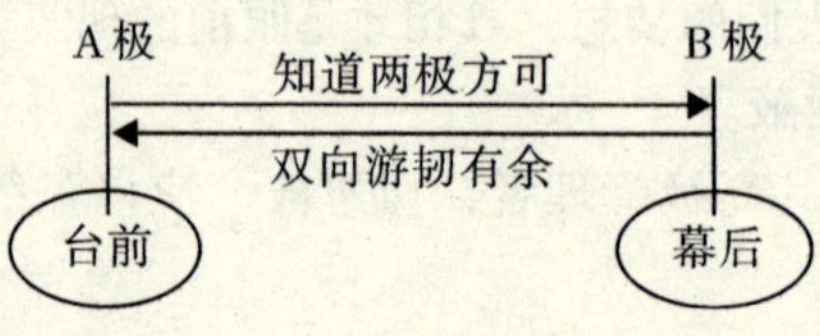

台前	幕后
社会、公众、道德的要求	个人、私下、现实的幕后或内幕
道德可以接受或推崇	了解法律、以遵循法律为准绳，更有甚者钻法律的漏洞、法律无法触及的角落

（续表）

台前	幕后
道德高尚是上限，以上限为准	触犯法律为下限，以下限为界（诫）
人前的楷模	事情的本质
舞台前面观众看得见的场面	幕布后面演员们粉墨登场的真实
书本上面大肆渲染的东西	书本上面不敢轻易触及、须审慎对待的东西
舆论媒体提倡的东西	媒体舆论有所忌讳的东西
代表了人类的美好愿望——理想	反映了世界的本来面目——现实加务实
人们希望的良好合作	人们反感的相互利用
理想的追求	现实的手段
革命的一手	革命的两手
做得也说得的东西可以上台面	做得说不得的东西只能在幕后
正统教育出来的孩子营养不良	唯有小说可以补充部分营养
定性的好恶评价容易疾恶如仇	定量的量刑标准、客观冷静或冷酷
冠冕堂皇	血的事实
为面子、架子所累	以实力和能力为较量的本钱
保暖的被子	热量来自于自己的身体
文化的成分重	经济的因素多
面子的成分多，动之以情晓之以理	现实的成分重，枪杆子里面出政权
敌我分明，是非清楚，疾恶如仇	利益牵绊，一团和气，妥协折中、狼狈为奸

台前：冠冕堂皇

1. 寺庙要做得冠冕堂皇才会有人下跪。如果神像不像神像，让你看到一堆泥土的构成情形，你如何再相信神的存在？

2. 包装的结果是完美，看包装的人被唬住，做包装的人却有他的目的。

3. 年轻的时候很容易崇拜，那是因为他没有看出在那冠冕堂皇后面的破绽。

4. 人间的冠冕堂皇再往前走一步就成了宗教式的崇拜和五体投地。

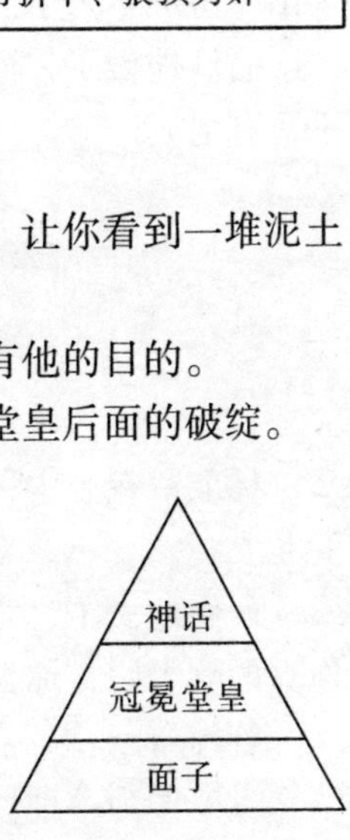

5. “三座大山”：人类心理的三座大山有一定的层次性，第一层是面子，第二层是冠冕堂皇，第三层便是神话了。此三座大山的副产品分别是：

面子——为他人乃至庸人的价值观而活。

冠冕堂皇——为有地位者、善包装者而活。

神话——为上帝、宗教而活。

做得与说得之别——为什么要“说一套做一套”?

一般而言，道德总是比较偏于保守。本来是“大路朝天，各走半边”，一家50%就可以的，但为了保险，道德的处理结果则是：每家只能做到40%，剩下的20%让第三方拿走了。

虽然不少人在行动上早就没有按规矩行事，甚至“满肚子男盗女娼”，可是他仍然会“满口仁义道德”，因为他一方面要树立自己的“良好形象”，不愿意成为被指责的对象；另一方面却又怕别人也同他一样“不守规则”。他心里很清楚：如果大家都同他一样不守规则，那么他原来那独享不守规则的利益就会荡然无存了——很多这样的精明人，构成了很强的力量，这是存在“做得说不得”的重要原因之一。

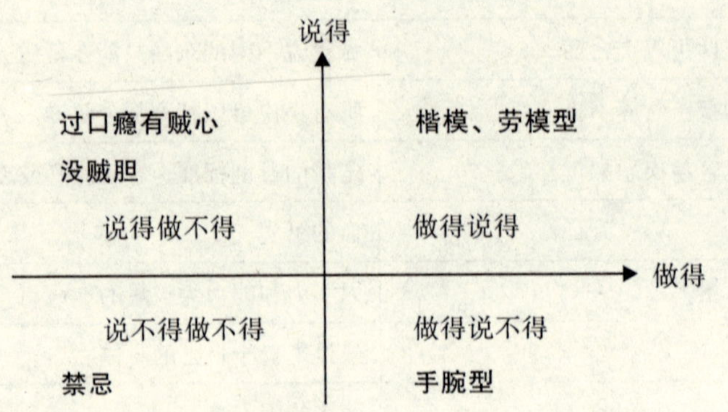

做得又说得的事情是符合道德的事情，这是生活中的上限——假定下限是以不违法为准则的，于是，那些参不透“做得说不得”道理的人，就会较之参透了的人多出一份成本来了。

偷偷地做了，而不敢说，这至少表明你还有道德（行动上没有，但是心里面似乎还有吧）。

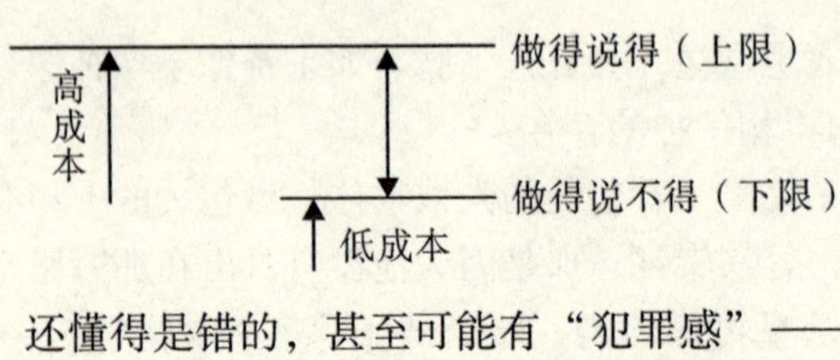

标准留在心中，还懂得是错的，甚至可能有“犯罪感”——好歹她还是“道德的儿女”。

偷偷地做了，之后又要说出来，你这就无异于公然要在台面上和道德宣战——你真的够大胆，你真的好大胆子，简直就是异教徒了!!

管理启示：

直率作为一种性格是可爱的、令人产生信赖感的；但是，直率却容易冒犯他人。

故建议“按逻辑思考，遵规则行事”（请百度搜索阅读）。

道貌岸然就是从这里开始的。

小偷比强盗可爱

如果说“做而不说”的人好似小偷，只是偷偷地窃取道德的仓库而已，那么，“做而又说”的人则简直有如强盗，光天化日之下就要对道德进行打劫！

小偷几百元，刑法是“不上账”（不立案）的，强盗两角钱，你也得蹲监狱！二者差别之大可见一斑。

比如满街的洗脚店、发廊、桑拿浴室，做的大多都是做得说不得的事。曾有报纸报道——《文化部要求陕西严查“小姐上岗证”》说到陕西某县文化稽查大队向歌舞厅小姐每人收取200元管理费，并核发“上岗证”一事。文章写道：“歌舞厅小姐执证”上岗“到底干什么，记者不得而知”（见《广州日报》2003年12月6日A6版）。由此可见，该县文化稽查大队真的是糊涂：歌舞厅到处有的是，别人那里的小姐也未必比你少，你干吗非要去说——去为她发证呢?！结果轮到记者问你“执证”上岗“到底干什么”，那你怎么说得清楚呢？——别人没事而你有事，错在发证（说）上面、错在不懂得“做得说不得”的“原理”上面。

启示：

迄今为止的书籍似乎没有为有效管理者给出答案。而，非让一个年轻人摔个头破血流去从直接经验学习成本实在太高——唯《管理的真相——TBC商业掌控秘笈》，开历史之先河。

后 记

二十年磨一剑，人老珠黄。生命、心血、精气神，就这样付诸于此。

前八年，投身国外跨国公司及国内外企，亲身做管理、行万里路、领悟管理真谛；后十二年，全情投入企业咨询、EMBA总裁班高管班授课，读万卷书，著书立说：其中前六年博采众长，化繁为简，帮企业干部读书；后六年面向学员企业问题，系统思考、融会贯通、去伪存真、去粗取精、构建TBC。

需要说明的是，本书含有大量延伸阅读案例，有些只有标题，读者可以直接百度标题或“李泽尧+标题”阅读相关内容；本书有个别内容是探索性的，为了避免中庸，某些地方的表达可能尖锐到刻薄甚至有失偏颇，谨希望读者意识到，作者无意于用一种观点去取代另一种观点，而在于提供给你一个新的视角、新的思路，一种思考问题的坐标和元素。

上世纪90年代初，泽尧携处女作《意识心理学》拜访交大以才华横溢闻名的王刚教授时，他告诉作者：“你这本书一定出版不了！为什么？别人的书，有10%～15%是自己的东西就可以了，而你，90%都是自己的，谁敢出？”

在此，敬请老读者一定要了解：作者所有的著作，都是在之前著作的基础上发展而来，一本书有30%的新内容，大概就值得出版——要知道，这新增的部分，可就是金字塔的塔尖部分，相对而言可谓是“精华中之精华”，所以，与之前的著作有内容重复是难免的。

本人要感谢四川成都的王文艳老师，提供了本书TBC企业驱动体系部分的一些基础性参考资料，以及付吟烨、李为敏，提供了建设性的意见；还要感谢广州市关梅女士、重庆市黄倩小姐在资料整理过程中所付出的辛勤劳动和所提出的优秀建议；感谢周应伦先生、李为娟小姐提供了自己的相关看法和意见；感谢黄义杰、何惠如、孙涛、钟为俊、付月梅、付晓梅等人，他们对某些内容提出优秀建议。

本书撰写过程中，曾参考和引用了部分国内外的管理研究成果和文献，在此一并向所有曾经帮助过本书撰写和出版的朋友们表示诚挚的感谢。

若能将本书与“李泽尧互动空间”（百度搜索可得）和“李泽尧的博客：企管与人性”（http://blog.sina.com.cn/lizeyao2003）及顾问、培训机构网站上发布的作者最新思想、文章、讲课视频结合起来阅读，相信会有更好的效果。

如果本书让你受益，请告诉你的朋友；若有不满意的地方，请把问题告诉我，我的E－MAIL是：lizeyao88@126.com或mary8818@126.com。

李泽尧

2013年12月28日于重庆★圣灯山

鸣 谢

谨感谢以下单位选择了《有效管理十八项技能》、《执行力》、《中国式绩效考核》等著作之相关单元为其组织做内部培训！——

上海航空、中国燃气集团、西安高新区管委会、北京密云工业园、重庆巴南区经委；上汽大众、中国汽车工业协会、华南轮胎、北汽福田奥铃工厂、深圳比亚迪、广汇汽车、同济大学汽车营销管理学院、广东粤海汽车；香港建滔化工集团、美的空调、深圳中集集团、温州永强集团、深圳丹凤白露酒店、中国浔兴拉链（SBS）、大连港集团、广东烟草、广东德豪润达集团、博世（BOSCH）、腾讯（QQ）、上海美特斯邦威、上海宝钢南方公司（广州）、华强本邦、浙江稽山集团、松日集团、新中源陶瓷；中海地产、深圳佳兆业及正中房地产、福建正荣房地产、广州正佳地产集团、香港新世界地产、郑州正商地产；南方电网广电集团、国华集团台山电厂、惠州供电、开平供电、顺德供电、佛山电力建设集团、福建电力、福清电力、云南电力、庆阳电力、甘肃电力、德阳电力、贵州电力、乌江水电、安顺供电局、遵义供电局、宁夏大坝电厂、宁夏中卫电力、广西浩天集团、广西电网、广西宜州电厂、广西路桥；中兴通讯、浙江网通、成都网通、吉林移动、烟台移动、肇庆移动、深圳腾讯、绵阳电信、惠州电信、广东联通、广州市邮政储汇局、广东邮政、海南邮政、深圳邮政、中国移动东莞公司、中山移动、赣州移动、万利达移动（深圳）、广东金中华通讯；江苏农发行、华西证券、中国人民财产保险公司、中国工商银行广西分行、攀枝花工商银行、中国银行江门分行、深圳人民财产保险公司（PICC）、广州天河信用合作社；雷士照明、东莞东华机械、深圳富创光电、吉事多卫浴、广州酒家、鑫兴工贸、松日集团、东华机械集团、极讯电子、奥美医疗器械、晋江爱乐假日酒店、山东泉林纸业、岭南职业技术学院、东莞先锋高科（日资）、龙江雅舍家具、华发（珠海）物业、广州亨奴服装、惠邦实业、日本大冢制药顺德公司、北京天宇，广州市越秀区政府、成都市委组织部、成都青羊区政府、四川置信地产、山东春雪食品、河南科迪食品、豫光金铅、深圳深信服、河南光大银行、山东德玛物流、广西北部湾投资集团、湖北九州通医药、贵州振华集团、雅安市组织部、蒙西水泥、大庆油田等。

谨感谢以下组织及机构选择《有效管理十八项技能》、《执行力》、《中国式绩效考核》等著作之相关内容开设公开课或向企业客户推荐内部培训！——

华中科技大学管理学院、北京博雅、汕头国慧、深圳中大方略、深圳问鼎、顺德高新企业协会、北京时代光华、现代卓越、中人网、和君咨询及和君创业、上海慧泉、上海卓见经营管理研究中心、广州众行、青岛狄沃克、中山大学之颐园学院、教授经理研究会、高等继续教育学院、中外管理研究中心、亚加达外语学院、广东电信培训中心、江苏国富、江苏地势坤、福建天行健、沈阳世纪英才、贵州阳光西部、大庆醒狮、浙江亚美信、武汉大未来、南宁至哲、东莞市智通人才市场、四川高远、西部经理学院、成都新智创、亚洲商学院、深圳银联培训、南海生产力促进中心、华南理工大学、莱茵学院、一展九千、杭州干部培训中心、佛山阳光培训机构；香港晨讯集团、长沙市委组织部、长沙市经委、温州市政府部门、《新快报》之经理人俱乐部、中国汽车工业协会、中国内燃机工业协会、民盟广州市委、中国人民大学商学院、《羊城晚报》之“财富沙龙”、香港《企业家内参》杂志、中大管理顾问、《中国经济时报》广东记者站、广东省委宣传部、广东省社科联、汕头市委宣传部、中共花都区委宣传部、《广州日报》属下赢周刊、暨南大学 MBA 教育中心、顺德市勒流商会、广州赛艾诺、克里斯廷、美国 PMP 广州考试中心、徐州基业长青等。

李泽尧

附录：

基于李泽尧老师管理著作之企业培训课程及咨询项目

著作与课程	学时、内容	备注
TBC 企业利润倍增计划 （企业问题整体解决方案）	12 小时实战方略讲解 24 小时三天两夜实战演练 适合老板和他的 5 名高干	1. 利益机制激发干部员工内在动力 2. 全套操作模板拿回企业参照使用 3. 详见《TBC 利润倍增计划》丛书
《有效管理十八项技能》	3 ~ 6 小时专题讲座：精解 2 ~ 4 项技能	1. 结合企业侧重精选讲解 2. 针对实际疑难辅导及问题解答 3. 从人文和技术两大方面提供管理实战能力深度解决方案
	2 天版：精解 6 项技能	
	4 天版：精解 12 项技能	
	6 天版：18 项技能详解	企业中高层实战能力全面解决方案
《中国式绩效考核操作版》 《中国式制度管理》 《打造强势部门经理》 《优秀员工八个习惯》等	1 天版：精选讲解、案例展开、疑难解答	
	2 天版：深度诠释著作内容并做案例展开，含小组讨论、实战演练、疑难辅导及问题解答	
PMTP《中国职业经理人成长计划》丛书之《执行力》、《领导力》《商战力》《创造力》课程体系	1. 经理人基本配置，标准模块任选：诊断企业问题，选择合适模块；模块之间相互独立，合并起来具有完整性和系统性。 2. 专家团队成员授课（专家团成员见《执行力》《领导力》《商战力》丛书扉页）。	
企业管理咨询	咨询项目包括：企业基础运行体系的建立、管理制度流程的建立健全、TBC 企业利润倍增计划、中国式绩效考核体系的建立与推行等，由李泽尧老师所在的专家团队执行。详情搜索“李泽尧新浪博客”或“李泽尧工作室”。	

说明

1. 有课程需要或需要最新课程大纲者，请与当地顾问、培训机构联系；

2. 欢迎独家代理指定地区《有效管理十八项技能》4 ~ 6 天版课程包。

机构名称：　　　　　　　　　　　　代表：

联络方式：

附录：

李泽尧老师管理著作知识结构图

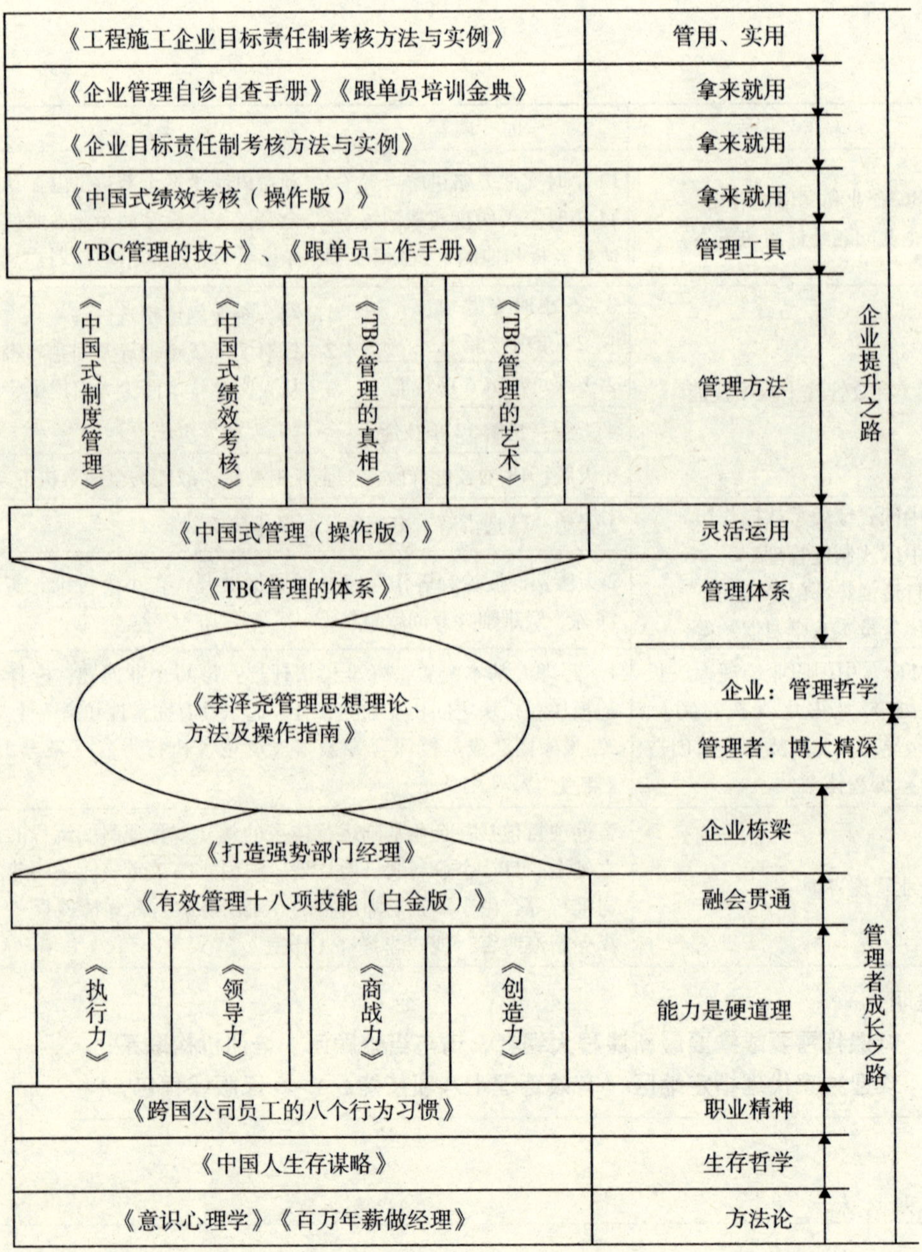

注：读李泽尧老师的管理著作，可从《有效管理十八项技能（白金版）》开始。